北京市社会科学界联合会
北京市哲学社会科学规划办公室 资助出版
北京市教育委员会

北京对外交流与外事管理研究报告
2020—2021

——新时期的北京国际交往中心建设

主 编／王 帆

副主编／夏莉萍 欧 亚

世界知识 出版社

序

　　习近平总书记指出，当今世界正经历百年未有之大变局。这场变局不限于一时一事、一国一域，而是深刻而宏阔的时代之变。时代之变和世纪疫情相互叠加，世界进入新的动荡变革期。在这一新的时期，北京国际交往中心建设攻坚克难、开拓创新，以首都发展为统领，聚焦服务国家总体外交，坚持和强化中国特色大国外交核心承载地功能，提升外事管理服务能力建设，拓展"云外事""智慧会展""云端赛事"等国际交往新业态，积极培育国际合作竞争新优势，持续优化国际交往环境，不断取得新突破。

　　回望这一历程，既有先进经验和成功做法需要加以总结、凝练，以形成有利于指导后续实践的工作思路与方式方法，也存在因世纪疫情客观上带来的影响、挑战与问题，需要深入研究、分析，提出科学的应对策略和解决方案。更重要的是，需要以前瞻性视角、发展的眼光和全局意识，认识新冠肺炎疫情冲击下的全球治理困境和现有国际机制和规范规则的失灵与失序，把握疫情之后新时期北京开展国际交往的基础与条件、机会与潜在风险及替代成本等方面的发展与变化趋势，有所预判，从北京作为非国家行为体主动参与设计、推进疫后国际格局、世界秩序和全球治理的角度，为北

1

京国际交往中心建设的系统性部署提供智力支持。

基于以上考虑，外交学院北京对外交流与外事管理研究基地发挥高校智库服务首都战略发展的咨政辅政功能，凝聚包括基地研究员在内的我校各系部科研骨干力量，聚焦"新时期的国际交往中心建设"这一主题，组织出版了《北京对外交流与外事管理研究报告2020—2021》。这是基地自2006年起连续出版的第十六本研究报告，也是这一系列报告中第三本以"北京国际交往中心建设"为主题的专题报告。

此次报告分为七个子报告。基地研究员、外交学院国际关系研究所副所长凌胜利教授提交了《疫情之下的中国"云外交"与北京国际交往》研究报告。报告指出，新冠肺炎疫情暴发以来，国际交往受客观条件与各国战略收缩影响而减少，"云外交"作为超越空间局限的外交手段渐受青睐。借助数字技术手段，北京市从文化交往、经贸往来、高新技术合作与外事服务能力这四方面不断增强国际化服务能力，并通过"线上线下"推进抗疫合作，逐步扩大了北京"朋友圈"，也进一步提升了北京国际形象。

基地研究员、外交学院外交学与外事管理系牛仲君副教授撰写了《北京"全球卫生治理中心"城市建设》研究报告。他认为，新冠肺炎疫情暴发以来，以世界卫生组织为核心的全球卫生治理体系面临疫情及疫情政治化的双重冲击，日内瓦等传统全球卫生治理中心和《国际卫生条例》无法有效发挥作用，出现部分"治理失灵"的情况。随着国际社会要求加强全球公共卫生安全治理变革的呼声日益高涨，北京国际交往中心建设或可增加新的身份定位和目标：发挥比较优势，通过推动抗击重大疫情国际合作及全球卫生危机治理能力建设的"北京方案"，将北京建设为新的"全球卫生治理中心"。

外交学院国际经济学院何敏副教授、付韶军副教授、张璐超讲师等研究人员则从经济维度探讨了疫情对北京国际经济交往的影响及新时代的应对策略。何敏副教授等提交了《新时期"一带一路"经贸合作与北京国际交往中心建设》的研究报告。报告认为，新冠肺炎疫情严重冲击了世界经济，全球价值链的地理分布从全球化进一步转向区域化和本土化，给全球经贸合作带来新挑战，也较大地影响了北京与"一带一路"共建国家的经贸合作。疫情之后，北京应统筹疫情防控和参与"一带一路"建设，坚持共商共建共享原则，依托优势产能，推动与"一带一路"共建国家的区域价值链构建和发展，并与津冀协同发展，助力形成以国内大循环为主体、国内国际双循环相互促进的新发展格局。

付韶军副教授、张璐超讲师提交了《新时期北京跨国企业"走出去"面临的机遇、挑战和应对策略》研究报告。研究指出，新冠肺炎疫情蔓延以来，世界政治经济的不确定性和不稳定性不断上升，"逆全球化"思潮兴起，世界各国对跨国投资审查趋于严格，全球产业链加速重构。北京跨国企业面临更为严峻的地缘政治风险、宏观经济风险以及跨文化风险，同时也会面临新的投资机会。北京需不断加强对外投资相关法律体系建设，积极应对海外投资安全审查，同时增强对外投资风险意识，提升企业抗风险能力，进一步扩大对外开放，完善双边和多边合作机制，稳步推进北京跨国企业"走出去"，实现北京及助力中国对外直接投资高质量发展。

外交学院国际法系李磊讲师撰写了研究报告《新时期北京市外

商投资保护的法治化研究》。报告分析了疫情之后北京市外商投资保护法治化的背景，从新时期北京市保护外商投资法治化举措的投资准入和投资保障两个视角，探讨了政府政策如何与法律规范相协调，依法依规管理涉外事务，推进整体营商环境的制度建设，并展望了新时期北京保护外商投资的法治化举措。

值得一提的是，按照主管部门北京市社会科学界联合会、北京市哲学社会科学规划办公室、北京市教育委员会的要求，基地加强培养服务北京国际交往中心实践的外交外事人才及致力于这一领域研究的青年理论人才。基地通过面向我院博士研究生公开招标立项的方式，经基地学术委员会审议，报院领导批准，对陈婉玉博士和解非博士申报的两项研究课题予以立项。他们的研究成果也呈现在本次报告中。陈婉玉博士的报告《新时期的北京城市外交研究》分析了新时期北京开展城市外交面临的内外环境的复杂性、发展现状及特点，提出了推进北京城市外交发展的建议。解非博士的《新时期北京国际形象的构建与传播》报告提出北京作为"魅力"与"实力"并存的大国首都，应在疫情之后进一步构建具有中国特色的真实全面、多元包容、有智慧有担当的城市国际形象。

新时期的北京国际交往中心建设有诸多值得深入研究的问题。基地研究人员基于学术背景和专长，选择上述重要的八个议题展开研究，凝结为这份报告。希望报告能够在特殊的历史时期承上启下，继往开来，为北京国际交往中心建设贡献绵薄之力。

本研究报告的出版得到了北京市社会科学界联合会、北京市哲学社会科学规划办公室、北京市教育委员会的大力支持，也得到了研究基地首席专家孙吉胜教授及基地学术委员会喻国明教授、张志洲教授、姜飞教授、张胜军教授、刘波研究员等委员的悉心指导。外交学院科研处处长夏莉萍教授、基地执行主任欧亚教授进行了研究报告的准备和组织工作。各位领导、专家、同事付出了辛勤劳动，在此一并致以诚挚感谢。

还要感谢世界知识出版社车胜春、张怿丹两位编辑对报告提出了有益的修订建议，提高了研究报告的出版水平，使本报告得以顺利出版。

本报告难免存在不足之处。恳请各位专家学者和读者朋友批评指正，以推进基地的后续研究。

王　帆

北京对外交流与外事管理研究基地理事会

理事长、学术委员会主任

2023 年 3 月

目　录

第 一 章

疫情之下的中国"云外交"与北京国际交往

凌胜利　罗梦嘉[*]

2019 年底新型冠状病毒肺炎（COVID-19，以下简称"新冠肺炎"）疫情暴发并呈现全球扩散态势，对国际关系产生了极为重要的影响。其中最为显著的就是国际交往受阻，"云外交"成为主要外交方式。在疫情的冲击之下，中国面临着更为复杂的外部环境，美国更是借机加强对中国的打压，炮制了"中国瘟疫论""中国隐瞒论""中国误导论""中国责任论""中国赔偿论""劣品出口论""口罩外交论"等种种负面言论，[①] 企图对中国进行"污名化"。对此中国要积极通过外交手段增进与其他国家的交往，争取良好的外

---

　　[*] 凌胜利，外交学院国际关系研究所副所长、教授；罗梦嘉，外交学院国际关系专业 2021 级硕士研究生。
　　[①] 石源华、韩常顺：《后疫情时代的国际秩序调整与中国周边外交》，《当代世界》 2020 年第 10 期，第 11—16 页。

部环境和塑造积极正面的国际形象。作为中国的首都，北京在中国外交中发挥着极为重要的作用，更是主场外交的重要举办地。随着中国国际影响的不断增强，北京也更加重视国际交往中心建设，即便是面临疫情所带来的诸多不利因素，通过线上线下结合等方式，北京的国际交往也取得了不错的成绩。以北京冬奥会为重要契机，北京的国际交往中心建设将积极推进。

第一节　新冠肺炎疫情冲击下的外交转变

新冠肺炎疫情对国际交往产生了重要影响，传统的外交形式受到极大的限制。由于新冠肺炎疫情物理空间传播的严重危害，"云外交"的开展也逐渐增加，并且呈现多样化态势。

一、新冠肺炎疫情对外交的冲击

外交是国家间交往的重要方式，在一定程度上也受到时空的限制。一般而言，受国际环境、科学技术等因素的影响，外交也会逐渐发生变化。促进外交转型的动力主要有四个方面：一是外部冲击，即国际环境的变化；二是内部政体的变化；三是政府的改组；四是领导认知和思维方式的变化。[①] 新冠肺炎疫情的全球性蔓延作为突发性外部冲击，对传统外交形式与手段形成了重要挑战。

---

① Charles F. Hermann, "Changing Course: When Governments Choose to Redirect Foreign Policy," *International Studies Quarterly*, Vol. 34, No. 1, Mar. , 1990, pp. 3-21.

首先，新冠肺炎疫情流行期间的外交实践表明，一些领域的外交活动，尤其是"面对面"外交活动减少了——国家领导层的互访减少了，国际上双边和多边会晤减少了，前几年极其频繁的多边首脑峰会大幅减少。[①] 其次，以合作抗疫为主要目的的卫生外交成为当务之急。具体而言，呈现出以首脑外交为主导，以多边外交和公共外交为途径的特点。各国首脑就疫情防控问题频繁会谈，并就防疫合作以及新时代的秩序构建问题进行政策协调。在此基础上，各国通过派遣医疗救助团队，提供医疗物资和技术支持等方式密切了抗疫合作。除此之外，联合国与世卫组织等多边平台价值凸显。多边会议及国际组织成为呼吁抗疫合作的主要动力以及信息获取的相对权威，稳定并促进了各国的国际交往。最后，围绕病毒溯源、种族倾向、疫苗供给等问题开展的国际"舆论战"持续不断。网络中充斥的谣言与争论进一步撕裂民众的共识，降低各国民众的共情能力，增加了国家间交往的负担。在大国战略竞争的大背景之下，国际交往的不确定性进一步增加。

二、"云外交"的价值提升

新冠肺炎席卷全球，各国交往备受冲击，外交方式也因此出现了新变化。"云外交"已成为一种外交新常态，在国际交往中日益发挥重要作用。鉴于疫情短时期内还难以完全消除，"云外交"作为重要外交方式依然会延续下来。而由于云外交具有便捷性、高效

---

① 张清敏：《新冠肺炎疫情大流行重塑中国外交议程》，《国际政治研究》（双月刊）2020 年第 3 期，第 84—107 页、第 258 页。

性等特点，即便今后疫情带来的客观约束解除，"云外交"在外交舞台仍有用武之地。①

"云外交"强调远程交流，通过借助网络等载体实现各国领导人之间的沟通与交流，与传统外交中的领导人面对面会晤有所不同。从"云外交"的参与对象来看，主要以国际行为体为主，交往当事人主要是各国官员，本质上仍然是政府间外交，涉及政治、经济、人文等诸多领域。简言之，"云外交"可以理解为通过网络视频、电话、信函等远程交流的方式来开展外交，其显著不同于传统的面对面外交在于物理隔离。值得注意的是，"云外交"的概念与近期比较火热的"数字外交"有所不同。数字外交被界定为用数字化的工具和技术来从事外交工作，或者说是国际行为体（包括国家行为体、超国家行为体和次国家行为体）将数字技术运用于外交事务，以和平方式实现对外政策目标的行为。广义的数字外交涉及外交活动的各个环节，包括外交决策、外交政策实施、外交政策评估等，使用数字技术手段。狭义的数字外交仅指通过网络信息平台，对特定对象开展的外交活动，比如脸书、推特、微博等。相对而言，数字外交虽然也注重对网络技术的运用，但具有显著的公共性，这与云外交主要是立足于政府间外交形成了鲜明对比。②

---

① 凌胜利：《"云外交"在新冠疫情中大行其道》，《世界知识》2020 年第 20 期，第 62—63 页。

② 同上。

三、"云外交"主要方式

（一）电话外交

电话方式并非新近才有的外交方式，不过由于疫情的原因，2020 年各国领导人之间通过电话方式开展外交的数量显著增加。相对而言，电话方式在双边外交中最为常见，也相对方便，各国首脑之间通话较多。一般而言，通话时间不宜过长，一般就一些重要问题表明态度或进行沟通，或者进行一些礼节性沟通。[1] 仅 2020 年，习近平主席亲自设计、亲自指挥、亲力亲为，以"云外交"的方式同外国领导人和国际组织负责人会晤、通话已达 87 次，出席 22 场重要双多边活动。[2]

（二）视频外交

通过网络视频，可以实现各国官员之间的可视化交流。网络视频的虚拟环境，让参与者有身临其境的感觉。对于多边外交活动而言，网络视频的方式最为可取，可以较为迅速地实现多方共存的场景。从 2020 年至今国际社会的重大外交活动来看，无论是二十国集团领导人应对新冠肺炎特别峰会，还是第 73 届世界卫生大会、上海合作组织成员国元首理事会第二十次会议、金砖国家领导人第十二次会晤、亚太经合组织第二十七次领导人非正式会议等，都是通过网络视频的方式召开。而在双边外交当中，如果需要进行相对深入

---

①　凌胜利：《"云外交"在新冠疫情中大行其道》，第 62—63 页。

②　外交部：《王毅：元首"云外交"是 2020 年中国外交最大亮点》，外交部网站，2021 年 1 月 2 日，http://new.fmprc.gov.cn/web/wjbzhd/t1844066.shtml。

的交流，也比较青睐网络视频方式。①

（三）信函外交

信函方式原本就是比较古老的外交方式，不过由于疫情的影响，鸿雁传书相对安全，也成为疫情之下外交活动的重要方式。在"云外交"当中，信函方式的使用相对较少，一般用于礼节性外交活动比较多，比如贺电、慰电之类。② 如在 2021 年 7 月，正值中国共产党百年华诞之际，170 多个国家的 600 多个政党和政治组织发来 1500 多封贺电贺信。③ 中国领导人也对外国政要的当选或重大事件通过信函方式表态。

第二节　新冠肺炎疫情影响下的中国"云外交"

新冠肺炎疫情暴发之后，中国面临的内外环境都有所变化。特别是国际社会中一些国家大搞疫情政治化，对中国进行污名化，使得中国外交面临的压力有所增加。2020 年 2 月 3 日，《华尔街日报》的评论文章《中国是真正的"东亚病夫"》，引发舆情政治化和舆情污名化。对于中国而言，如何化危机为契机，向世界讲好中国抗疫故事，与世界分享抗疫防灾的中国方案，继续夯实和推广人类命运共同体理念，改善中国所面临的外部环境，成为外交工作的重要

---

① 凌胜利：《"云外交"在新冠疫情中大行其道》，第 62—63 页。

② 同上。

③ 新华社：《习近平"云外交"为世界"立"》，中工网，2021 年 8 月 1 日，http://www.workercn.cn/34192/202108/01/210801202949008.shtml。

任务。由于疫情所带来的物理限制,"云外交"在疫情暴发以来大行其道。中方通过以"云外交"为主的外交方式,加强多边协作,推进各方协调,推进中国特色大国外交在逆境中不断前行。

一、增强与周边国家的合作

周边外交在中国外交布局中的地位愈发重要。习近平总书记强调中国周边外交战略和工作必须与时俱进、更加主动、更加奋发有为,充分体现"亲诚惠容",使中国发展更多惠及周边国家,实现共同发展。[①] 新冠肺炎疫情给中国周边地区带来深刻影响,体现为大国战略竞争加剧、周边经济发展受阻、周边安全合作分化和周边人文交流弱化等。[②] 针对新冠肺炎疫情的暴发与蔓延,中方与周边国家迅速展开抗疫合作,在深化医疗领域合作的同时,就新时代的经济恢复等问题进行协调,获得突破性进展。

在东亚地区,持续发挥"中日韩+X"模式与"东盟10+3"模式价值,在就疫情防控与新时代经济社会发展问题进行协调的基础上,深化多领域合作。疫情暴发初期,中日韩三国外交部门迅速作出反应,以电话会议的形式进行三边磋商,交流各国疫情形势和应对举措,并就三边和多边联防联控交换意见,共同防止疫情扩散。[③] 2020年4月,在"东盟10+3"机制举办了抗击新冠肺炎疫情领导

---

① 新华社:《习近平"云外交"为世界"立"》,中工网,2021年8月1日,http://www.workercn.cn/34192/202108/01/210801202949008.shtml。

② 凌胜利:《新冠肺炎疫情与中国周边外交》,《前线》2021年第6期,第35—38页。

③ 李文:《推动构建后疫情时代的周边命运共同体》,《当代世界》2020年第6期,第13—19页。

人特别会议。会议提出了 18 项目标共识，制订了"疫情区域联防联控"和"经济区域一体化"双轨推动方案，强调就供应链稳定和疫情常态化下的社会经济复苏进行政策协调。① 此后，中方不断深化与东盟方面的合作。11 月，习近平主席在中国—东盟博览会开幕式上就推进人类卫生健康共同体建设提出了若干倡议，包括开展公共卫生领域政策对话，完善合作机制，共同建设应急医疗物资储备库，等等。② 在此基础上，借防疫合作持续推进的契机，中国与东亚各国的合作领域进一步拓展，就有关问题进行协调的层次也进一步深化。在东亚合作系列外长会上，各国表示将加强东亚地区在减贫、防灾减灾、气候变化、环保等领域的合作，继续实施好"东亚减贫合作倡议"，统筹好抗疫和发展需要，在新时代抢占发展先机、开创合作新局。③ 未来，将同东盟以对接落实《东盟全面复苏框架》为主线，以贸易投资合作为基础，以数字经济和绿色发展为新增长点，全方位打造双方复苏合作新格局，并推动《区域全面经济伙伴关系协定》早日生效，加快区域经济一体化进程。④

在中亚与南亚地区，在提供医疗援助的基础上，持续推进经贸与安全领域合作。首批约 900 万剂疫苗已经于 2021 年 8 月上旬运抵

---

① 新华社：《东盟与中日韩抗击新冠肺炎疫情领导人特别会议联合声明（全文）》，中华人民共和国中央人民政府网站，2020 年 4 月 15 日，http://www.gov.cn/xinwen/2020-04/15/content_5502433.htm。

② 中国网：《聚焦公共卫生合作，推动实现人类卫生健康共同体》，央广网，2021 年 1 月 26 日，http://news.cnr.cn/native/gd/20210126/t20210126_525400109.shtml。

③ 新华社：《王毅出席东亚合作系列外长会》，中华人民共和国中央人民政府网站，2020 年 9 月 10 日，http://www.gov.cn/guowuyuan/2020-09/10/content_5542134.htm。

④ 新华社：《外交部发言人就东亚合作系列外长会答记者问》，中华人民共和国中央人民政府网站，2021 年 8 月 18 日，http://www.gov.cn/xinwen/2021-08/08/content_5630101.htm。

巴基斯坦和孟加拉国。① 在同中亚各国的交往中，中方以上合组织为主要依托，始终高举"上海精神"旗帜，以"世代友好、永保和平"为国家间关系准则，不断深化和创新不同社会制度和发展道路国家团结协作的区域合作模式。疫情之下，中国继续保持中亚国家最主要的贸易和投资合作伙伴。2020 年，双方贸易额超过 385 亿美元，是建交之初的 80 多倍。过境中亚的中欧班列全年开行量和货运量齐创历史新高，2021 年上半年再次逆势增长 50%以上。② 此外，2021 年举行了首次"中国+中亚五国"外长线下会晤，就中国与中亚未来发展进行了深度交谈，探讨建立"中国+中亚五国"地方合作机制，根据各国地方产业结构和特色，继续发展、巩固和拓展友好省州和友好城市关系，以有效推动中国与中亚五国的协同发展，实现合作共赢。③ 中方表示，愿同中亚和南亚各方对接基础设施发展战略，同步推进基础设施"硬联通"与机制"软连接"，帮助域内国家由"陆锁国"向"陆联国"转型，共建连接欧亚、通达南北的国际运输大通道。④

---

① 新华社：《外交部：近 3000 万剂中国新冠疫苗近期将运往多个发展中国家》，中华人民共和国中央人民政府网站，2021 年 9 月 2 日，http://www.gov.cn/xinwen/2021-09/02/content_5635073.htm。

② 新华社：《王毅国务委员兼外长在结束访问中亚三国和出席上海合作组织外长会议等多边会议后接受媒体采访》，中华人民共和国中央人民政府网站，2021 年 7 月 17 日，http://www.gov.cn/guowuyuan/2021-07/17/content_5625738.htm。

③ 新华社：《"中国+中亚五国"外长关于深化地方合作的联合声明（全文）》，中华人民共和国中央人民政府网站，2021 年 5 月 12 日，http://www.gov.cn/xinwen/2021-05/12/content_5606058.htm。

④ 新华社：《王毅出席"中亚和南亚：地区互联互通的挑战和机遇"高级别国际会议》，中华人民共和国中央人民政府网站，2021 年 7 月 16 日，http://www.gov.cn/guowuyuan/2021-07/16/content_5625605.htm。

二、推进大国间协调

疫情暴发以来，大国关系更加错综复杂。中国始终秉持负责任大国态度，以共同诉求为基础，推进同美国、俄罗斯与欧洲国家的对话和协调，总体取得积极成效。

中俄关系始终保持稳中向好的发展态势。在应对疫情挑战方面相互助力，加强疫苗研发、生产合作，坚决反对将疫苗和病毒溯源问题政治化，致力于推动构建人类卫生健康共同体。在推进互利合作方面持续发力，就深化共建"一带一路"同欧亚经济联盟对接合作，支持数字经济创新发展，共同应对全球气候变化等方面达成多项共识。[1] 在此基础上，中方或将与俄方进一步完善合作委员会机制，探讨"东北—远东+"的合作模式，为中俄新时代全面战略协作伙伴关系注入新的动能。[2] 在维护地区和平稳定方面形成合力，进一步明确将通过对话沟通弥合分歧，凝聚共识，树立共同、综合、合作、可持续的安全观。

疫情暴发以来，中美关系再度恶化，美国对疫情的不断政治化，使得中美关系面临极大压力。特朗普执政末期，中美关系出现了极大的倒退，美国在涉港、涉疆、涉台等问题上不断发难。在全球治理领域，中美之间的协调减少，即便是抗击新冠肺炎疫情，中

---

[1] 新华社：《习近平出席第六届东方经济论坛全会开幕式并致辞》，中华人民共和国中央人民政府网站，2021 年 9 月 3 日，http://news.cqnews.net/html/2021-09/03/content_51718406.html。

[2] 新华社：《胡春华与俄罗斯副总理特鲁特涅夫共同主持召开中国东北地区和俄罗斯远东及贝加尔地区政府间合作委员会第三次会议》，中华人民共和国中央人民政府网站，2020 年 9 月 29 日，http://www.gov.cn/guowuyuan/2020-09/29/content_5548372.htm。

美之间的合作也极为有限。拜登执政以来，美国对华政策总体有所缓和，但始终保持对华强硬态度，以所谓"人权"问题在舆论和经贸上对华施压，并在新冠病毒溯源和涉港、涉台、南海等中国内政方面延续了特朗普时期的做法，持续发难，不断挑衅。面对来自美方的压力，中方始终保持冷静与克制，谋求通过对话、交流方式，管控分歧，和平共存，利益共享。2020 年 12 月，王毅在"疫情下的世界大变局与中国外交——2020 年国际形势与中国外交研讨会"开幕式演讲中提到，美方为一己私利而污名化中国，对中国进行打压，导致中美关系陷入建交 40 年来最严峻的局面。对此，王毅表示，美方应端正对华战略认知，不把中国视为威胁，以积极和建设性心态看待中国发展。双方应重开对话，重启合作，重建互信，找到一条不同社会制度、不同文化背景国家的和平共处之道。① 2021年 9 月，在习近平主席同拜登的通话过程中，习主席强调，"中美关系不是一道是否搞好的选择题，而是一道如何搞好的必答题"。在存在新冠肺炎疫情、气候变化等诸多挑战的情况下，中美两国应当管控分歧，在更多存在共同利益的领域实现合作，拜登对此表示赞同。双方表示未来将继续通过多种方式保持经常性联系，将责成双方工作层加紧工作、广泛对话，为中美关系向前发展创造条件。②

中欧关系呈"波浪式"发展，尽管存在一定挑战，主要表现在疫情政治化、涉台言论等问题上，但双方仍然存在强烈的合作需求。2020 年，根据欧盟统计局发布的外贸数据显示，欧盟 27 国与

① 王秦文：《2020 年国际形势与中国外交研讨会在北京举行》，《世界知识》2021 年第 2 期，第 76 页。

② 新华社：《习近平同美国总统拜登通电话》，中华人民共和国中央人民政府网站，2021 年 9 月 10 日，http://www.gov.cn/xinwen/2021-09/10/content_5636582.htm。

中国货物贸易在疫情中逆势双向增长，中国首次取代美国成为欧盟最大贸易伙伴。[①] 同年，中欧双方共举行了 10 轮中欧投资协定谈判，取得重要进展。[②] 此外，作为重点项目的中欧班列，截至 2021 年 8 月已铺画 73 条运行线路，通达欧洲 23 个国家的 170 多个城市，运输货品达 5 万余种。[③] 在疫情暴发以来始终发挥着稳定供应链的重要价值。在习近平主席同欧洲理事会主席米歇尔进行通话的过程中，双方均表示虽然双方政治制度和发展模式不同，但作为两大独立自主力量，均支持多边主义，双方需要就抗击新冠肺炎疫情、推动经济复苏、应对气候变化、维护地区和平稳定开展合作。[④]

三、增强对发展中国家的援助

中国作为最大的发展中国家，在为其他发展中国家提供力所能及帮助的基础上，不断在国际舞台上为发展中国家发声。

中国积极兑现负责任大国承诺，向发展中国家提供抗疫物资，协助提高抗疫及新时代恢复与发展能力。截至 2021 年 9 月，中方已向 100 多个国家和国际组织提供超过 10 亿剂疫苗和原液，在向"新

[①] 新华社：《综述：中国成欧盟最大贸易伙伴 欧洲多国经济界人士点赞》，中华人民共和国中央人民政府网站，2021 年 2 月 18 日，http://www.gov.cn/xinwen/2021-02/18/content_5587610.htm。

[②] 外交部网站：《外交部就中方对"一带一路"下阶段合作等答问》，中华人民共和国中央人民政府网站，2020 年 12 月 21 日，http://www.gov.cn/xinwen/2020-12/21/content_5571968.htm。

[③] 新华社：《前 8 月开行超万列 中欧班列持续发力带来新机遇》，中华人民共和国中央人民政府网站，2021 年 9 月 17 日，http://www.gov.cn/xinwen/2021-09/17/content_5638127.htm。

[④] 新华社：《习近平同欧洲理事会主席米歇尔通电话》，中华人民共和国中央人民政府网站，2021 年 10 月 15 日，http://www.gov.cn/xinwen/2021-10/15/content_5642857.htm。

冠疫苗实施计划"捐赠 1 亿美元基础上,中国年内将再向发展中国家无偿捐赠 1 亿剂疫苗。① 未来 3 年内还将再提供 30 亿美元国际援助,用于支持发展中国家抗疫和恢复经济社会发展。② 非洲地区由于缺乏自主研发与生产能力,受疫情冲击严重。2020 年,中国同非方举行了 6 场抗疫专家视频会,分享抗疫经验;向非洲 15 国派遣抗疫医疗专家组,46 支中国援非医疗队积极参与当地抗疫。③ 自 2021年 2 月以来,④ 中国已经并正在向 40 多个非洲国家及非盟委员会提供疫苗,并且积极助推非洲提升疫苗本地化生产能力。埃及近日已启动中国科兴疫苗本地化灌装生产线。中方向"新冠肺炎疫苗实施计划"提供的首批 1000 万剂疫苗也已于不久前下线,非洲将是重要受益方。⑤ 在此基础上,中国的对非援助还着眼于事关非洲国家可持续发展的债务减免、自贸区建设、互联互通和产业链、供应链建设等方面,⑥ 这将助力非洲在疫情常态化趋势下尽快恢复民生,实

---

① 新华社微博:《习近平宣布中国年内将再向发展中国家无偿捐赠 1 亿剂疫苗》,中华人民共和国中央人民政府网站,2021 年 9 月 9 日,http://www.gov.cn/xinwen/2021-09/09/content_5636511.htm。

② 新华社微博:《习近平:中方向发展中国家提供了 5 亿多剂疫苗,未来 3 年内还将再提供 30 亿美元国际援助》,中华人民共和国中央人民政府网站,2021 年 7 月 16 日,http://www.gov.cn/xinwen/2021-07/16/content_5625525.htm。

③ 外交部网站:《外交部就中国政府向 53 个非洲国家妇女儿童和青少年捐助抗疫物资等答问》,中华人民共和国中央人民政府网站,2020 年 11 月 6 日,http://www.gov.cn/xinwen/2020-11/06/content_5558428.htm。

④ 新华社:《外交部:中国援助非洲国家首批疫苗交付启运》,中华人民共和国中央人民政府网站,2021 年 2 月 9 日,http://www.gov.cn/xinwen/2021-02/09/content_5586394.htm。

⑤ 新华社微博:《习近平:中方积极支持非洲提升疫苗本地化生产能力》,中华人民共和国中央人民政府网站,2021 年 7 月 5 日,http://www.gov.cn/xinwen/2021-07/05/content_5622610.htm。

⑥ 新华社:《综合消息:在团结抗疫中推动构建更加紧密的中非命运共同体——非洲多国人士高度评价中国全力支持非洲国家抗击新冠疫情》,中华人民共和国中央人民政府网站,2020 年 6 月 22 日,http://www.gov.cn/xinwen/2020-06/22/content_5520953.htm。

现发展。

中国还持续为发展中国家发声，呼吁国际社会关注发展中国家权益。2021 年 2 月，外交部发言人华春莹表示，中方开展疫苗国际合作，目标是使疫苗成为全球公共产品。她强调，各方都应该携手共同抵制"疫苗民族主义"，促进疫苗公平合理分配，尤其是实现在发展中国家的分配。[①] 6 月，中国代表广大发展中国家在联合国人权理事会上进一步呼吁促进全球疫苗公平分配，强调疫苗是战胜疫情的有力工具，"疫苗民族主义"和囤积远超人口所需疫苗的做法令人担忧，呼吁有能力的国家积极参与国际发展合作，支持广大发展中国家及时获取新冠疫苗，帮助发展中国家实现可持续发展。[②]

中国持续增强对发展中国家援助的表现获得了国际社会的赞赏与信任。第 74 届联合国大会主席班迪表示，中国在防控疫情过程中展现出的领导力与透明度堪称典范。联合国秘书长古特雷斯表示，中国为抗击新冠肺炎疫情并避免其蔓延付出了巨大牺牲，为全人类作出了贡献。[③] 各国在表达对中国的感谢的同时，也向中方表明了在未来深化合作的意向，中国的朋友圈持续扩大。刚果（金）和博茨瓦纳分别同中方签署了共建"一带一路"谅解备忘录，两国成为

---

① 新华社：《外交部：中方开展疫苗国际合作的目标是使疫苗成为全球公共产品》，中华人民共和国中央人民政府网站，2021 年 2 月 19 日，http://www.gov.cn/xinwen/2021-02/19/content_5587776.htm。

② 新华社：《中国代表广大发展中国家在联合国人权理事会呼吁促进全球疫苗公平分配》，中华人民共和国中央人民政府网站，2021 年 6 月 22 日，http://www.gov.cn/xinwen/2021-06/22/content_5619931.htm。

③ 王义桅：《做好疫情公共外交，构建人类命运共同体》，《公共外交季刊》2020 年第 1 期，第 17—27 页、第 119—120 页。

非洲第 45 个和第 46 个参与"一带一路"合作的伙伴国。①

四、加强多边协作

多边外交是中国外交的重要舞台。随着中国国际实力的增强和国际影响的扩大,中国在多边外交中发挥着更加重要的作用。首先,中国与世卫组织密切合作。一方面,中国与世卫组织就国内疫情防治工作进展情况进行及时通报。从 2020 年 1 月 3 日起,中国定期向世卫组织主动通报国内疫情最新动态,同时向世卫组织提交新型冠状病毒基因组序列信息,并在全球流感共享数据库(GISAID)发布。另一方面,国家卫健委与世卫组织建立了定期沟通交流机制,就国内外疫情发展的一些重要问题进行沟通与磋商。疫情期间中国多次参加世卫组织牵头举办的技术交流活动,与世界各国的专家讨论与新冠病毒相关的技术问题。② 2020 年 3 月 20 日,习近平主席在致电法国总统马克龙时首次提出构建"人类卫生健康共同体"的理念,明确表示中国愿同国际社会各方共同推进疫情防控国际合作,支持联合国及世界卫生组织在完善全球公共卫生治理中发挥核心作用,打造人类卫生健康共同体。③ 其次,不断增强在多边平台

---

① 新华社:《王毅国务委员兼外长在结束访问非洲五国之际接受媒体采访》,中华人民共和国中央人民政府网站,2021 年 1 月 11 日,http://www.gov.cn/guowuyuan/2021-01/11/content_5578679.htm。

② 张贵洪、王悦:《论当代中国特色国际组织外交的主要特点——以世界卫生组织为例》,《国际观察》2020 年第 4 期,第 85—113 页。

③ 新华网:《习近平就法国发生新冠肺炎疫情向法国总统马克龙致慰问电》,中华人民共和国中央人民政府网站,2020 年 3 月 21 日,https://www.chinacourt.org/article/detail/2020/03/id/4860664.shtml。

中的中国声音。在二十国集团特别峰会上，习近平进一步呼吁世界各国团结合作战胜疫情，并表示愿同有关国家共同分享疫情防控的有益做法，"中方秉持人类命运共同体理念，愿同各国分享防控有益做法，开展药物和疫苗联合研发，并向出现疫情扩散的国家提供力所能及的援助。"习主席提出了探讨建立区域公共卫生应急联络机制、积极支持国际组织发挥作用、加强国际宏观经济政策协调、制定二十国集团行动计划并就抗疫宏观政策协调及时作出必要的机制性沟通和安排等具体措施。① 最后，积极致力于具体的医疗援助与合作。截至 2021 年 6 月中旬，中国与各方举行了 100 多场疫情防控经验交流会，已向世界各国提供了 2900 多亿只口罩、35 亿多件防护服、45 亿多份检测试剂，帮助多国建设病毒检测实验室。②中国的这些重大贡献得到了国际社会的肯定。第 74 届联合国大会主席班迪表示，中国在防控疫情过程中展现出的领导力与透明度堪称典范。巴基斯坦总理伊姆兰·汗表示，整个世界都感谢并赞赏中方应对疫情的努力和成效，没有任何国家可以做得比中国更好。联合国秘书长古特雷斯表示，中国为抗击新冠肺炎疫情并避免其蔓延付出了巨大牺牲，为全人类作出了贡献。③

除与他国进行抗疫合作之外，就"病毒溯源政治化"问题，中国在多边外交领域也进行了有力回应。疫情暴发初期，中方在多国

---

① 新华社"新华视点"微博：《国家主席习近平在二十国集团领导人应对新冠肺炎特别峰会上发表重要讲话》，中华人民共和国中央人民政府网站，2020 年 3 月 26 日，https://www.chinacourt.org/article/detail/2020/03/id/4868953.shtml。

② 《人民日报》：《稳定供应链，中国为世界雪中送炭》，中华人民共和国中央人民政府网站，2021 年 8 月 21 日，http://www.gov.cn/xinwen/2021-08/21/content_5632510.htm。

③ 王义桅：《做好疫情公共外交，构建人类命运共同体》，《公共外交季刊》2020 年第 1 期，第 17—27 页、第 119—120 页。

就新冠肺炎疫情防控问题举行的网络视频会议上即强调，中方始终秉持人类命运共同体理念，本着公开透明和负责任的态度，积极开展疫情防控国际合作，反对将疫情政治化。① 2021 年 8 月 16 日，外交部发言人华春莹就世界卫生组织秘书处日前关于下阶段新冠病毒溯源问题的声明回答记者提问。华春莹说，中方注意到世卫组织秘书处 12 日就下阶段溯源问题发表的声明，强调下阶段溯源应该在第一阶段研究基础上，实施中国—世卫组织联合研究报告中的建议；认为寻找新病原体的起源应该建立在科学基础上，不应该成为相互指责或政治攻防的工具。这些观点应该在世卫组织相关工作中得到落实。② 中方的呼吁和做法得到了国际社会的广泛支持，80 多个国家以致函世卫组织总干事、发表声明或照会等方式，反对把溯源问题政治化，要求维护中国—世卫组织联合研究报告。100 多个国家和地区的 300 多个政党、社会组织和智库向世卫组织秘书处提交反对溯源政治化的联合声明。③

---

① 新华社：《中国同欧亚和南亚地区国家举行新冠肺炎疫情防控问题视频会议》，中华人民共和国中央人民政府网站，2020 年 3 月 21 日，http://www.gov.cn/xinwen/2020-03/21/content_5493821.htm。

② 新华社：《中方回应世卫组织秘书处就下阶段新冠病毒溯源问题发表的声明》，中华人民共和国中央人民政府网站，2021 年 8 月 16 日，http://www.gov.cn/xinwen/2021-08/16/content_5631592.htm。

③ 新华社：《外交部副部长马朝旭就美国情报部门发布溯源调查报告发表谈话》，中华人民共和国中央人民政府网站，2021 年 8 月 28 日，http://www.gov.cn/xinwen/2021-08/28/content_5633958.htm。

五、逐步推进"一带一路"建设

"一带一路"建设持续推进,已有 140 个国家和 32 个国际组织加入,① 内涵从"绿色丝绸之路"到"空中丝绸之路",从"数字丝绸之路"到"冰上丝绸之路""健康丝绸之路"等不断深化,合作领域继续拓展,契合各国对全方位、宽领域、创新性、持续性拓展合作的需求,价值进一步凸显。

对"一带一路"沿线国家投资保持增长,承包工程市场稳定。2020 年,我国对"一带一路"沿线国家投资 177.9 亿美元,增长 18.3%,占全国对外投资比重上升到 16.2%。② 2021 年 1—7 月,对"一带一路"沿线国家非金融类直接投资 112.9 亿美元,同比增长 9.9%,占同期总额的 18%,较上年同期上升 1 个百分点。在沿线国家新签承包工程合同额 644.2 亿美元,完成营业额 452.6 亿美元,分别占同期总额的 52.3%、57.6%。③

就具体合作领域而言,公共卫生治理与数字经济合作成为焦点。一方面,在疫情影响下,"一带一路"聚焦全球公共卫生合作。在"一带一路"亚太区域国际合作高级别会议期间,29 国共同发起

---

① 《中国文化报》:《文化自信与"一带一路"建设》,中华人民共和国中央人民政府网站,2021 年 9 月 27 日,http://www.gov.cn/xinwen/2021-09/27/content_5639549.htm。

② 《人民日报》:《"十三五"我国对外直接投资存量翻番 去年对"一带一路"沿线国家投资增长 18.3%》,中华人民共和国中央人民政府网站,2021 年 1 月 30 日,http://www.gov.cn/xinwen/2021-01/30/content_5583692.htm。

③ 《人民日报》:《前 7 月我国对"一带一路"沿线国家投资保持增长》,中华人民共和国中央人民政府网站,2021 年 8 月 21 日,http://www.gov.cn/xinwen/2021-08/21/content_5632504.htm。

疫苗合作伙伴关系倡议。该倡议提出，各国应当加强在疫苗政策方面的协调和技术研发方面的交流合作，并支持各有条件国家向发展中国家和联合国捐赠疫苗，或是以发展中国家可以接受的价格进行出口，以此提高发展中国家的疫苗提供率，增强其应对疫情的能力。[①] 另一方面，数字经济表现突出。2021 年 9 月，我国已与 22 个国家建立"丝路电商"双边合作机制，为"一带一路"沿线国家电商发展创造有利环境。[②] 网上丝绸之路还为交流合作提供了数字化新模式，云演出、云直播、云展览等新业态不断涌现。在今年的中阿博览会上，首次举办的线上博览会依托 5G、人工智能等新一代信息技术，搭建云展馆、云商城，开展云洽谈、云签约，吸引观众云逛展、云采购，为中国与"一带一路"沿线国家和地区搭建起更加便捷、高效的经贸合作平台。[③] 此外，东南亚是"一带一路"建设的重点地区和优先方向，聚集了许多"一带一路"建设重点合作国家和重点项目。

基础设施建设工程推进有序，效用得到充分发挥。疫情期间，包括中老铁路、印尼雅万高铁、中缅油气管道、柬埔寨金边—西港高速公路等项目保持稳步推进，西港特区已吸引 166 家企业，创造

---

① 新华社：《"一带一路"疫苗合作伙伴关系倡议（全文）》，中华人民共和国中央人民政府网站，2021 年 6 月 24 日，http://www.gov.cn/xinwen/2021-06/24/content_5620488.htm。

② 新华社：《"丝路电商"打开"一带一路"经贸合作新通道》，中华人民共和国中央人民政府网站，2021 年 9 月 10 日，http://www.gov.cn/xinwen/2021-09/10/content_5636615.htm。

③ 新华社：《网上丝绸之路拓展中国与共建"一带一路"国家合作新空间》，中华人民共和国中央人民政府网站，2021 年 8 月 20 日，http://www.gov.cn/xinwen/2021-08/20/content_5632398.htm。

就业岗位近 3 万个。为地区经济发展增添了信心与活力。① 此外，中欧班列累计开行突破 4 万列，合计货值超过 2000 亿美元，打通了 73 条运行线路，通达欧洲 22 个国家的 160 多个城市，累计向欧洲发运 1199 万件、9.4 万吨防疫物资，在带动沿线通道经济快速发展的基础上，有力保障了全球供应链稳定。②

第三节　新冠肺炎疫情影响下的北京国际交往中心建设

北京作为中国的政治与文化中心，是中国外交的重要窗口，在国际交往中肩负重要使命。2014 年 2 月，习近平总书记视察北京工作时，首次将"国际交往中心"定位为北京的核心功能之一。③ 近年来，北京充分发挥首都的窗口示范作用，国际交往的广度和深度不断拓展。2021 年 4 月 21 日，北京推进国际交往中心功能建设领导小组全体会议召开。会议指出，要立足新发展阶段、贯彻新发展理念、融入新发展格局，以服务保障党和国家对外工作大局为主线，持续强化综合承载力、集聚高端要素、优化服务环境、促进对

---

① 李文：《推动构建后疫情时代的周边命运共同体》，《当代世界》2020 年第 6 期，第 13—19 页。

② 《人民日报》：《稳定供应链，中国为世界雪中送炭》，中华人民共和国中央人民政府网站，2021 年 8 月 21 日，http://www.gov.cn/xinwen/2021-08/21/content_5632510.htm。

③ 孙吉胜主编：《北京对外交流与外事管理研究报告（2018）》，世界知识出版社，2019，序言。

外交往,推动国际交往中心功能建设在"十四五"开局之年呈现新气象。① 尽管在新冠肺炎疫情暴发初期,这一进程曾受到一定程度的影响。不过在"云外交"的支持下,北京国际交往中心建设呈现出新的活力。

一、"线上线下"相结合推进抗疫合作

(一)抗疫经验"云交流"

新冠肺炎疫情暴发后,不少国家为了防止疫情传染,关闭边境,医疗技术人员的直接合作受限。线上线下相结合成为抗疫经验交流的重要形式。与抗疫有关的中方专家与相关国家的同行举行视频会议,结合外方关切,介绍经验,交流、分享信息。② 2020 年 4 月,"一带一路"医学人才培养联盟与北京大学第三医院共同主办线上中意新冠肺炎临床救治技术交流会,就疫情防控与相关后勤保障、制度建设方面进行了深入交流,吸引了近 4 万名国内外观众。③ 6 月,北京卫健委参与全球抗疫虚拟峰会,分享了北京市的抗疫经验,提出了深化国际合作、携手面对全球性传染病威胁的倡议。④

① 裴超:《通过会展加强交往——北京持续推进国际交往中心建设》,《中国会展》2021 年第 9 期,第 86—87 页。

② 张清敏:《新冠肺炎疫情大流行重塑中国外交议程》,《国际政治研究》2020 年第 3 期,第 84—107 页、第 258 页。

③ 北京大学第三医院:《北医三院与意大利维罗纳大学附属医院举行线上新冠肺炎临床救治技术交流会活动》,北京市卫生健康委员会网站,2020 年 5 月 9 日,http://wjw.beijing. gov. cn/xwzx_20031/jcdt/202005/t20200509_1892614. html。

④ 北京市卫生健康委员会:《加强国际交流,共同抗击疫情》,北京市卫生健康委员会网站,2020 年 6 月 5 日,http://wjw. beijing. gov. cn/xwzx_20031/wnxw/202006/t20200605_1917279.html。

9月，有关疫情常态化下的心理健康促进论坛以线上线下相结合的形式在京举行。会上各国专家分析了当前疫情常态化防控下心理健康促进的形势，提出了当下和未来心理干预和疏导的工作思路。①2021 年 8 月，"第二届中国与中东合作论坛"以线上和线下相结合的方式在北京举办。围绕中国与中东国家抗疫合作新进展、科技创新合作与人文交流、安全合作等议题研讨，为疫情之下双方深入合作沟通经验、凝聚共识。阿联酋作为第一个与中国开展疫苗合作的中东国家，其驻华大使阿里·扎希里说，中国很好地控制住疫情，不仅造福本国，也有助于世界抗疫。② 此外，中医在抗疫中的突出表现也为多国认可。中方在与巴西里约市卫生行政部门就传统医学抗疫经验开展线上交流的过程中，达成了开展传统医药等领域务实合作的意向。③

（二）医疗合作模式不断深化

通过开展系列"云外事"活动，北京保持对外交往不断线，国际合作不停滞，向 27 国 55 个城市捐赠防疫物资，涵养了一批真朋友、好伙伴，北京的国际"朋友圈"不断扩大。④ 2021 年 2 月 9 日，

① 北京回龙观医院：《携手相伴，走出低谷 北京回龙观医院、北京心理危机研究与干预中心举办第十八届世界预防自杀日宣传活动》，北京市卫生健康委员会网站，2020 年 9 月 12 日，http://wjw.beijing.gov.cn/xwzx_20031/jcdt/202009/t20200912_2058913.html。

② 新华社：《中国与中东国家专家学者相聚"云端"凝聚合作共识》，中华人民共和国中央人民政府网站，2021 年 8 月 18 日，http://www.gov.cn/xinwen/2021-08/18/content_5631787.htm。

③ 北京市中医管理局：《贯彻条例，传承创新！〈北京市中医药条例〉实施宣传贯彻暨培训活动举办》，北京市卫生健康委员会网站，2021 年 5 月 8 日，http://wjw.beijing.gov.cn/sy_20013/sydt/202105/t20210508_2384468.html。

④ 北京市人民政府：《"北京推进国际交往中心功能建设"新闻发布会》，北京市人民政府网站，2021 年 9 月 16 日，http://www.beijing.gov.cn/shipin/Interviewlive/527.html。

阿联酋驻华大使阿里·扎希里阁下在中方人员陪同下到访位于昌平区未来科学城西区的中关村生命科学园。阿方对中国生产的疫苗给予充分认可和信任，对中国的发展充满信心。阿方高度重视与中国的科技合作，愿与昌平区进一步深化合作、加强科技人才的交流。①除此之外，以服务"一带一路"建设为契机，北京努力建设中医药发展首善之区。与埃塞俄比亚创新与技术部正式签订了《传统医药合作谅解备忘录》，中方将为埃方提供中医药防疫指导，且双方将在植物药和传统医学等领域加强合作。②

二、城市国际化服务能力不断提升

（一）稳步增进人文艺术交流

以"云"为依托，稳步恢复并增进国际人文艺术交流。2022年北京冬奥会作为疫情之下的首届冬季奥运会，既是各国增进人文交流难能可贵的机会，也是中国疫情暴发后进行主场外交的重要时机，更是北京国际交往中心建设中的关键一步。习近平总书记强调："办好2022年北京冬奥会，是我们对国际奥林匹克大家庭的庄严承诺。要加强组织领导，统筹推进各项工作，确保把北京冬奥会办成一届精彩、非凡、卓越的奥运盛会。"③2021年2月中下旬，张

---

① 北京市昌平区外事办：《阿联酋驻华大使阿里·扎希里到访昌平区生命科学园》，北京市昌平区人民政府网站，2021年2月8日，http://www.bjchp.gov.cn/cpqzf/xxgk2671/ztzl/lqzb/5367541/index.html。

② 北京市中医管理局：《贯彻条例，传承创新！〈北京市中医药条例〉实施宣传贯彻暨培训活动举办》，北京市卫生健康委员会网站，2021年5月8日，http://wjw.beijing.gov.cn/sy_20013/sydt/202105/t20210508_2384468.html。

③ 央广网：《习近平对办好北京冬奥会作出重要指示》，中华人民共和国中央人民政府网站，2015年11月25日，http://china.cnr.cn/news/20151125/t20151125_520590356.shtml。

家口和延庆赛区的 3 个竞赛场馆群共举行 20 项测试，邀请部分国内运动员和国内技术官员参与配合，充分检验场地设施、场馆运行和服务保障。3 月，在国际奥委会第 137 次全会上，主席巴赫在开场致辞时表示，虽然面对新冠肺炎疫情的挑战，但现在可以非常自信地说，北京冬奥组委已经准备好了。① 目前，有关冬奥会的各项准备工作仍在有条不紊地进行中。

除此之外，其他交流活动也正在推进。以"回归均衡"为主题的世界建筑师大会中巴（西）合作论坛、第九届中韩公共外交论坛等活动都以线上线下相结合的方式在北京举行，反响良好。在同莫斯科、都柏林等城市线上开展建立友好城市纪念活动时，各国明确在联合抗疫的基础上，将继续促进经济合作和人文交流，共享北京发展机遇。

（二）有序开展经贸合作项目

尽管跨国贸易受疫情冲击较大，但通过对疫情进行严格防控，不断提升经贸服务水平，北京逐步推进国际经贸合作。

第一，北京作为全国唯一的服务业扩大开放综合试点城市，始终致力于不断改善优化营商环境，努力为境外企业和投资者提供更加优质的服务。② 一方面，聚焦北京独特性，增强政策支持。实施消费品牌矩阵培育行动，深入实施首店 2.0 版支持政策，开展北京

---

① 新华社：《巴赫：北京冬奥组委已经准备好了!》，中华人民共和国中央人民政府网站，2021 年 3 月 11 日，http://www.gov.cn/xinwen/2021-03/11/content_5592142.htm。

② 《北京日报》：《蔡奇"云会见"瑞士 ABB 集团董事长，表示将为境外企业和投资者提供更加优质的服务!》，北京市人民政府网站，2020 年 6 月 11 日，http://wb.beijing.gov.cn/home/gjjwzx/wsyw/202006/t20200611_1922148.html。

首发节，政策与活动双轮驱动，大力发展首店经济，构建品牌汇集、品质高端、品位独特的优质商品供给体系。① 另一方面，完善基础设施，深化口岸经济体系建设。北京大兴国际机场航空口岸正式对外开放，北京大兴国际机场综合保税区获批，北京口岸海关监管年度进出口货物突破 1.1 亿吨，形成了"双枢纽"空运口岸、1 个铁路口岸、2 个综合保税区、3 个口岸功能物流园区的口岸经济功能区体系，为首都城市战略定位特别是国际交往中心建设提供了有力支撑。②

第二，立足北京发展，结合国际有益经验，根据疫情实际变化，逐步恢复经贸合作。自 2020 年 5 月至 2021 年 10 月，北京市与日本、俄罗斯、英国、德国、美国等多国的相关机构和企业，就数字经济、北京国际交往中心功能建设、国际消费中心城市建设、国家服务业扩大开放综合示范区、自由贸易试验区建设进行了深入交流，并就经贸合作与金融投资等方面达成了合作意向。总体而言，"十三五"期间，北京实际利用外资达 820.7 亿元，是"十二五"期间的 1.8 倍。③ 货物进出口额提前一年达到"十三五"预期目标，在全国省区市排名始终保持前 5 位。"双自主"企业突破 800 家，出口占比较"十二五"末提高 9 个百分点。服务贸易创新发展，知

---

① 新华社：《加快培育建设国际消费中心城市　北京升级首店政策支持力度》，中华人民共和国中央人民政府网站，2021 年 7 月 16 日，http://www.gov.cn/xinwen/2021-07/26/content_5627366.htm。

② 《北京日报》：《本市"十三五"累计建设提升便民商业网点 6600 多个》，北京市人民政府网站，2021 年 2 月 9 日，http://www.beijing.gov.cn/ywdt/gzdt/202102/t20210209_2280167.html。

③ 北京市人民政府：《"北京推进国际交往中心功能建设"新闻发布会》，北京市人民政府网站，2021 年 9 月 16 日，http://www.beijing.gov.cn/shipin/Interviewlive/527.html。

识密集型服务进出口占比有望达到44%，较"十二五"末提高约10个百分点。①

第三，结合疫情特征，进一步激发线上交易活力。2020 年 11 月，国家服务业扩大开放综合示范区和北京自由贸易试验区（以下简称"两区"）门户网站在中国国际进口博览会上正式发布并上线试运行。"两区"网站从用户需求出发，网站同步在市政府国际版推出英文版，便于外国投资者深入了解北京投资优势。②并且，在疫情暴发后，政府进一步鼓励发展跨境电商。以提供资金补贴的形式推进跨境电子商务产业园区建设发展；支持跨境电商仓储物流设施建设；鼓励商场、超市、产业园引进跨境电商体验店，发展线上线下融合的跨境体验消费；支持企业拓宽融资渠道。③

（三）持续推进高新技术合作

统筹国内国际两个大局，引聚跨国公司、研发总部、国际人才等国际高端资源要素，是提升城市国际化能级，支撑北京高水平开放、高质量发展的重要内容。对此，第一，积极搭建各国交流平台。对标国际顶级展会，高水平办好服贸会、中关村论坛和金融街论

---

① 《北京日报》：《本市"十三五"累计建设提升便民商业网点 6600 多个》，北京市人民政府网站，2021 年 2 月 9 日，http://www.beijing.gov.cn/ywdt/gzdt/202102/t20210209_2280167.html。

② 服开办推进处：《国家服务业扩大开放综合示范区和北京自贸试验区门户网站上线试运行》，北京市商务局网站，2020 年 11 月 6 日，http://sw.beijing.gov.cn/sy/nsjg/fkbtjc/xxtg/202011/t20201106_2130308.html。

③ 电子商务处：《关于做好 2021 年中国（北京）跨境电子商务综合试验区服务体系建设资金重点工作的通知》，北京市商务局网站，2021 年 9 月 30 日，http://sw.beijing.gov.cn/sy/nsjg/dzsw/dsxxtg/202109/t20210930_2506943.html。

坛，打造成国家开放发展的三块金字招牌。① 在此基础上，通过举办中国—中东欧国家创新合作大会，承办 2021 世界智能网联汽车大会与世界 5G 大会等多项国际交流活动，积极发出"中国之声"，拓展科创"朋友圈"。第二，持续推进高新产业园区建设。怀柔综合性国家科学中心目前正在加速推进科学设施平台建设，部分项目已经进入科研设备的安装调试和试运行阶段，规划到 2030 年建成世界级的国家重大科技基础设施集群。② 第三，明确规划，不断补足短板。在北京高精尖产业招商引资推介会上，市经信局有关领导介绍，根据计划，北京市还将建设国际化、国家级的北京城市大数据中心和城市超级算力中心，建设开放互联的国际数据枢纽，聚焦培育数据驱动的未来产业，打造全球贸易数字化新样板。③ 在世界 5G 大会上，北京明确表示，将坚持开放共赢，营造开放、公平、非歧视的发展环境；加快 5G 基础设施超前部署与 5G 创新协同平台的建设，打造世界级信息通信枢纽和数字贸易枢纽。

（四）不断增强外事服务能力

根据《北京推进国际交往中心功能建设专项规划》，北京将致力建设成为承担我国重大外交外事活动的首要舞台。④ 对此，北京

---

① 裴超：《通过会展加强交往——北京持续推进国际交往中心建设》，《中国会展》2021 年第 9 期，第 86—87 页。

② 新华社：《建设中的北京怀柔综合性国家科学中心》，中华人民共和国中央人民政府网站，2021 年 5 月 25 日，http://www.gov.cn/xinwen/2021-05/25/content_5611256.htm#1。

③ 《北京日报》：《北京"九大新政"布局万亿级产业集群》，中华人民共和国中央人民政府网站，2021 年 4 月 1 日，http://www.gov.cn/xinwen/2021-04/01/content_5597227.htm。

④ 《北京日报》：《市委常委会召开会议　研究推进国际交往中心功能建设等事项》，北京市人民政府网站，2020 年 6 月 25 日，http://wb.beijing.gov.cn/home/gjjwzx/wsyw/202006/t20200628_1933918.html，访问日期：2021 年 10 月 17 日。

从人才培育与配套设施两方面着手，不断提升城市外事服务能力。

一方面，以外事办为核心，以高校为依托，培育具有重大国事活动组织经验的骨干人才队伍。自 2020 年 9 月至 2021 年 10 月，由北京市外办、各区外办牵头举办的培训班已通过线上线下相结合的方式，由外交学院、北京外国语大学、北京第二外国语学院等高校成功承办多轮。通过讲学与互动交流的方式，拓宽外事工作人员的国际视野，提升理论与外语水平，在为具体工作开拓新思路的同时，将优质资源辐射至津冀地区，凝聚服务国家总体外交和京津冀协同发展的合力。[①]

另一方面，配套服务设施不断完善。第一，重大项目稳步推进。2020 年出台的《北京推进国际交往中心功能建设行动计划（2019—2022 年）》将雁栖湖国际会都、国家会议中心二期和第四使馆区等项目作为现阶段工作重点。[②] 目前，雁栖湖国际会都扩容提升，国家会议中心二期冬奥会主媒体中心实现完工，第四使馆区规划建设扎实推进，新国展二、三期加快建设，北京大兴国际机场建成投运，重大国际交往设施不断健全。[③] 第二，城市国际化环境持续优化。政府国际版门户网站自 2020 年 10 月上线以来运行良好，重要系统业务可用性达 99.99%，重点保障期系统 100%实现可用，全面提升

---

① 北京外事办公室：《打造北京外事翻译金名片 服务国际交往中心功能建设——2021 年北京市高级英语翻译人才线上培训班成功举办》，北京市人民政府网站，2021 年 9 月 3 日，http://wb.beijing.gov.cn/home/index/wsjx/202109/t20210903_2483755.html。

② 北京市人民政府：《北京青年报：北京出台推进国际交往中心功能建设行动计划明确 78 项任务》，北京市人民政府网站，2020 年 9 月 27 日，http://wb.beijing.gov.cn/home/ztzl/gjjwzxgnjx/tptj/202009/t20200930_2104881.html。

③ 北京市人民政府：《"北京推进国际交往中心功能建设"新闻发布会》，北京市人民政府网站，2021 年 9 月 16 日，http://www.beijing.gov.cn/shipin/Interviewlive/527.html。

外国友人网上办事体验。① 积极推进国际医疗服务建设以及医疗领域的对外开放，初步形成了以公立医院国际部和优质社会办医疗机构为主体的国际医疗服务格局，面向外籍患者提供特色医疗服务，国际医疗服务环境持续优化。全市"十三五"时期为外籍患者提供诊疗服务 12.7 万人次。② 在自愿申请、知情同意、自担风险的前提下，将适龄在京外籍人士纳入本市新冠疫苗接种人群范围。③ 而今，正值北京冬奥会的紧张筹备过程，北京通过开展"迎冬奥，促提升"国际语言环境建设专项行动，加强赛时国际语言服务保障，实现赛区内外外语服务内容、服务标准无缝衔接。④ 此外，国际高端要素的引入，如国际组织的落户，跨国企业总部的结算与研发中心的设立都逐步优化了北京的国际化环境，为进一步吸引国际人才，建立国际人才社区奠定了基础。

三、加强北京城市发展宣传

（一）及时更新疫情防控情况

北京市信息发布与疫情防控同步同向，与民众关切同频共振。

---

① 国资公司：《首都信息公司打造一站式网上国际化服务总平台、总窗口，服务我市国际交往中心建设》，国资公司，2021 年 3 月 24 日，http://gzw.beijing.gov.cn/yggq/qydt/202103/t20210325_2322179.html。

② 北京市人民政府：《"北京推进国际交往中心功能建设"新闻发布会》，北京市人民政府网站，2021 年 9 月 16 日，http://www.beijing.gov.cn/shipin/Interviewlive/527.html。

③ 新华社：《北京：外籍人士新冠疫苗接种工作有序进行》，中华人民共和国中央人民政府网站，2021 年 4 月 15 日，http://www.gov.cn/xinwen/2021-04/15/content_5599867.htm#1。

④ 新华社：《北京将开展"迎冬奥，促提升"国际语言环境建设专项行动》，中华人民共和国中央人民政府网站，2021 年 3 月 24 日，http://www.gov.cn/xinwen/2021-03/24/content_5595353.htm。

从 2020 年 1 月 24 日至 5 月 2 日，北京市连续召开疫情防控工作新闻发布会，及时通报疫情进展、解读政策条例、回应群众关切，向社会公众传递权威准确信息，召开发布会 100 场，发布信息 5000 余条。① 2021 年 8 月 16 日，北京新冠肺炎疫情防控工作领导小组第一百一十七次会议暨首都严格进京管理联防联控协调机制第六十八次会议指出，目前北京疫情防控形势良好，北京要求把城市疫情防控与冬奥会疫情防控融为一体、整体推进，分类研究制订防疫总体方案、各专项方案和指引，建立日调度、周调度机制，严防疫情输入风险。② 对疫情防控信息的及时更新增强了国内外民众对北京抗疫形势的了解，由此也提升了北京的城市形象。

（二）以"云"为载体展示立体形象

通过开展各类线上活动，将北京悠久的历史文化底蕴予以展现。在 2020 年举办的"博物馆之城建设谋划思想汇"研讨会上，北京正式提出建设"博物馆之城"。新冠肺炎疫情期间，北京多家处于闭馆状态的博物馆"闭馆不停服务"，利用"云端"发布馆藏、介绍展览，联手互联网平台进行直播探馆，为优秀传统文化注入了新的活力。③ 除此之外，北京市立足大文化理念，形成京东的运河

---

① 新华社：《解惑释疑 增信聚力——北京百场新闻发布会成为首都战"疫"重要力量》，中华人民共和国中央人民政府网站，2020 年 5 月 3 日，http://www.gov.cn/xinwen/2020-05/03/content_5508589.htm。

② 新华社：《北京：把城市疫情防控与冬奥会疫情防控融为一体》，中华人民共和国中央人民政府网站，2021 年 8 月 16 日，http://www.gov.cn/xinwen/2021-08/16/content_5631597.htm。

③ 新华社：《北京提出建设"博物馆之城"》，中华人民共和国中央人民政府网站，2020 年 5 月 17 日，http://www.gov.cn/xinwen/2020-05/17/content_5512462.htm。

中医药文化节、中心区的北京中医药文化宣传周暨地坛中医药健康文化节、京西的"西山中医药文化季"等文化活动品牌，并成功举办了十三届北京中医药文化宣传周和十二届地坛中医药健康文化节，推出了"中医云展平台"，通过技术后台实现VR展示、互动看展等在线功能。①

借助文艺作品的云传播，塑造更为丰富的北京国际印象。2021年2月，"欢乐春节"活动通过线上形式在爱尔兰都柏林市举办，以文艺表演、非遗互动展示、美食展示、冰雕制作等进行了"魅力北京"城市旅游推介。② 4月，北京·平谷世界休闲大会采取"线下+线上"相结合的方式举行，在为各国提供交流借鉴平台的同时，更为立体地向世界展示了具有中国特色与北京底蕴的形象。③ 当地时间5月12日晚，由中国北京市人民政府新闻办公室、北京广播电视台打造的"魅力北京"系列纪录片在克罗地亚国家广播电视台正式开播。通过讲述中国改革开放以来的科技进步和城市发展、北京文化的传承以及北京生活，展现了当代北京建设成就、人文风情和自然风光。④

---

① 北京市中医管理局：《贯彻条例，传承创新！〈北京市中医药条例〉实施宣传贯彻暨培训活动举办》，北京市卫生健康委员会网站，2021年5月8日，http://wjw.beijing.gov.cn/sy_20013/sydt/202105/t20210508_2384468.html。

② 《北京日报》：《"欢乐春节"活动亮相都柏林　陈吉宁视频致辞》，北京市人民政府网站，2021年2月10日，http://wb.beijing.gov.cn/home/gjjwzx/wsyw/202102/t20210210_2281500.html。

③ 识政、北京新闻：《北京·平谷世界休闲大会精彩亮相，蔡奇宣布大会开幕》，北京市人民政府网站，2021年4月17日，http://wb.beijing.gov.cn/home/gjjwzx/wsyw/202104/t20210417_2361546.html。

④ 新华社：《克罗地亚国家广播电视台开播"魅力北京"系列纪录片》，中华人民共和国中央人民政府网站，2021年5月13日，http://www.gov.cn/xinwen/2021-05/13/content_5606099.htm。

第四节　新时期北京国际
交往中心建设建议

新冠肺炎疫情在全球发展的不确定性让零和思维支配了部分国家的外交政策选择，信任和包容成了国际社会的稀缺资源。[①] 北京作为中国国际交往的重要平台，如何应对该局势，并在此基础上进一步推进国际交往中心建设是需要顺应情势变化反复斟酌的问题。从目前北京的表现来看，总体呈现稳中向好的趋势。综合既有经验，结合规划方向，顺应国际形势所需，北京要聚焦服务国家总体外交，履行首都职责，完善服务保障机制，统筹挖掘服务资源和力量，高质量完成主场外交活动服务保障任务，进一步擦亮"北京服务"品牌，[②] 仍可以从把握冬奥会机遇、增强数字经济活力、助力构建全球卫生伙伴关系网络三方面深化建设国际交往中心。

一、把握冬奥会机遇

对外体育交流作为一种重要的跨文化交流方式，为连接北京和世界发挥着重要的媒介作用。冬奥会作为新时代中国主场外交的重要契机，是展现中国抗疫成果与综合国力的关键机遇。北京应牢牢

---

① 史安斌、童桐：《全球危机与中国方案：新冠肺炎疫情下公共外交的反思》，《对外传播》2020 年第 6 期，第 28—31 页。

② 北京市人民政府：《"北京推进国际交往中心功能建设"新闻发布会》，北京市人民政府网站，2021 年 9 月 16 日，http://www.beijing.gov.cn/shipin/Interviewlive/527.html。

把握这一机遇，进一步提升国际服务水平。

首先，做好赛事服务是中国进行冬奥外交的关键。面对疫情的客观限制，牢牢把握"简约、安全、精彩"的办赛要求，[①] 上下协调，内外联动。在前期筹备过程中，需要未雨绸缪，坚持"一馆一策、一场一策"，细化具体的防疫方案和措施，加强业务培训和实战演练，[②] 并提前向国际奥委会和世卫组织报备。并且，在语言环境逐渐形成的前提下，逐步提升冬奥会举办城市民众的主人翁意识和能力是主场外交效果提升的重要组成。具体来说，可以通过对运动员、赛事工作人员、媒体等重点赛事组织专门的外事外交礼仪培训，并在此基础上，建立相关的激励和考核机制，对在冬奥会筹办中塑造国家形象有功人员及时表彰等方式实现。[③] 在赛事进程中，全面落实"双进入"机制，建立高效赛时运行指挥体系。细化完善竞赛日程，高水平做好竞赛组织、媒体转播等工作。[④] 组织好宣传推广和文化活动，开展冬奥文化展示和体验活动，扩大涉冬奥主题的对外交流。[⑤]

---

① 识政：《全力以赴做好冬奥筹办工作 市委常委会召开扩大会议，传达学习习近平总书记重要讲话精神》，北京市人民政府网站，2021 年 1 月 22 日，http://wb. beijing. gov. cn/home/gjjwzx/wsyw/202102/t20210202_2251239. html。

② 识政：《现在已经进入北京冬奥会时间 蔡奇要求疫情防控和冬奥筹办两手抓 确保北京冬奥会如期安全顺利举办》，北京市人民政府网站，2021 年 8 月 17 日，http://wb.beijing. gov.cn/home/gjjwzx/wsyw/202108/t20210817_2469590. html。

③ 王莉：《疫情背景下北京冬奥会与国家形象塑造：理论逻辑与实践路径》，《河北体育学院学报》2021 年第 5 期，第 26—34 页。

④ 识政：《全力以赴做好冬奥筹办工作 市委常委会召开扩大会议，传达学习习近平总书记重要讲话精神》，北京市人民政府网站，2021 年 1 月 22 日，http://wb. beijing. gov. cn/home/gjjwzx/wsyw/202102/t20210202_2251239. html。

⑤ 识政：《冬奥筹办进入决战决胜关键时期，蔡奇发出动员令，明确 11 个方面重点任务!》，北京市人民政府网站，2021 年 3 月 1 日，http://wb. beijing. gov. cn/home/gjjwzx/wsyw/202103/t20210317_2309809. html。

　　其次, 大型体育场馆的赛后运营一直是"世界性"难题, 与其他类型运动场地相比, 冬奥运动场地存在着能耗大、季节性强等难点。① 因此, 能否充分利用冬奥会场馆不仅是北京及其他举办城市未来发展中的重要问题, 也是北京城市外交能否更上一层楼的一次契机。对此, 北京应加强新建体育场馆设施的科学规划与布局, 深入实施"遗产战略计划"和"场馆赛后利用计划",② 借鉴"五棵松"模式, 将单一体育场馆功能向城市体育综合体转变, 以体育竞演为核心功能, 拓展体育零售、运动体验等相关功能, 开发、改造现有体育场馆。鼓励探索市场化运营新模式, 提升赛事设施运营管理能力, 促进场馆设施的可持续发展。③

　　最后, 借助 2022 年冬奥会举办的热潮, 激发体育经济新活力。以北京未来所承办的国际赛事为线索, 进一步丰富运动项目消费类型, 加强特色健身休闲设施建设。推动京津冀协同发展, 努力在交通、环境、产业、公共服务等领域取得更多成果; 以冬奥筹办为契机促进首钢园区转型发展, 支持延庆打造国际滑雪度假旅游胜地, 加快建设京张体育文化旅游带。④ 延长小众运动项目的消费服务链

---

　　① 《北京日报》:《支招冬奥会后场馆利用聚焦国际科创中心建设——政协分组讨论会上委员话实干出实招》, 北京市人民政府网站, 2021 年 1 月 23 日, http://www.beijing.gov.cn/ywdt/gzdt/202101/t20210123_2230440.html, 访问日期: 2021 年 9 月 17 日。

　　② 识政:《冬奥筹办进入决战决胜关键时期, 蔡奇发出动员令, 明确 11 个方面重点任务!》, 北京市人民政府网站, 2021 年 3 月 1 日, http://wb.beijing.gov.cn/home/gjjwzx/wsyw/202103/t20210317_2309809.html。

　　③ 北京市人民政府:《北京市体育设施专项规划 (2018—2035 年)》, 北京市人民政府网站, 2020 年 12 月 31 日, http://www.beijing.gov.cn/zhengce/zhengcefagui/202012/t20201231_2194741.html。

　　④ 识政:《全力以赴做好冬奥筹办工作　市委常委会召开扩大会议, 传达学习习近平总书记重要讲话精神》, 北京市人民政府网站, 2021 年 1 月 22 日, http://wb.beijing.gov.cn/home/gjjwzx/wsyw/202102/t20210202_2251239.html。

条，带动健身服装用品、健身场馆器材、健身文化传媒、健身教育培训等产业发展。①

二、增强数字经济活力

数字贸易的价值在疫情暴发后进一步凸显。作为全国科技创新中心，北京市将发展数字经济、数字贸易作为推动城市高质量发展的战略选择。② 对此，北京可以从制度建设、基础设施建设、成果转化三方面着手，积极打造中国数字经济发展 "北京样板"。

首先，对标国际先进水平，探索符合国情的数字贸易发展规则，完善相关监督管理机制，打造市场化、国际化、法治化营商环境。加强跨境数据保护规制合作，促进数字证书和电子签名的国际互认。建立允许相关机构在可控范围内对新产品、新业务进行测试的监管机制，③ 对首创性政策秉持包容审慎态度，强化事中事后监管。④

其次，加快新一代信息基础设施建设，探索构建安全便利的国

① 北京市人民政府：《北京市体育设施专项规划（2018—2035 年）》，北京市人民政府网站，2020 年 12 月 31 日，http://www.beijing.gov.cn/zhengce/zhengcefagui/202012/t20201231_2194741.html。

② 《北京日报》：《服贸会举办数字贸易发展趋势和前沿高峰论坛　肖亚庆怀进鹏吉林致辞》，北京市人民政府网站，2020 年 9 月 6 日，http://wb.beijing.gov.cn/home/gjjwzx/wsyw/2020 09/t20200906_1998199.html。

③ 中华人民共和国中央人民政府网站：《北京市地方金融监督管理局，重磅！北京自由贸易试验区总体方案公布》，北京市地方金融监督管理局，2020 年 9 月 21 日，http://jrj.beijing.gov.cn/jrgzdt/2020 09/t20200921_2074839。

④ 识政：《蔡奇为推进这 "两区" 建设作动员部署，勾勒北京对外开放新蓝图》，北京市人民政府网站，2020 年 10 月 14 日，http://wb.beijing.gov.cn/home/gjjwzx/wsyw/202010/t2020 1014_2110731.html。

际互联网数据专用通道。① 推动数据开放共享平台、公共算力平台、开源工具平台等新型数字基础设施建设，② 实施"5G+工业互联网"创新发展工程和智能制造工程，让数字技术更好赋能大中小企业。③ 组建国际大数据交易所，推动数据资源高效有序流动和深度开发利用。④ 抓好城市综合体、主题购物街区等商业配套建设，进一步完善外部交通，推进总体国际人才社区建设。

最后，积极促进科技成果转化，深化产学研相结合，促进创新链和产业链精准对接，大力发展 5G、数字经济、人工智能等新兴产业，⑤ 培育在线教育、在线医疗、在线消费、远程办公等新业态，推动数字经济和实体经济深度融合。⑥ 对此，一方面发挥北京高校、智库云集的优势，与企业建立长效合作关系——在企业个性化诉求的基础上，及时了解行业发展动态，明确市场诉求，在此基础上进行科研实践，将有效提高成果转化率。加大科研人员职务科技成果

---

① 中华人民共和国中央人民政府网站：《北京市地方金融监督管理局，重磅！北京自由贸易试验区总体方案公布》，北京市地方金融监督管理局，2020 年 9 月 21 日，http://jrj. beijing. gov. cn/jrgzdt/2020 09/t20200921_2074839。

② 识政：《蔡奇陈吉宁调研中关村科学城，要求当好国际科技创新中心建设排头兵！》，北京市人民政府网站，2021 年 1 月 9 日，http://wb. beijing. gov. cn/home/gjjwzx/wsyw/202102/ t20210202_2251211. html。

③ 识政、北京新闻：《首届全球数字经济大会在京开幕，蔡奇致辞！以"创新引领·数据驱动——建设全球数字经济标杆城市"为主题》，北京市人民政府网站，2021 年 8 月 31 日，http://wb.beijing.gov.cn/home/gjjwzx/wsyw/202108/t20210803_2454790. html。

④ 《北京日报》：《北京市政府工作报告全文发布》，北京市人民政府网站，2021 年 2 月 5 日，http://wb. beijing. gov. cn/home/gjjwzx/wsyw/202102/t20210205_2277306. html。

⑤ 识政、北京新闻：《2020 中关村论坛盛大开幕，蔡奇致辞！》，北京市人民政府网站，2020 年 9 月 18 日，http://wb. beijing. gov. cn/home/gjjwzx/wsyw/202009/t20200917_2063920. html。

⑥ 识政：《蔡奇为推进这"两区"建设作动员部署，勾勒北京对外开放新蓝图》，北京市人民政府网站，2020 年 10 月 14 日，http://wb. beijing. gov. cn/home/gjjwzx/wsyw/202010/t 20201014_2110731. html。

市场化赋权、技术转移税收优惠等方面改革力度,支持众创空间、创业基地发展,营造良好创新生态。① 另一方面,加强开放合作,实施更加开放包容、互惠共享的国际科技合作战略,开展全方位、高水平、深层次的国际创新合作和成果共享,推动更高水平的互利共赢。②

三、推动构建全球卫生伙伴关系网络

第一,继承和发展中医药优势。支持国家中医药服务出口基地和中医药服务贸易重点机构开拓国际市场,提升中医药国际医疗服务能力。建设中医药国际医疗服务、国际教育培训和科技创新平台,扩大来华学习中医的国外留学生和短期培训生,推进科技资源开放共享和中医药科技成果转化,鼓励发展适宜与旅游产业融合的中医药健康产品和服务项目。③

第二,进一步激发和发挥首都科创中心价值,推动医药健康产业发展。充分调动科研院所、高校、企业等多方面积极性,推进产学研用相结合。加强新冠肺炎理论、传染源及传播机理研究,推进新冠疫苗研发,为突破疫情政治化桎梏提供科学依据,为有效抗击

① 识政:《蔡奇为推进这"两区"建设作动员部署,勾勒北京对外开放新蓝图》,北京市人民政府网站,2020 年 10 月 14 日,http://wb.beijing.gov.cn/home/gjjwzx/wsyw/202010/t20201014_2110731.html。

② 识政、北京新闻:《2020 中关村论坛盛大开幕,蔡奇致辞!》,北京市人民政府网站,2020 年 9 月 18 日,http://wb.beijing.gov.cn/home/gjjwzx/wsyw/202009/t20200917_2063920.html。

③ 识政、北京新闻:《2020 中关村论坛盛大开幕,蔡奇致辞!》,北京市人民政府网站,2020 年 9 月 18 日,http://wb.beijing.gov.cn/home/gjjwzx/wsyw/202009/t20200917_2063920.html。

疫情提供手段。以更加务实有效的举措，如优化经营环境、提供政策支持等开展国际科技合作，瞄准生命科学前沿和生物技术需求，搭建全方位、多层次、机制化的交流合作平台。① 目前已形成"一南一北"医药产业聚集区，发展态势良好。②

第三，加快医疗服务体系与国际接轨。一方面，深化国际医疗合作水平，拓展医疗合作形式。具体而言，可以从做好大型涉外活动的医疗服务保障；争取加强同境外医师交流合作、建立独资医院等更多开放创新试点政策在京落地；加强国际医疗联合体建设，完善会诊、转诊绿色通道建设，支持开展跨境远程医疗等途径着手。③ 另一方面，借鉴他国先进经验，对标国际标准，实现人才、技术、制度和配套设施等多方面水平的提升。引进国际化高水平医疗资源和运行管理团队；支持试点医院开展国际医疗服务管理认证、国际商业保险认证，推进商业保险与医疗机构合作对接；做好支持国际医疗服务配套政策的落地实施，推进商业健康保险和基本医疗保险有效衔接；加强政策执行的跟踪监测；推进个性化医疗服务以适应连续性、个性化等服务要求。④

---

① 《北京日报》：《中关村论坛全球科学与生命健康论坛开幕　王志刚侯建国陈吉宁致辞》，北京市人民政府网站，2020 年 9 月 19 日，http://wb.beijing.gov.cn/home/gjjwzx/wsyw/202009/t20200919_2074065.html。

② 《北京日报》、北京新闻：《陈吉宁视频会见德国拜耳集团管理委员会主席》，北京市人民政府网站，2021 年 6 月 9 日，http://wb.beijing.gov.cn/home/gjjwzx/wsyw/202106/t20210609_2409788.html。

③ 北京市人民政府：《"北京推进国际交往中心功能建设"新闻发布会》，北京市人民政府网站，2021 年 9 月 16 日，http://www.beijing.gov.cn/shipin/Interviewlive/527.html。

④ 北京市人民政府：《"北京推进国际交往中心功能建设"新闻发布会》，北京市人民政府网站，2021 年 9 月 16 日，http://www.beijing.gov.cn/shipin/Interviewlive/527.html。

结　语

中国综合国力的提升带动北京的国际交往水平实现跃层式发展，[①] 北京日益在中国的大国外交模式中承担建设性作用。疫情之下，要求北京要统筹发展和安全，在严格抓好疫情防控的前提下，借助"云"服务，积极推进国际交往，办好国际性会议会展、体育赛事和文化活动；加强城市宣传推介，在对外交往中讲好北京故事，积极塑造展现良好国际形象。[②] 目前，北京通过采用线上线下推进抗疫合作的方式不断拓宽"朋友圈"，并从文化、经贸、高新技术产业、外事服务水平四方面入手，提升国际化服务能力；在此基础上，加强城市形象"云"塑造，取得良好成效。而为顺应现今国内外局势，北京应当充分把握新时代冬奥会的主场外交时机，增强数字经济活力，不断完善全球卫生治理体系。这不仅有益于进一步深化北京国际交往中心建设，于中国争取更好的外部环境和全球抗疫皆具有重要价值。

[①] 邵魁卿：《北京国际交往中心建设背景下的城市品牌网络传播研究》，外交学院硕士学位论文，2021，第1页。

[②] 《北京日报》：《部市领导到朝阳区调研并召开北京推进国际交往中心功能建设领导小组全体会议　蔡奇强调　高标准推进"十四五"时期国际交往中心功能建设　宁吉喆陈吉宁魏小东张延昆出席》，北京市人民政府网站，2021年8月21日，http://www.beijing.gov.cn/gongkai/ldhd/202108/t20210821_2473306.html。

第 二 章
北京“全球卫生治理中心”城市建设

牛仲君*

新冠肺炎疫情已经演变成一场严重的全球卫生治理危机。截至 2021 年 11 月底，全球已经累计超过 2.6 亿人确诊，520 多万人死亡，并且数字还在持续攀升，其影响甚至堪比两次世界大战和 2008 年国际金融危机。疫情不仅对人类生命安全造成巨大威胁，也重创了世界经济，暴露出全球卫生治理机制缺乏权威、能力不足等问题。大灾之后有大治，经历了新冠肺炎疫情的打击，世界各国必然在疫情后付诸行动来加强全球卫生治理改革，以避免悲剧的再度发生。这就给我国和首都北京创造了新的机遇和挑战：如何在双多边的国际合作中，充分利用我们在抗疫经验、医疗物资生产方面的优势，在接下来的全球卫生治理改革中发挥核心作用，以提升中国在全球卫生治理领域的规则制定权、国际话语权和影响力？因此，对

* 牛仲君，外交学与外事管理系副教授，北京对外交流与外事管理研究基地研究员。

于拥有成功抗疫经验和能力的中国来说，理应肩负起后疫情时期全球卫生治理改革的重任，将首都北京建设成"全球卫生治理中心"，并使其成为首都国际交往中心建设新的目标和定位。

第一节　全球卫生治理体系的发展与问题

一、全球卫生治理体系的发展历程

近代以来，随着地理大发现的海上新航路的开辟，各大洲、各国、各地区之间的联系日益紧密，世界逐渐形成有机的整体，步入全球化时代。而随着国际贸易的迅猛发展，天花、霍乱、鼠疫等传染性疾病也开始突破地区的限制，在国际社会广泛传播，成为威胁国际安全的新问题。到了 19 世纪中期，传统的地区检疫措施和法规已经无法满足防疫需要，要求通过国际合作进行全球卫生防治的呼声日渐高涨，12 个欧洲国家于 1851 年在法国巴黎召开了第一次国际卫生会议，讨论了应对传染病的国际合作问题，之后陆续召开了 10 次国际会议，通过了控制霍乱和处理鼠疫等 8 项国际卫生公约或协定，从而开启了全球卫生治理体系的建设步伐。

进入 20 世纪以后，随着两次世界大战的爆发以及国际联盟与联合国等全球性国际组织的兴起，国际卫生合作开始了组织化和规范化发展，逐渐形成以世界卫生组织为核心的全球卫生治理体系。先是于 1903 年达成了《国际公共卫生条例》，1907 年和 1920 年成立了国际公共卫生局和国联卫生组织。而随着中国与巴西在 1945 年联合国国际组织会议上提出的"建立一个全新自治国际卫生组织"的议案获得通过，1946 年 7 月，64 国代表在纽约举行了国际卫生会议，签署了《世界卫生组织组织法》。该法规定："享受最高而能获致之健康标准，为人人基本权利之一。不因种族，宗教，政治信仰，经济或社会情境各异，而分轩轾。"它给健康下的定义为"身体、精神及社会生活中的完美状态"。[1] 1948 年 4 月 7 日，《世界卫生组织组织法》得到了 26 个联合国会员国的批准并生效。同年 6 月 24 日，世界卫生组织（简称"世卫组织"）在日内瓦召开的第一届世界卫生大会上正式成立，总部设在瑞士日内瓦。世界卫生组织的建立标志着全球卫生治理正式进入普遍化和机制化时代。

作为联合国下属的专门机构，世界卫生组织主要负责全球卫生领域的研究议程、国际协调和规范制定，共有六个区域，194 个会员国，其工作人员在 150 多个办事处开展工作，目标是为世界各地的人们创造一个更美好、更健康的未来。[2] 根据《世界卫生组织组织法》，世界卫生组织具有制定公约、监督各国卫生立法、改善全球公共卫生状况、推进国际卫生援助等权力，并应在传染病的防治领域联系世界范围内的国家和地区携手合作，共同抗击传染病给世界人民带来的危害。同时，该法还要求成员国政府对人民健康负责，并向世界卫生组织报告流行病。[3]

在世界卫生组织成立早期，主要致力于对国际卫生领域提供专业建议和制定全球卫生标准，如 1948 年通过的世界卫生规章《疾病

---

① 世界卫生组织：《世界卫生组织组织法》，日内瓦·世界卫生组织出版，1946 年，第 1 页。

② 《关于世卫组织》，世界卫生组织网站主页，https://www.who.int/zh/about。

③ 世界卫生组织：《世界卫生组织组织法》，第 3 页。

名称及死亡原因》、1951 年通过《国际公共卫生条例》（1969 年变更为《国际卫生条例》）和 1977 年发布的《基本药品标准清单》等。特别是在世界卫生组织的主导下，国际社会于 20 世纪后期最终通过合作在全球范围内消除了天花。但随着 20 世纪 60 年代以来新一波全球化浪潮的迅猛发展，国际间交流，尤其是人员流动的频繁，各种高致病型病毒在世界上的传播越发迅速和难以掌握，加之各国间的卫生水平不均衡现象日益严重，国际社会迫切希望世界卫生组织加快国际公共卫生立法的步伐和进一步完善全球卫生治理体系。

2003 年暴发的 SARS 病毒危机，让各国开始再次认识到国际法在全球卫生治理中的重要作用，1969 年修订的《国际卫生条例》已经无法应对新的局面。经过 2004 年两次对《国际卫生条例》全面修订草稿的意见征求，2005 年 5 月，世界卫生大会通过了《国际卫生条例（2005）》的修订，并于 2007 年 6 月 15 日正式生效。《条例（2005）》建立起了一套传染病信息监测、报告和共享机制，要求各国履行监测和信息通报义务，并确立了国际公共卫生紧急事件（PHEIC）机制，扩大了《国际卫生条例》的适用范围，将原有的"鼠疫、霍乱、黄热病"三种传染病扩大到既存的、新的和重新出现的疾病，其中还包括非传染疾病所引起的紧急情况。[①] 另外，世界卫生组织还完善了突发公共事件处理机制，规定在发现疫情后成立突发事件委员会，由总干事判断是否存在国际公共卫生紧急事件，并提出包括检疫、隔离等措施在内的建议。

---

① 陈颖健：《公共卫生全球合作的国际法律制度研究》，上海社会科学院出版社，2010，第 61 页。

随着 2009 年甲型 H1N1 流感、2014 年埃博拉病毒疫情等全球公共卫生安全危机的暴发，世界卫生组织在监控国际大流行性疾病的蔓延方面功不可没，形成了一套系统的国际大流行疾病的警戒机制，制定了大流行警戒级别以作为全球应对流行性疾病蔓延的重要指标和依据。该分类法适用于全世界，为帮助各国制订大流行范围和应对计划提供了一个基础的框架。以流感为例，具体的大流行警戒内容和标准如表 2-1 所示。

表 2-1 世卫组织关于流感大流行警戒级别的描述①

第 1 级	没有报告在动物中传播的流感病毒导致人类传染病例
第 2 级	已知家养或野生动物中流行的动物流感病毒导致人类感染，因此认为存在潜在的大流行威胁
第 3 级	动物或人类—动物流感重组流感病毒在人群中造成了零星病例或小规模传染，但并未造成足以维持社区层面暴发的人际传播
第 4 级	确认动物或人类—动物流感重组病毒的人际传播已经能够导致社区层面暴发
第 5 级	同一种确认病毒的人际传播发生在一个世卫组织区域内的至少两个国家中
第 6 级	除了第 5 级确定的标准外，在世卫组织的不同区域至少又一个国家发生了社区层面的暴发
高峰后期间	在进行适当监测的大多数国家，大流行流感的水平已降低到高峰水平之下
可能发生新一波大流行	在进行适当监测的大多数国家，大流行流感的活动水平再次上升
大流行后期间	在进行适当监测的大多数国家，流感的活动已恢复到常态季节性流感水平

① 世界卫生组织：《大流行性流感的防范和应对》，日内瓦·世界卫生组织出版，2009年，第 9 页。

世界卫生组织作为联合国系统内卫生问题的指导和协调结构，因其近乎普遍性的会员构成，通过卫生大会、区域委员会及国家办事处与各国政府建立了密切的合作关系，向各国提供技术支持，以及监测和评估卫生趋势，其强大的召集能力能够促使不同主体相互对话并听取意见，推动全球卫生领域内的集体行动。正因如此，世界卫生组织能够在传染病流行时成为主导力量，在卫生治理领域中的权威得到普遍共识。70多年的发展表明，世界卫生组织在促进国际公共卫生治理领域的作用功不可没。

除居于核心的世界卫生组织外，当前的全球卫生治理体系还包括大量的国际组织、各国政府相关部门、非政府组织和企业。具体来说，世界银行、国际货币基金组织、地区开发银行等金融机构为全球卫生治理提供项目和资金，各国卫生部门通过双多边的合作加强协调沟通，联合国儿童基金会、开发计划署等发展机构在不同领域推进专门的卫生治理合作，20国集团等新兴经济组织则关注信息共享、疫苗合作及经济恢复，而盖茨基金会等大量非政府组织和企业为全球卫生治理提供相应的资金、药物和疫苗等物资，成为全球卫生治理的重要补充。而随着联合国千年发展目标和"2030可持续发展议程"的实施，确立了全球公共卫生治理的具体行动目标。由此，全球卫生治理逐渐形成了以世卫组织为核心，世界银行为补充，国际货币基金组织和联合国其他相关组织分布周边，非政府组织、跨国公司、个人等次国家行为体处于外围的体系结构。

二、全球卫生治理体系存在的问题

随着全球化的发展和疾病的跨国传播，全球卫生治理的重要性日益突显，国际卫生合作取得了巨大成就，但是由于国际社会无政府状态和集体行动困境的存在，全球卫生治理仍存在明显的多样性、碎片化特点，导致治理效果不佳甚至部分失灵的现象。随着艾滋病、非典型肺炎、埃博拉病毒以及新冠病毒的一次次国际大规模传播与肆虐，全球卫生治理的脆弱性显露无疑，治理体系的领导力和协调力日渐式微，同国际社会的期待形成强烈的反差，要求加强全球卫生治理变革的呼声日渐高涨。具体来说，全球卫生治理体系存在的问题如下。

第一，全球卫生治理议题的"政治化""安全化"趋势扩大了发达国家与发展中国家的分歧，增加了集体行动的困境，也削弱了国际卫生规范的效力。近年来，随着国际公共卫生危机事件的频发，美欧等西方国家和国际组织基于自身利益的需求，推动全球卫生治理议题设置中的"安全化"倾向日趋明显，将疾病防控问题纳入到国际安全的议题设置中，即"将暴发大规模传染病等公共卫生事件，视为危及国家、地区乃至全球人民生命健康的存在性威胁，并且要求打破常规、采取特殊的紧急安全措施予以防控"。① 众所周知，卫生领域本身属于国际关系的"低级政治"领域，与国家主权的关系并不紧密，因此存在广阔的合作与共赢空间。但随着全球卫生问题"安全化"现象的出现，在卫生治理日益受到重视的同时，各国的相关国家利益也被不断放大，主权国家将不可避免地以更加"自私"的态度来处理国际卫生合作事宜，更愿意将有限的资源投入到本国关注的领域，而不是提供国际公共产品，从而增加了集体

---

① 魏志江、郑宇晴：《论公共卫生的"安全化"与"去安全化"——中日抗击新冠肺炎疫情的模式论析》，《国际安全研究》2020 年第 5 期，第 136 页。

行动的困境，使合作变得更为困难。

全球卫生治理议题"安全化"和"政治化"集中反映出全球公共卫生治理资源分配不均衡和防控有效性不足的状况。具体来说，在防控重点对象上，发达国家关心的是诸如艾滋病、毒品泛滥、药品专利等问题，而发展中国家关注的疟疾、结核病、热带病等传染病的防治，基础公共卫生设施建设，医疗教育和卫生援助等则被放在了次要位置。这就导致在资源分配上，大量的资金被用于艾滋病防治等西方国家关注的领域，甚至出现资源重置和浪费的现象，而发展中国家关心的基础公共卫生防治面临资源严重不足的状况。如2018年9月，联合国常务副秘书长阿明娜·穆罕默德在第73届联合国大会防治结核病问题高级别会议上就指出，防治结核病的资金缺口每年高达130亿美元，资金不足是结核病防控的最大障碍。① 另外，一旦出现国际公共卫生危机，主权国家更愿意强化对自身利益的保护，将民族主义和重商主义凌驾于国际利益之上，而非从源头解决问题，就像本次新冠肺炎疫情发生后一些欧美国家做的那样。

第二，全球卫生治理主体多元化与世界卫生组织权威性不足，治理机制的交叉和重叠，导致全球卫生治理缺乏统一的领导与协调，从而降低了治理的成效。随着全球公共卫生问题的突显和公共卫生危机的频发，大量政府部门、国际组织、非政府组织、跨国公司涌入全球卫生治理领域，在不同领域发挥着不同的作用，形成了以世界卫生组织为核心、其他国际组织为补充、非政府组织和跨国公司在外围的全球卫生治理体系。但在现实中，这些不同的全球卫

---

① 王建刚：《全球防治结核病每年资金缺口达130亿美元》，人民网，http://sn.people.com.cn/n2/2018/0927/c378286-32105632.Html。

生治理主体的作用和功能并不明确，相互之间还存在一定的交叉与
竞争，缺乏明确的分工和统一的管理协调，无法实现资源的合理分
配和使用，处于"一盘散沙"的状态。

居于核心的世界卫生组织权能有限，资源不足，无法采取强硬
的措施，只能采取制定标准和专业建议等"软方式"，因此缺少必
要的权威以加强国际管理与协调。如新冠肺炎疫情发生后，二十国
集团部长会议原本要发表一份公报，承诺增加世界卫生组织在应对
新冠肺炎疫情中的赋权，但是该公报因为美国的反对而流产。[①] 而
在经费方面，世界卫生组织 80% 的经费来源于自愿捐款，这些经费
往往只能用于特定领域，致使世界卫生组织在面临公共卫生危机时
缺少经费自主性，无法发挥更大作用。其他的国际组织和私营部
门，虽然控制大量资金和项目，但在卫生治理领域的专业性和权威
性不足，其治理目标和任务也和世卫组织有所区别，因此往往会出
现与世卫组织的同质性竞争和功能交叉状况，甚至浪费本就不足的
国际卫生治理资源。

第三，《国际卫生条例》本身存在缺陷，强制性和执行力不足，
缺乏卫生合作与援助的具体规定，治理效果大打折扣。虽然《国际
卫生条例》规定了世界卫生组织与缔约国在传染病国际防控中的权
利和合作义务，但是大多为指导性原则，援助要求是任意的，主体
也不明确，缺乏具体的合作与援助机制，也没有健全的争端解决机
制，特别是当缔约国因为各种原因不遵守条例规定时，条例本身缺
少相应的遵约机制，无法对缔约国进行有效的规制，使得《国际卫
生条例》的权威性大打折扣，只能称为"软法"。例如，《国际卫生

---

① 阮宗泽：《一个世界 两种秩序》，《国际问题研究》2020 年第 3 期，第 47 页。

条例》对额外卫生措施的规制是建立在尊重国家自主权和以世卫组织建议作为制衡的基础之上，设想的是通过透明度和公开性吸引国家主动遵约，[1] 缺少强制性规定，因此会导致发生大规模传染病疫情后，各缔约国虽有进行信息通报的义务，但很多国家考虑到信息通报有可能造成其他国家的过度反应，影响旅游贸易等经贸关系，因而不履行相关义务，耽误疫情的有效防治。

第四，《国际卫生条例》的第 5 条、第 15 条规定缔约国应该在条例生效后五年内加强履约能力建设，包括监测、评估、通报、报告及有效处理和应对国际卫生公共事件的能力，这就要求缔约国具备绘制疫情分布图、配备合格实验室及储备充足药品等公共卫生核心能力。但是到 2012 年 6 月的五年截止时间，世界卫生组织的 193 个缔约国中只有 42 个缔约国提交了报告，表明在其领土范围内完成了核心能力建设，即使到 2014 年 6 月，也仅有 64 个缔约国宣称达到《国际卫生条例》的核心能力建设要求，且有 48 个缔约国未向世界卫生组织传达其意图。[2] 而一个国家的核心公共卫生能力是否具备，直接关系到其是否能有效应对突发国际卫生危机，而新冠肺炎疫情暴发后的现实，则恰恰表明许多国家并未对公共卫生核心能力建设投入足够资金，疫情很容易摧毁公共卫生核心能力薄弱的发展中国家的医疗体系。

综上所述，正是由于世界卫生组织长期以来把自己定位为一个

---

① 冯洁菡：《额外卫生措施的国际法规制——以〈国际卫生条例〉和 SPS 协定为视角》，《武大国际法评论》2020 年第 3 期，第 26 页。

② 世界卫生组织总干事报告（EB136/22 Add. 1）："第二次延期确立国家公共卫生能力和《国际卫生条例》实施情况审查委员会的报告"，2015 年 1 月 16 日，世界卫生组织网站，https://apps. who. int/gb/ebwha/pdf_files/WHA68/A68_22Add1-ch. pdf。

中立的专注医疗卫生领域的权威科学机构，《国际卫生条例》也缺少相应的强制及核查机制，加之各成员国在全球卫生治理日益"安全化"的背景下，强调本国的利益和关注领域，很多国家公共卫生核心建设不足，导致世界各国在面对诸如新冠肺炎疫情这样的大规模全球公共卫生危机时无法做到有效合作，各治理主体的权威性不够，协调能力不足，削弱了全球疫情的治理效果。随着疫情的全球肆虐，世界人民开始呼唤变革现有的全球卫生治理模式，要求加强有效的国际合作，加强国际组织的权威和缔约国的遵约能力，建立规范和透明的危机应对机制，完善相应的争端解决和监察机制。

第二节　新冠肺炎疫情对全球卫生治理体系的冲击

一、新冠肺炎疫情的蔓延与国际防控

2019 年末至 2020 年初，突如其来的新型冠状病毒疫情先后在世界各地暴发。新冠肺炎疫情发生之后，中国十分重视疫情的防控。2020 年 1 月 20 日，习近平总书记作出重要指示：要把人民群众生命安全和身体健康放在第一位，坚决遏制疫情蔓延势头；国务院总理李克强也作出批示，要以对人民群众健康高度负责的态度，全力以赴做好防控工作。① 2 月 4 日，仅用 10 天即建成交付的火神山医院开始收治首批患者，体现了中国速度和抗疫决心。2 月 16 日，《求是》杂志发表习近平总书记重要文章强调，各党政军群机关和企事业单位紧急行动、全力奋战，广大医务人员无私奉献、英勇奋战，广大人民群众众志成城、团结奋战，打响了疫情防控的人民战争，打响了疫情防控的总体战，全国形成了全面动员、全面部署、全面加强疫情防控工作的局面。②

在中国抗击疫情的同时，新冠病毒也在其他国家快速传播。继泰国 1 月 13 日发现首例确诊病例后，日本、韩国、美国、新加坡、法国、澳大利亚、葡萄牙等国也先后确诊新冠病毒感染病例，到了 2 月中旬，已经扩大到 25 个国家和地区，确诊病例超过千人。2020 年 1 月 27 日，世界卫生组织宣布新冠肺炎疫情对全球构成高风险，并于 2 月 3 日将其列为"国际关注的突发公共卫生事件"。但在疫情暴发初期，大多数国家并未对疫情足够重视，浪费了各国政府齐心协力控制疫情的最佳时期。

在新冠肺炎疫情全球肆虐的背景下，世界卫生组织等国际组织在团结各国人民共同抗疫中发挥了重要作用。2020 年 3 月 26 日，二十国集团领导人应对新冠肺炎疫情特别峰会召开，各方承诺加强合作，应对挑战，分享信息，保障医疗物资供应，减少疫情对全球贸易和供应链的冲击。2020 年 4 月底，在世卫组织领导下启动了"获取 2019 新型冠状病毒工具加速计划"，致力于汇集政府、企业、

① 习近平：《要把人民群众生命安全和身体健康放在第一位 坚决遏制疫情蔓延势头》，人民网，2020 年 1 月 21 日，http://jhsjk. people. cn/article/31557684。

② 习近平：《在中央政治局常委会会议研究应对新型冠状病毒肺炎疫情工作时的讲话》，《中国政协》2020 年第 3 期，第 1 页。

科学家、民间团体和慈善家的力量，努力加快结束新冠肺炎疫情的流行，包括诊断支柱、治疗支柱、疫苗支柱和卫生系统连接等四个支柱。① 其中的疫苗支柱为新冠肺炎疫苗实施计划（简称 COVAX），是由世界卫生组织、联合国儿童基金会（UNICEF）、流行病预防创新联盟（CEPI）和全球疫苗免疫联盟（GAVI）联合发起的，旨在加快疫苗的研发制造，并保证世界上每个国家都能公平公正地获得疫苗。截至 2021 年 8 月 16 日，该计划已分发了超过 2.03 亿剂新冠疫苗，有 138 个国家和地区参与。②

2020 年 5 月 18 日，第 73 届世界卫生大会以视频形式召开，成为有史以来第一次举行的虚拟卫生大会。它通过了一项具有里程碑意义的决议，呼吁全世界团结起来，共同抗击 2019 新型冠状病毒大流行。该决议由 130 多个国家共同发起，并获得一致通过。决议呼吁会员国采取若干行动，包括向世卫组织提供"可持续的资金"，以及"按照《国际卫生条例（2005）》的要求，向世卫组织提供关于 2019 新型冠状病毒大流行的及时、确切和充分详细的公共卫生信息"。③ 世界卫生组织与其他国际组织合作，向各国发布了大量专业指导建议，建立了国际专家网络，截至 2021 年 1 月 26 日，世卫组织共举行了 134 次媒体通报会、41 次会员国情况介绍和吹风会、57

---

① WHO: "What is the ACT-Accelerator?," https://www.who.int/initiatives/act-accelerator/about；世界卫生组织：《获取 2019 新型冠状病毒工具加速计划的最新动态》，https://www.who.int/zh/news/item/26-06-2020-act-accelerator-update。

② GAVI: "What is COVAX?," https://www.gavi.org/covax-facility?gclid = CjwKCAjwmeiIBhA6EiwA-uaeFSIw9DmIsbXOcx_dmMZ8rW9OyLYxoS9U6iP4eWY6f9KmFbmmazEZuxoC6WYQAvD_BwE#what»。

③ 《世卫组织应对 2019 新型冠状病毒疫情时间表》，世卫组织网站，https://www.who.int/zh/news/item/29-06-2020-covidtimeline。

次传染性危害战略与技术咨询小组（STAG-IH）会议,① 为抗击疫情作出了重要贡献。

2021 年 6 月 30 日，世界卫生组织、世界银行、国际货币基金组织以及世界贸易组织关于"为发展中国家提供新冠疫苗、治疗方法与诊断方法工作组"召开了第一次会议。这一工作旨在呼吁二十国集团带头帮助发展中国家抗击疫情，同时还指出了应该在全球抗疫过程中提高透明度。② 世卫组织等国际组织还积极提供疫情相关信息，与国际中存在的谣言、谎言和错误信息作斗争，在疫情暴发之初，世界卫生组织同全球主要社交媒体合作，对其发布的权威信息予以宣传。③ 另外，在疫情防控过程中，非政府组织、基金会、企业等非国家行为体也发挥了积极作用。比尔和梅琳达基金会在新冠肺炎疫情应对上的总承诺金额已经超过了 18 亿美元，这些资金将用于支持 2019 新型冠状病毒测试、治疗和疫苗的开发并向中低收入国家提供这些资源。④

在抗击疫情过程中，中国肩负起了大国责任，发挥了在全球公

---

① "Listings of WHO's response to COVID-19," 世卫组织网站，https://www.who.int/news/item/29-06-2020-covidtimeline。

② 国际货币基金组织："世界银行集团、国际货币基金组织、世界卫生组织和世界贸易组织领导人关于'为发展中国家提供新冠疫苗、治疗方法与诊断方法工作组'召开第一次会议的联合声明"，国际货币基金组织网站，https://www.imf.org/zh/News/Articles/2021/06/30/pr21201-joint-statement-heads-wb-imf-who-wto-first-meeting-task-force-covid-19-developing-countries。

③ 世界卫生组织："错误信息与医学：应对'信息疫情'"，https://www.who.int/zh/news-room/commentaries/detail/coronavirus-infodemic。

④ BILL & MELINDA GATES foundation, "The Bill & Melinda Gates Foundation pledges ＄50 million to increase access to safe and affordable COVID-19 vaccines in lower-income countries," https://www.gatesfoundation.org/ideas/media-center/press-releases/2021/06/the-bill-and-melinda-gates-foundation-pledges-50-million-to-increase-access-to-safe-and-affordable-covid-19-vaccines-in-lower-income-countries.

共卫生领域中的重要作用，充分展现了国际影响力和全球领导力。在疫情暴发后，中国以最快速度与世界分享了病毒全基因序列，提供了疫情防控和诊疗方案，促进了疫苗的研发与生产，为其他国家争取了宝贵的时间。疫情初期，中、日、韩三国外长通过召开联防联控会议，加强了东北亚地区的疫情防控合作，并积极将这种有效防疫合作模式扩展至其他地区。2020 年 5 月 18 日，国家主席习近平在第 73 届世界卫生大会视频会议开幕式上致辞，强调中国始终秉持构建人类命运共同体理念，既对本国人民生命安全和身体健康负责，也对全球公共卫生事业尽责。并且宣布中国将在两年内提供 20 亿美元国际援助，将同联合国合作，在华设立全球人道主义应急仓库和枢纽；将建立 30 个中非对口医院合作机制，加快建设非洲疾控中心总部等，[1] 充分展现了负责任大国姿态。另外，截至 2021 年 10 月底，中国已向 106 个国家和 4 个国际组织提供了超过 15 亿剂疫苗，居世界之首，为防控疫情、引领抗疫合作发挥了重要作用。[2]

二、新冠肺炎疫情对全球卫生治理的冲击

随着新冠肺炎疫情在全球范围内的肆虐，对全球政治、经济、安全及人民的健康生活均构成了史无前例的挑战，也强烈地冲击着全球卫生治理体系。为了更好地应对疫情，需要国际社会进一步加强合作，从国际利益的角度研究相关国际标准、规范及制度，加强

---

① 习近平：《习近平在第 73 届世界卫生大会视频会议开幕式上致辞》，《光明日报》2020 年 5 月 19 日第 1 版。

② 刘昶荣：《我国对外提供超 15 亿剂新冠疫苗　居世界之首》，《中国青年报》2021 年 10 月 30 日第 2 版。

世界卫生组织等现有治理机构的能力和权威，并建立新的全球卫生治理机制。正如习近平主席在 2021 年 5 月 21 日全球健康峰会上的讲话中强调的那样，"面对传染病大流行，我们要秉持人类卫生健康共同体理念，团结合作，坚决反对各种政治化、标签化、污名化的企图。凝聚人类健康命运共同体意识，摒弃以邻为壑、隔岸观火的陈旧理念，推进治理理念由'零和博弈'向'命运与共'深度变革"。① 具体来说，新冠肺炎疫情对全球卫生治理的冲击主要体现在以下四个方面。

第一，美国作为在世界上占主导地位的国家，不愿也无力为全世界履行提供国际公共卫生产品的义务，会导致"金德尔伯格陷阱"，使全球卫生治理陷入混乱。根据国际关系中的"霸权稳定论"，在国际社会居于领导地位的国家需要通过向各国提供全球公共产品，获取其他国家对其主导的国际秩序的认同，以实现全球治理；但若占主导地位的国家无意愿或无能力提供全球公共产品，又没有新兴大国能够承担这一国际重任，那么全球治理就会面临失控，出现"金德尔伯格陷阱"。在此次新冠肺炎疫情肆虐全球的过程中，美国无论是卫生治理能力，还是疫情防控意愿都令人"大跌眼镜"，在国际上还不断"甩锅""污名"，已无法履行生产提供全球卫生公共产品的国际义务。特朗普总统强调"美国优先"政策，退出以世界卫生组织为代表的国际合作机制，实际上就是逃避自身的国际责任和义务，奉行狭隘的民族主义和民粹主义。这种做法不仅不利于国际卫生合作的开展和全球卫生治理，也会导致其他发达

---

① 习近平：《习近平出席全球健康峰会并发表重要讲话》，人民网，http://politics.people.com.cn/n1/2021/0521/c1024-32110256.html。

国家的效仿，从而"自扫门前雪"，追求本国利益至上的政策，这就会让医疗基础设施薄弱、疫情抵抗能力弱的广大发展中国家难以获得必要的国际援助，不得不直面疫情的冲击。

第二，新冠病毒作为一种新的疾病，复杂程度高，传播速度快，涉及范围广，且不断变异，导致疫情持续时间长，影响范围广，对世界的冲击是全方面的，也增加了全球治理的难度。在疫情的冲击下，全球经济受到了重创，遏制需求的同时，也会推升通胀，延缓世界经济的复苏。在疫情的冲击下，旅游业和服务行业的损失最严重。根据联合国世界旅游组织的报告，由于国际游客人数急剧下降的直接和间接影响，国际旅游业及其密切相关的部门在 2020 年遭受的损失估计为 2.4 万亿美元。① 随着"封锁政策"的实施，很多国家的餐厅、商场、电影院等服务场所的营业时间缩短甚至停业，也使服务业的复苏蒙上阴影。在通胀方面，截至 2021 年 11 月，美国劳动参与率仍比疫情前低 1.5 个百分点，其"断崖式"下跌并未完全修复。而疫情大幅推升了住房和耐用品购买需求，全球房地产价格普遍上涨，美国住房景气度甚至超过 2008 年世界金融危机之前水平。需求结构的变化与供应能力的受限，导致全球通胀急剧攀升。2021 年 10 月美国 CPI 同比飙升至 6.2%，创 30 年来最高；11 月欧元区调和 CPI 同比达到 4.9%，为 1997 年有统计以来的最高值。②

第三，在新冠肺炎疫情的冲击下，世界卫生组织的协调能力和权威性面临挑战，全球卫生治理的刚性需要加强。在新冠肺炎疫情

---

① UACTAD, "Global economy could lose over ＄4 trillion due to COVID-19 impact on tourism," https://unctad. org/news/global-economy-could-lose-over-4-trillion-due-covid-19-impact-tourism.

② 钟正生：《新冠疫情两年的经济影响及前瞻》，《中国新闻周刊》2021 年第 1024 期，第 12 页。

暴发后,世界卫生组织虽然作出了很多疫情防控的建议和举措,但是由于以美国为首的部分国家合作意愿降低,极大地损害了世界卫生组织的领导力。作为世卫组织最大的出资国,美国暂停向世卫组织提供资金并决定退出世卫组织,将使本已捉襟见肘的世卫组织面临更大的资金缺口,同时,也将破坏各国在现存全球治理体系下的某种默契,增加全球卫生治理融资的难度。① 在履行《国际卫生条例》信息和数据共享义务方面,很多国家出于各种原因,未能分析相关数据,并违背世界卫生组织的建议,采取过度的旅游和贸易限制措施,致使《国际卫生条例》出现"有法不依"的局面。再加上世界卫生组织自身存在的机构官僚化、经费短缺、应对突发危机能力不足、缺少争端解决和资源保障机制等问题,导致以世界卫生组织为代表的传统全球卫生治理机构缺少必要的应对大规模传染病危机的能力,需要进行必要的改革,以加强国家间合作,强化应对公共卫生危机的能力,约束成员国遵守和执行国际规则。

第四,随着新冠肺炎疫情的不断发展,国际格局和大国关系也发生了很大变化,新兴经济体和发展中国家要求变革全球卫生治理模式的呼声日渐高涨,必然会导致全球卫生治理从"西方治理"向真正的"国际治理"转变。受新冠肺炎疫情的影响,美国和西方国家的经济普遍受到冲击,而中国则较为迅速地走出了疫情的阴霾,快速恢复了正常的经济生活,这必然会导致大国间实力对比的变化。在最重要的抗疫物资——新冠疫苗研发上,中国、印度和俄罗斯等新兴经济体也成了重要的疫苗生产国,使疫苗不再被美英等少

---

① 任琳、彭博:《全球治理变局与中国应对——一种全球公共产品供给的视角》,《国际经济评论》2020 年第 1 期,第 108—123 页。

数西方国家垄断，广大发展中国家能够从中国等新兴经济体获得疫苗，对欧美国家依赖下降，也必然会要求改变传统的以西方国家标准为基础的全球卫生治理体制，要求推进全球卫生治理体系的变革，寻求新的"全球卫生治理中心"建设。

第三节　北京市与"全球卫生治理中心"建设

一、北京市公共卫生危机管理机制的发展

北京作为中国的首都和全国政治经济文化中心，经过 2003 年"非典"和 2009 年甲型 H1N1 流感的洗礼，其应对和处理公共卫生危机的机制和成效很大程度上代表了中国的公共卫生危机管理。通过公共卫生危机的历练，北京市的公共卫生体系不断完善，各项预案有备无患，软件硬件一起改善，逐渐具备了应对大规模突发公共卫生危机的能力，从而为此次新冠肺炎疫情的有效防控和今后的"全球卫生治理中心"建设打下了良好的基础。

2003 年，突如其来的"非典"（SARS）疫情袭击中国，疫情波及 24 个省（自治区、直辖市）的 266 个县（区），累计报告病例 5327 例，死亡 349 人。"非典"疫情还波及 4 大洲 32 个国家和地区，全球共报告病例 8439 例，死亡 812 人。[①] 在疫情发生之后，2003 年 4 月 17 日，党中央打破原来的隶属关系，果断成立"北京

---

① 高强：《"非典"事件中吸取四个方面经验和教训》，http://health.sohu.com/2009 0216/n262268554.shtml。

防治非典型肺炎联合工作小组",形成医疗资源和信息反馈的整合、协调机制,一场全民防治非典疫情的工作全面展开。2003年4月21日,北京市委领导同志来到北京疾病预防控制中心考察,要求尽快改进统计手段落后状况,保证"非典"疫情及时报送。北京市信息化办公室组织骨干力量攻关,仅用24小时就建成全市疫情报告直通专网。仅仅七天,一座拥有千张病床、堪称世界传染病医院之最的小汤山医院拔地而起,符合卫生要求的消毒产品生产企业的卫生许可证审批由原来的22个工作日改为3天(含节假日)。"非典"时期各级党政干部决策果断,行动迅速,体现了高效、勤政的良好作风,为疫情的迅速平息创造了条件。

"非典"暴露出北京市医疗体系条块分割、医疗设施陈旧、缺少应急预案、医疗法规不健全等问题,迫切要求加以改进。根据国务院的要求,经过认真调研,北京市于2004年底制定并颁布了《北京市突发公共卫生事件总体应急预案》,2005年,北京制定了《流感防控预案》,专门应对流感大流行。2008年奥运会举办前夕,北京市还周密制定了各类传染病的防控预案和突发公共卫生事件应对预案。除此之外,北京市还不断加大医疗卫生事业的财政投入,理顺管理体制,强化首都联防联控工作机制,完善应急指挥技术保障,不断健全了包括疫情监测、流行病调查和治疗实验等在内的公共卫生管理体系。正如2009年6月北京市卫生局局长方来英在接受媒体采访时说的那样:"'非典'之后,我们痛定思痛,一直在备战,不断健全公共卫生体系,努力提高应对突发公共卫生事件的能力。"①

---

① 黄海、李亚红:《北京市从容应对甲型H1N1流感 社会稳定人心安定》,中华人民共和国中央人民政府网站,http://www.gov.cn/jrzg/2009-06/16/content_1341384.htm。

　　2009 年的甲型 H1N1 流感是"非典"之后北京市经历的又一起重大公共卫生危机，也成为推动北京市公共卫生危机管理体系发展的又一重大事件。甲型 H1N1 流感最初于 2009 年 3—4 月暴发于墨西哥和美国，最开始有一百多人感染。4 月 25 日世卫组织突发事件委员会认为疫情已构成"具有国际影响的公共卫生紧急事态"后，4 月 30 日，北京市全面部署防控工作，正式启动突发公共卫生事件应急机制，应急指挥部及其办公室、入境监测组、医疗组、流调组、物资保障组等 8 个临时机构开始运转，财政部门下拨应急专项资金 7300 万元。各部门、各区县紧急动员，相关医院进入待命状态，机场检疫等工作随即展开。[①] 正是由于这些迅速得力的举措，北京市较好地控制住了甲型 H1N1 流感的蔓延，取得了不错的公共卫生危机管理成绩。

　　在国际合作方面，2009 年 8 月 21 日，甲型 H1N1 流感应对与准备国际科学研讨会在北京举行，国务院副总理李克强出席开幕式并致辞。他强调，我国甲型流感防控工作取得明显成效，加强国际合作十分重要。国际社会应凝聚力量、携手合作，共同遏制包括甲型 H1N1 流感在内的重大传染病在全球的传播。中国愿进一步加强国际合作，不断提高科学应对公共卫生事件的能力，有效地防控重大传染病，为维护中国人民和世界人民的健康权益作出应有贡献。[②] 2010 年 2 月，由北京市疾控中心组织的甲型 H1N1 流感防控策略国际研讨会在北京召开，会议一方面研讨甲型 H1N1 流感防控策略、

---

　　① 《北京从容应对甲型 H1N1 流感　应急管理日益成熟》，《北京晚报》2009 年 6 月 16 日第 2 版。

　　② 《李克强出席甲型 H1N1 流感应对与准备国际科学研讨会》，中华人民共和国中央人民政府网站，http://www.gov.cn/jrzg/2009-08/21/content_1398684.htm。

交流甲流感防控工作经验,另一方面以甲流感防控工作为切入点,深入探讨应急处置工作经验,设计卫生应急管理、卫生应急成本效益、多暴发传染病的预测及评价模型、应急储备的模式等多个领域,并深入探讨了进一步的合作领域。①

事实证明,在 2009 年防控甲流的过程中,北京市与世界卫生组织通力合作,取得了富有成效的防控成果。如在人员方面,世界卫生组织的专家与中国的同行们展开了富有成效的合作,开发出了很多应对甲流的新方法和手段,取得了明显的效果。在技术方面,正是在世界卫生组织的帮助下,中国能够较早地获得来自美国和墨西哥的毒株标本,从而只用了 80 多天就开发出了甲流疫苗。在信息方面,世界卫生组织通过出版物、信息播报等方式把全球的甲流信息通报给中国,同时也通过联合新闻发布会、甲流疫情通报等方式把中国的信息和防控成绩通报给世界人民和中国民众,增加了人们对中国防控甲流的信心和理解。

由此可见,中华民族拥有几千年的抗疫救灾经验,加上之前北京市经历过非典、甲流等流行病的考验,已经拥有了较为完善的公共卫生体系和较强的危机处理能力,因此才能在本次疫情中迅速采取行动控制局面。在疫情暴发后,中国作为"世界工厂"的防疫物资生产能力,专业的医疗救援团队,以及迅速调动人民和社会力量的动员能力,使我们成为全球抗击疫情的典范,也必然成为疫情后世界各国学习与合作的榜样。特别是对首都北京来说,经历了 2020 年 6 月新发地疫情的暴发和迅速控制,北京市相对完备的医疗卫生

---

① 《市疾控中心组织召开甲型 H1N1 流感防控策略国际研讨会》,北京市疾病预防控制中心,2010 年 2 月 8 日。

服务体系、丰富的医疗卫生资源、大规模的核酸检测及疫苗研发生产能力被充分释放，表明我们"健康北京"和"国际一流的和谐宜居之都"建设已取得显著成就。

二、北京市公共卫生危机治理国际合作的经验及特点

北京市经过"非典""甲流""禽流感"等公共卫生危机的一次次历练，逐渐形成了迅速、科学、综合的公共卫生危机治理机制，取得了较好的防控效果，特别是在国际合作方面，不断汲取了以前的经验教训，在预防、应对、处理等方面与世界各国和世界卫生组织展开了全面的合作，保障全国和全市能够在较短的时间内快速应对危机，采取最佳措施，从而将病毒传染范围缩小到一个较小的圈子，有惊无险地度过了包括这次新冠肺炎疫情在内的多次全球公共卫生危机。具体来说，北京市公共卫生危机治理国际合作的经验与特点如下。

第一，早期应对，通过国际合作，展开事实调查和早期预警，在危机预防方面成效显著。危机预防是危机管理的重点部分，早期的危机预防不仅能够抑制危机的发生和蔓延、升级，而且可以通过对危机内容的准确掌握为危机处理和事后管理提供准确的信息和决策依据。例如 2009 年的甲流危机虽然暴发于墨西哥和美国，但是由于全球化的发展，其蔓延具有全球性，因此就使我们的危机预防工作显得更加重要。在危机预防领域，早期预警与事实调查是最重要的两方面内容，而这两方面工作的开展都有赖于国际合作的展开。当 2009 年 4 月墨西哥发生甲流危机之后，北京就迅速响应世界卫生

组织的号召，采取了一系列有效的措施，通过技术交流、疫情信息沟通、加强媒体宣传的沟通，确保公众得到及时、准确和科学的信息，并采取了积极的应对措施，加强疫情监测，减少病毒传播，增加了药物储存，为之后的危机处理奠定了较好的技术、信息与心理准备。

而在事实调查方面，北京市通过与世界卫生组织和其他国家的合作，开展了卓有成效的公共卫生信息分享，提高了危机应对能力和药物研发水平，获得了较好的危机管控效果。如在甲型 H1N1 流感的管控过程中，2009 年 6 月，中国较早地获得了来自美国和墨西哥的三株甲流毒株，为我们的科研工作争取了宝贵的时间。事实证明，在甲流肆虐的过程中，中国再次领跑世界，成为最早成功研发和注册使用甲流疫苗的国家。6 月 3 日，华兰生物工程股份有限公司在国内首家获得世卫组织提供的甲型 H1N1 流感毒株（抗体源）后，启动疫苗研发生产，7 月 9 日国内 10 家疫苗生产企业均报送了甲型 H1N1 流感疫苗临床试验用样品，为疫苗成功上市节省了 1 个多月的宝贵时间。9 月下旬，北京、山东等地以及军队和武警部队启动了首批疫苗的接种工作，我国成为全球最先开始甲型 H1N1 流感疫苗大规模人群接种工作的国家。[1]

第二，增加信息透明度，通过与世界卫生组织的合作，联合行动，加强宣传，一方面确保市民能获得准确的信息，另一方面也能使市民增加信心与对政府的信任，避免了恐慌的发生。例如在 2009 年 5 月初中国发现甲流疑似病例之后，我们迅速与世界卫生组织展

---

[1] 《中国从拿到毒株到疫苗问世耗时 87 天》，2010 年 1 月 20 日，新浪网，https://news.sina.com.cn/h/2010-01-20/091519506280.shtml。

开合作，先是在 5 月 5 日，卫生部、世界卫生组织（WHO）驻华代表处在京联合召开吹风会，向驻华使馆和国际组织通报甲型 H1N1 流感防控情况，确保各国能够获得中国应对甲流危机的第一手信息。之后在 6 月 12 日，卫生部、世卫组织就防控甲型 H1N1 流感举行联合新闻发布会，向大众通报了我们防控甲流疫情的情况，稳定人心，增加信心和人民对政府的信任。这些举措都表明，通过与世界卫生组织的合作，提高了信息发布的准确性和权威性，从而增加公众对政府的信任，对国家政策的支持，也在世界面前提高了中国的国家形象，可谓北京市国际公共卫生危机治理的一大进步和特色，这一经验被认真总结，在本次的新冠肺炎疫情防控中继续得到了贯彻和执行。

第三，重视国际合作，加强与世界各国的交流和与国际组织的沟通，开展广泛的国际交往和卫生领域的交流，提高了中国的国际声誉和国家形象。在以前的公共卫生危机治理过程中，我们没有只顾自身安全，充分考虑到在全球化背景下各国相互依存、相互合作的重要性，强调将本国利益与国际利益相结合，通过大量国际合作的展开，与世界各国一起共渡难关，荣辱与共，获得了世界各国的好评和赞扬，极大地增加了北京市的影响力和国家的软实力。如在 2009 年的甲流危机过程中，卫生部长陈竺成为最忙碌的中国官员之一，他不仅频繁接待来华的各国政府官员和专家学者、企业领导，而且率代表团出访了加拿大、法国、瑞士等国，同世界各国一起商讨应对危机之策，促进国际卫生领域的交流，并借甲流危机之机，提升了中国与很多国家卫生领域合作的级别。另外，中国还对第三世界国家展开了更为广泛的人员技术交流，帮助他们改进技术，增加交流，共度危机。如 2009 年 6 月，在中国疾病预防控制中心病毒病预防控制所举办的中国—东盟甲型 H1N1 流感实验室诊断技术培训班，学员系统学习了针对甲型 H1N1 流感的核酸检测技术，包括 RT-PCR 和 Real-Time PCR 两项实验室操作技术，同时培训班还围绕生物安全、标本采集和运输、病毒分离和血清学检测为学员进行了理论授课。以及 2010 年 1 月中国卫生部派出的甲型 H1N1 流感防控专家组赴蒙古国开展交流活动，向蒙古国家传染病研究中心赠送了抗流感药物、防护用品和甲型 H1N1 流感检测试剂等物资，对蒙方技术人员进行了甲型 H1N1 流感检测试剂使用方法和操作过程的培训。这都表明中国是一个负责任的大国，在危机到来之时没有独善其身，只顾本国利益，而是考虑到世界各国的需要，通过广泛的国际合作来共渡难关。

三、北京市 "全球卫生治理中心" 建设设想

通过本次的新冠肺炎疫情国际防控可知，以世界卫生组织为代表的国际组织在专业指导、政策交流、预防疾病流行和加强国际合作等方面发挥了一定作用，但在疫情蔓延的大背景下如何调动更多资源、协调各国合作还需要进一步发挥作用。因此，有必要在疫情后，充分发挥北京市作为首都在抗疫救灾方面的丰富经验，树立 "开放、共享" 的发展理念，围绕国际交往中心建设，将首都打造成 "全球卫生治理中心"，以提升北京市参与全球治理的程度，增强国际影响力。具体来说，北京市 "全球卫生治理中心" 建设设想包括以下四个方面。

　　第一，加强双多边合作，推动全球卫生治理改革的机制建设。现有的全球卫生治理最大的问题在于，相对松散的国际组织与主权国家之间存在"治理真空地带"，国际组织作为主权国家合作的工具，无法干涉国家内部事务，能够调动的资源有限，而国家在缺少统一协调的情况下在疫情中只能各自为政，甚至互相指责，使抗疫缺乏领导和协调，表现为"防疫有用，抗疫失灵"现象。因此必须以"人道、合作"为宗旨，以"援助、协调"为导向，建立全球疫情背景下的治理协调机制，调动国家间合作的积极性，以双多边的国际协调为基础，加强抗疫救灾领域的全球和区域合作。对于我国来说，在推进世界卫生组织等现有国际卫生机制改革的同时，更需要以"一带一路"建设为平台，通过与相关国家签订双多边的卫生合作协议、统一抗疫救灾相关标准、分享信息经验、加强政策沟通和人员交流，确保再度发生全球公共卫生危机时有更好的国际合作机制可以依赖。而北京作为"一带一路"建设的中心城市，自然应该成为这种全球卫生治理改革的主要推动者。

　　第二，发挥产能优势，建立"国际防疫救灾物资中心"。本次疫情的有效控制，很大程度上得益于我国强大的医疗物资生产和研发能力，快速的方舱医院建设、大规模的核酸检测、迅速的疫苗研制都表明我国在防疫救灾物资生产上拥有无可匹敌的优势。而反观其他国家，疫情暴露出大多数国家公共卫生资源不足、物资严重短缺等问题，致使疫情不断恶化。因此在疫情之后，我们应该充分发挥中国在防疫救灾物资方面的产能优势，依托北京领先的公共卫生资源和发达的交通体系，配合国家"疫苗外交"的开展，建立"国际防疫救灾物资中心"。通过与相关国家、生产企业签订长期的医疗物资筹集、分配、援助协议,在保障各国医疗物资日常使用的同时,确保发生疫情时可以迅速调拨资源,以防止再度出现抗疫物资不足的状况。同时,"国际防疫救灾物资中心"建设也有助于我们统一防疫救灾物资的国际标准,消化国内医疗物资的过剩产能,促进经济发展和推动国际合作,构建国内国际双循环。

第三,加强能力建设,建立"国际防疫救灾能力基地"。中国本次疫情的有效控制,得益于我们拥有大量专业的医疗从业人员和救援队伍,确保可以快速机动地应对疫情。北京作为全国医疗卫生资源最富集和国际交往最活跃的地区,为进一步强化我们的防疫救灾能力,加强国际合作以应对公共卫生危机,有必要建立"国际防疫救灾能力基地",以加强国内外在防疫救灾方面的人员、经验、信息合作,共同推进国际防疫救灾能力建设。"国际防疫救灾能力基地"可下设世界卫生大学、国际防疫研究所、国际医疗救援队培训中心、公共卫生宣传基地等机构,用以统筹国际公共卫生领域的研究、教育、培训、援助、宣传等工作,加强中国与世界各国,特别是"一带一路"沿线国家的医疗卫生合作,促进政策和人员交流,从而增强中国的"软实力"和国际影响力,丰富和充实北京国际交往中心建设内容。

第四,吸引国际组织落户,打造"全球卫生治理中心"。全球卫生治理改革离不开国际组织的推动和引领,每一次大的国际危机之后必然会有新的国际组织和国际机制的出现,例如两次世界大战后的国际联盟和联合国,亚洲金融危机后的"10+3"合作机制,美国次贷危机后金砖合作与二十国集团的兴起等。新冠肺炎疫情暴露出当前的一些国际组织权威不够、能力不足等弊端,要求改革现有机制并创建新国际组织的呼声日盛。北京应抓住这次难得的机遇，通过政策吸引、改进综合环境、提供优质服务等措施，有意识地新建和吸引一些国际组织落户北京，特别是针对有关疫情防控、物资储备、人员合作、援助培训等领域的国际组织，诸如上述的"国际防疫救灾物资中心"和"国际防疫救灾能力基地"等。一旦重要的国际卫生组织落户北京，必然会带动大量周边国际组织和非政府组织的聚集，就如红十字国际委员会和世界卫生组织对日内瓦作为全球卫生治理中心城市的带动作用。北京可以以此为依托，成为国际上新的"全球卫生治理中心"，以推进首都国际交往中心建设。

第 三 章

新时期的北京城市外交研究

陈婉玉　王向阳　候璐莎　赵俊[*]

第一节　北京城市外交的发展历史及特点

"城市外交"概念自产生以来，一直争议不断。关于城市外交的定义问题，已有定论。荷兰学者普洛姆（Pluijm）和梅利森（Melissen）认为城市外交是城市或地方政府为了代表城市或该地区的利益，在国际政治舞台上发展与其他行为体的关系的制度和过程。这一定义得到了西方学界的普遍认可。[①] 给城市的国际行为冠

---

　* 陈婉玉，外交学院 2019 级博士生，现为华中师范大学政治与国际关系学院讲师；王向阳，外交学院 2019 级博士生，现为天津理工大学马克思主义学院讲师；候璐莎，外交学院 2019 级博士生，现为江苏大学外国语学院讲师；赵俊，外交学院 2019 级博士生，现为中共绍兴市委党校讲师。

　① 熊炜、王婕：《城市外交：理论争辩与实践特点》，《公共外交季刊 2013 春季号》2013 年第 1 期，第 14—19 页。

以"外交"的头衔，意味着对城市外交的研究难以脱离国际政治的范畴。在此前提下，关于城市在国际关系中的角色和城市外交与传统的主权国家外交之间的关系问题成为学者们探讨的主要内容。城市外交实践的蓬勃发展推动了城市外交研究的转向，学者们从关于角色和关系的讨论转向更加关注城市外交本身的发展。在理论研究的基础上，① 一些学者以北京为案例对我国城市外交进行了研究。赵汗青和贺耀芳分别从发展和实践的角度对北京城市外交的发展和实践历程进行了梳理，指出了存在的问题，并对北京城市外交未来的发展提出了建议。② 汪锴、赵鸿燕在把握北京城市外交特点的基础上认为，北京城市外交包括三条路径——以"人"为节点的路径、以"城"为载体的路径以及以"会"为契机的路径。③ 刘波对全球化时代背景下城市外交的地方经验进行了一次较为全面的概括。④

在关于"城市外交"概念和内涵的争辩中，有国内学者结合我国具体国情认为，城市外交是城市政府在国家总体外交战略框架

---

① 陈维、赵可金：《城市外交的内陆模式——以"一带一路"中的中国内陆城市为例》，《国际观察》2017 年第 1 期，第 69—83 页；汤伟：《"一带一路"与城市外交》，《国际关系研究》2015 年第 4 期，第 59—68 页；陈维：《中国城市外交：理念、制度与实践》，《公共外交季刊》2017 年第 2 期，第 126—132 页；于宏源：《城市对外交往活力指数初步构建》，《公共外交季刊》2016 年第 2 期，第 65—80 页；陈楠：《当代中国城市外交的理论与实践探索》，华东师范大学博士学位论文，2018。

② 赵汗青：《北京城市外交发展研究》，外交学院硕士学位论文，2012；贺耀芳：《北京城市外交实践研究》，外交学院硕士学位论文，2012。

③ 汪锴、赵鸿燕：《城市公共外交的功能性路径分析：北京案例》，《区域与全球发展》2018 年第 4 期，第 55—72 页。

④ 刘波：《全球化时代城市外交的地方经验——以北京为例》，《西部学刊》2017 第 4 期，第 21—26 页。

下，推动城市建设发展，维护和扩大城市利益所从事的国际性交往活动。①根据该定义，北京城市外交是北京市政府在国家总体外交战略框架下，推动北京建设发展，维护和扩大北京城市利益所从事的国际性交往活动。

一、北京城市外交的发展历史

北京拥有久远的建都史，历史经验为北京成为国际交往中心创造了得天独厚的条件，国际化基因深深根植于北京的发展中，尤以政治和文化功能最为突出。北京在元、明、清时期就已成为东亚文化中心，② 其政治影响也相当广泛。然而，北京以城市行为体的身份走上国际舞台、参与国际事务却真正开始于 1949 年新中国成立后，北京城市外交正是在北京不断深化的国际化进程中逐步发展起来的。

北京作为中国的首都，在城市外交方面被赋予了不同于国内其他城市的使命和职责。一方面，"北京"常被外国媒体和机构代指中国，且在新中国成立初期，承接了国家的外交事务，因此北京城市外交时常会被直接视为国家总体外交的一部分。另一方面，伴随着中国国际地位的提高和基层民主政治的发展，尤其在促进经济全面发展的大背景下，北京更加积极地以独立城市行为体的身份参与国际交往，促进提高北京地区在国际上的知名度。鉴于北京的特殊

---

① 刘波：《全球化时代城市外交的地方经验——以北京为例》，《西部学刊》2017 第 4 期，第 21—26 页。

② 胡燕春：《世界城市发展的历史轨迹与文化演变》，载北京文化发展研究基地主编《北京文化发展报告 2017》，北京燕山出版社，2018，第 215 页。

地位，相较于国内其他城市，北京城市外交与国家总体外交的联系更为密切，北京城市外交的发展历史也是与国家总体外交不断协调的历史。

在北京城市外交的发展历程中，"改革开放""北京世界城市战略"以及"北京国际交往中心建设"成为推动北京城市外交发展的关键性节点事件。新中国成立到改革开放时期是北京城市外交的萌芽阶段。新中国成立初期百废待兴，我国提出以"和平共处五项原则"为主要内容的外交政策，北京市遵照中央指示，开始与苏联、东欧和东南亚的社会主义国家以及邻近友好国家的首都和大城市进行交往。随着"和平共处五项原则"在世界范围内的影响力不断扩大，北京以首都的特殊身份，承接了许多国家的外交事务，接待了大量来自第三世界国家的代表团，并以此为契机，开始了广泛的对外交往。[1] 20 世纪 70 年代，我国恢复了在联合国的合法席位，与西方国家的交往开始逐步展开。北京市配合中央接待了许多西方国家的来访领导人和代表团，例如美国总统尼克松和日本首相田中角荣等。北京市的国际交往圈不断扩大，但真正意义上的北京城市外交仍处于萌芽阶段。

从改革开放到提出"北京世界城市战略"时期是北京城市外交的形成阶段。"改革开放"政策的提出为北京城市外交的发展打开了新局面，在国家权力下放和对外开放的大趋势下，北京市对外交往的自主性进一步增强。为促进北京市经济建设和对外贸易发展，北京开始与世界上其他城市和地区建立国际友好城市（省/州）关系，这些国际友好城市成为北京城市外交的重要载体。自 1979 年北

---

① 贺耀芳：《北京城市外交实践研究》，外交学院硕士学位论文，2012。

京与日本东京建立国际友好城市关系以来，20 年间，北京与 27 个城市缔结了国际友好城市关系。在大力发展地区经济、促进城市建设的背景下，北京充分利用独有的地缘政治优势，增加对外交往活动、改善涉外环境、促进城市国际化建设迅速发展。①同时，北京开始承办大型国际会议和赛事活动，例如中非合作论坛、亚运会以及国际数学大会等。这一时期北京城市外交逐步形成，开始初具规模。

从提出"北京世界城市战略"到进行"北京国际交往中心建设"时期是北京城市外交稳步发展和完善阶段。2005 年《北京城市总体规划》中明确提出，要把北京建设成为经济、社会、生态全面协调可持续发展的世界城市。② 北京城市外交在该战略的指引下进一步稳步发展和完善。此后 3 年，北京国际友好城市迅速增加了 16 个，对外活动更加频繁，承办的国际会议和赛事数量逐年增多，规格进一步提升。多家国际组织落户北京，如亚太空间合作组织、上海合作组织、国际竹藤组织等。据统计，政府间国际组织驻京代表机构已达 25 个，其中联合国的 21 个机构在北京共设立了 14 个代表机构。2010 年，来自 27 个国家和地区的 170 家非政府组织（占在华活动的境外非政府组织总数的 5.7%）在京活动。③ 2008 年北京市当选为世界城市和地方政府联盟（UCLG）理事会和执行局成员，成功举办国际文化创意产业博览会和国际旅游博览会。④ 北京市逐

---

① 刘波：《全球化时代城市外交的地方经验——以北京为例》，《西部学刊》2017 年第 4 期，第 21—26 页。

② 中华人民共和国中央人民政府：《国务院关于北京城市总体规划的批复》，http://www.gov.cn/gongbao/content/2005/content_63352.htm，访问日期：2021 年 8 月 16 日。

③ 意娜：《加快吸引国际组织总部"落户"北京》，《国家治理》2015 年第 39 期（总），第 33—38 页。

④ 贺耀芳：《北京城市外交实践研究》，外交学院硕士学位论文，2012 年。

渐形成了具有自身特色的城市外交模式，即以国家总体外交为核心，以友城交往为主要形式，以与国际组织互动、城市协作平台交流合作为辅助形式，以提升北京的国际影响力为主要目的的城市外交模式。

2012 年党的十八大后，"北京国际交往中心建设"成为新时期北京发展战略的核心，北京城市外交进入了迅速发展阶段。2014年，习近平主席就北京的发展提出了新要求，"要明确城市战略定位，坚持和强化首都全国政治中心、文化中心、国际交往中心、科技创新中心的核心功能"。[①] 2017 年，习近平主席强调，在北京国际交往中心建设方面，要用好"一带一路"国际合作高峰论坛服务保障成果，加强国际交往重要设施和能力建设。[②] "一带一路"为北京国际交往中心建设带来了新机遇。作为首都，北京具有国内其他城市无法相比的国际、国内资源，成为"一带一路"互联互通的重要节点和枢纽城市，国际影响力进一步提升。借此机遇，北京更加积极地承办国际赛事和国际会议、大力扩展北京国际友好城市朋友圈、加快吸引国际组织在北京落户。截至 2019 年 10 月，北京市区级友城已达 173 个，[③] 在全国人民友好协会备案的北京市区县友城有21 个。[④] 当前总部落户中国的 10 个政府间国际组织中有 8 个在北京，落户北京的非政府间国际组织数量也领先于其他城市。新时

---

① 王筱鑫：《在重大活动筹办中开辟北京市外事工作新境界》，《当代世界》2018 年第1 期，第 73 页。原文参见：中共北京市委办公厅：《习近平总书记关于北京工作指示摘编》，第 25 页。

② 同上，第 110 页。

③ 《40 年，北京的友城"朋友圈"遍布全球》，《参考消息》，http://www.bj.xinhuanet.com/rdsp/2019-11/08/c_1125209486.htm，访问日期：2020 年 8 月 13 日。

④ 参见：中国国际友好城市联合会网站，http://www.cifca.org.cn，访问日期：2019 年10 月 22 日。

期，北京城市外交迅速发展，不仅服务国家总体外交的能力增强、国际交往活力进一步释放，而且综合承载能力也得到了提升。

二、北京城市外交的特点

北京城市外交在发展中逐渐形成了自身独有的特色，其中最显著特点是与国家总体外交关系密切，文化、政治功能突出，依托经济发展与合作，注重对外宣传等。

首都的特殊身份使北京相较于国内其他城市在城市外交领域与国家总体外交的关系更为密切。尽管北京城市外交的自主性在发展中不断增强，但北京市依然承接着国家主场外交的大部分活动。2018 年底，捷克布拉格市新一届市政当局主要官员在涉台、涉藏等涉及中方核心利益的重大问题上发表不当言论、采取错误行动，引起了我国人民和政府的强烈不满。北京市最终决定解除与布拉格市的友城关系，并且暂停了双方一切的官方往来。时任外交部发言人耿爽强调，推动中捷战略伙伴关系在相互尊重、平等互利的基础上不断向前发展，符合双方利益。希望布拉格市政当局早日认识并且纠正错误，为双方恢复交往与合作创造条件。①在涉及我国核心利益的事件中，北京市配合我国中央政府的外交方针，以国家代理人的角色，通过解除友城关系，向捷克政府传达中国政府的态度，为双方未来的合作发展指明了方向。

有着悠久建城史和建都史的北京在文化和政治领域的资源极其

---

① 《北京市宣布解除与捷克布拉格市的友城关系　外交部回应》，《人民日报》，https://baijiahao. baidu. com/s?id=1646993195815115854&wfr=spider&for=pc，访问日期：2021 年 8 月 20 日。

丰富，这些资源在北京城市外交的发展历程中展现为突出的文化和政治功能。在文化方面，北京主要通过开展文化交流项目进行文化推广、打造北京品牌文化塑造北京形象、以文化产业贸易为媒介进行文化宣传等方式促进北京国际交往中心建设。文化交流项目是北京与国际友城交往的重要内容，北京几乎与所有的友城都开展了文化交流项目，例如北京市在塞尔维亚贝尔格莱德市举办的面向当地民众的"北京日"系列活动等。北京还推出了许多高质量的品牌活动，例如"魅力北京"和"北京之夜"等。"魅力北京"已先后在30多个国家的50多个城市举行了70多场展览，① 在世界范围内产生了广泛影响。截至目前，北京市文化产品与服务出口已遍及世界140多个国家和地区，② 为宣传北京文化贡献了重要力量。

北京城市外交的政治功能突出表现在对国家政策的宣传与解读和促进北京国际话语权的提高上。北京的城市外交活动与国家总体外交政策、国家战略关系密切，北京市以国际城市的行为体身份，通过友城政府和社会力量向他国政界、经济界、文化界以及普通民众解释国家政策，传达双方国家的友好和善意，避免误解和偏见。自从国家提出"一带一路"倡议以来，北京相继制定了《北京市参与建设丝绸之路经济带和21世纪海上丝绸之路实施方案》《北京市对接共建"一带一路"教育行动计划实施方案》等行动方案，着力构建起服务国家"一带一路"建设的对外交往平台、人文交流平

---

① 王重斌，戴维来：《城市外交助力北京建成国际交往中心》，载刘波主编《北京国际交往中心建设研究专题2》，知识产权出版社，2016，第48页。

② 《北京文化贸易进出口额达60.2亿美元》，新华网，http://www.xinhuanet.com/2019-05/29/c_1124558815.htm，访问日期：2020年8月23日。

台、科技支撑平台和服务支持平台。① 北京在"一带一路"沿线国家有 36 对友好城市，② 国际友好城市以其非官方的特征在解释"一带一路"政策、传达我国友好与善意的过程中发挥了重要作用。北京市还通过首都市长论坛，与"一带一路"友城建立了相关的常设对话和定期交流机制。③

北京市国际化的过程也是地区经济不断发展的过程。北京城市外交一直以经济发展与合作为依托。许多国际友好城市以经贸合作为基础，与北京建立友城关系，并在经济领域取得了丰硕成果，例如德国柏林市和芬兰赫尔辛基市。在北京国际交往中心建设中，友城间的经贸合作也成为北京企业"走出去"和吸引国际资源的重要渠道。如阿姆斯特丹、里约热内卢等友城举办的企业洽谈会、京交会、推介会等大型经贸活动，为企业开展国际合作创造条件。④此外，北京还积极创造平台，为友城间经济合作提供便利，例如"城市可持续发展论坛"等。

北京市在国际交往中尤其注重集中力量宣传北京故事、塑造北京形象。北京市采用矩阵式、配套式、组团式有效方法，不断提升北京利用媒体进行国际传播塑造形象的能力和水平。为纪念改革开放 40 年，北京市制作了一个名为"40 年回眸"的短视频，邀请了40 位外国专家谈对北京改革开放的印象，尽管每个人的采谈都只有

---

① 刘波：《国际交往中心与"一带一路"倡议协同发展的战略措施》，《前线》2018 年第 3 期，第 79—81 页。

② 同上。

③ 《中国—中东欧国家首都市长论坛举办》，《人民日报》海外版，http://www.scio.gov.cn/ztk/wh/slxy/31200/document/1493485/1493485.htm，访问日期：2020 年 8 月 17 日。

④ 王重斌，戴维来：《城市外交助力北京建成国际交往中心》，载刘波主编《北京国际交往中心建设研究专题 2》，知识产权出版社，2016，第 45—46 页。

3 到 5 分钟，但全球播放后却取得了不俗的成绩，浏览量达到了 5 亿次，产生了较大影响。在新中国成立 70 周年之际，北京推出了名为"70 年我与新中国同行"的首都政务新媒体系列，其中关于城市故事的抖音系列影响颇大，不仅有利于塑造北京的国际形象，而且也使更多的人对中国有了新认识。

第二节　新时期的北京城市外交

百年变局和世纪疫情将城市在应对全球挑战中的重要作用推到了前台，客观上催生了城市外交的勃兴，以友好城市为标志的城市外交正在成为一个国家外交活动的重要补充。随着中国综合国力持续增长，中国与世界的关系正在发生深刻变化，在国际交往舞台上的作用日益凸显，客观上为中国城市参与国际交往提供有力支撑。北京是全国政治中心、文化中心、国际交往中心和科技创新中心，[1] 开展城市外交方面拥有良好的基础和优势资源，[2] 国际交往空间和前景更加广阔。2020 年以来，受新冠肺炎疫情冲击，全球政治经济格局正在发生深刻演变，中国外部发展环境遭到严重破坏。在此背景下，北京积极在危机中育新机、于变局中开新局，服务于国家总体外交，服务于城市发展，卓有成效地实现国际交往"不断线"，

---

① 《中共中央　国务院关于对"北京城市总体规划（2016 年—2035 年）"的批复》，中华人民共和国中央人民政府网站，http://www.gov.cn/zhengce/2017-09/27/content_5227992. htm，访问日期：2021 年 8 月 23 日。

② 张耀军：《城市外交助力"一带一路"打通"最后一公里"》，《北京日报》2020 年 9 月 28 日第 14 版。

国际合作"不停滞"。

一、城市双边外交：北京与国际友城互动成果突出

　　双边外交主要指两个国际行为体（主要指国家）之间的交往。城市双边外交，简单而言就是城市之间的交往活动。国际友好城市交往是中国城市外交的发端，同时又是城市外交最重要的载体。城市外交要发挥作用依然取决于它们的互动所创造出来的城市关系，这种互动既有利于实现城市外交本身的目的，也有利于塑造本国的话语权。许多因素促使城市之间交往，并建立友好城市关系，如政治、经济和文教服务等，在友城关系建立后，这些因素又成为城市交往活动的重要目的。因此，国际友城的不同交往特征，逐渐形成了政治发展型、经济合作性和情感/文化交流型的城市关系的典型模式。[1] 面对百年变局和世纪疫情，城市面临着一系列公共政策挑战，典型的国际互动模式受到挑战，城市之间如何打造更深层次的关系，进而实现全面复苏，这些内容是城市外交关注的重点，也是城市外交的价值所在。[2] 在疫情期间，北京与国际友城积极互动，从而进一步深化了友城之间的关系。

　　在疫情期间，北京与友城积极互动，主要表现在以下方面。一是与友好城市积极互助。城市是抗击疫情的最前沿，北京的抗疫行动得到各友好城市的支持。德国科隆市、韩国首尔市等国际友城多

---

　　① 王向阳：《改革开放以来中国城市外交的发展进程》，载刘波主编《北京国际交往中心发展报告（2020）》，社会科学文献出版社，2020，第14—15页。

　　② 王晓真：《多措并举发展后疫情时代城市外交》，《中国社会科学报》2021年5月7日第3版。

方筹措，向北京市捐赠急需的医疗物资等。同样，北京在扛过疫情最严峻的时刻之后，也向德黑兰、东京都、横滨、首尔、科隆等 23 个国际友城捐助抗疫物资。① 与此同时，北京也与 26 个国际友城分享了抗疫的"北京方案"，为友城抗疫提供可借鉴的经验。二是与友城交往合作。北京市长以视频形式出席芬兰赫尔辛基市举办的以"国际合作仍然重要吗？"为主题的市政线上会议，成为友城合作服务城市发展的典范。② 同时，两市以"友城合作引领绿色发展"为主题，共同举办"北京—赫尔辛基结好 15 周年系列活动"。③ 积极组织"北京市—莫斯科市结好 25 周年科技创新圆桌会"活动，推动两市在各领域务实合作。④ 共同组织"北京—惠灵顿缔结友好城市关系 15 周年系列活动"，举行营商、智慧城市、旅游推介等会议和首图"阅读北京"惠灵顿市图书馆专区展。⑤ 积极推动中法以"数字化能源与出行"为主题的科技对接会。线上出席"中国—土耳其民间友好合作对话会"，携手面对风险挑战，共同推动"一带

---

① 《中共中央　国务院关于对"北京城市总体规划（2016 年—2035 年）"的批复》，中华人民共和国中央人民政府网站，http://www.gov.cn/zhengce/2017-09/27/content_5227992. htm，访问日期：2021 年 8 月 23 日。

② 《陈吉宁市长应邀为我市友城芬兰赫尔辛基市线上会议录制中文视频》，北京市外办网站，http://wb.beijing.gov.cn/home/gjjwzx/wsyw/202011/t20201120_2141785.html，访问日期：2020 年 5 月 23 日。

③ 《友城合作引领绿色发展——北京与赫尔辛基缔结友好城市关系 15 周年系列活动举办》，北京市外办网站，http://wb.beijing.gov.cn/home/yhcs/sjyhcs/zxdt/202109/t20210929_2505730.html，访问日期：2021 年 8 月 27 日。

④ 《北京莫斯科两市结好 25 周年系列庆祝活动举办》，北京市人民政府网站，http://www.beijing.gov.cn/ywdt/gzdt/202012/t20201209_2160055.html，访问日期：2021 年 9 月 3 日。

⑤ 《一图读懂 | 北京市与新西兰惠灵顿市结好 15 周年》，北京市外办网站，http://wb.beijing.gov.cn/home/yhcs/sjyhcs/zxdt/202104/t20210402_2343477.html，访问日期：2021 年 9 月 3 日。

一路"倡议与"中间走廊"计划对接。[①]

城市之间互动有助于打破传统的交往模式，同时虚拟现实技术的发展给城市外交发展带来新的机遇。以北京与东京都为例，东京都是北京第一座友好城市，主要是为了配合中日友好条约而缔结的，其目的是通过友城交往为中日友好事业不断作出贡献。[②] 在疫情之下，两座城市第一时间相互援助，抗击疫情，分享抗疫经验。在抗疫的同时继续保持经济交流，举办以"交流合作、共享致远"为主题的中日经贸合作交流会，落实与日本东京都的合作备忘录，加快在京建设中日创新合作示范区，实现了政治发展、经济合作和文化交流的城市关系发展。

二、城市多边外交：国际组织嵌入助推城市交往

城市的多边外交主要指两个以上城市行为体嵌入国际组织，与国际组织互动的过程。城市多边外交倡导城市与国际组织开展合作，通过协商解决所关心的国际问题、处理各种涉及城市可持续发展问题。在城市越来越处于国际事务的最前沿，以及基于城市的讨论被纳入主要多边议程的年代，城市越来越受到来自全球和区域主要国际组织的关注。同时，城市缺乏国际实体地位，只能通过参与

---

① 《市外办线上出席"中国—土耳其民间友好合作对话会"》，北京市外办网站，http://wb.beijing.gov.cn/home/yhcs/sjyhcs/zxdt/202108/t20210806_2458698.html，访问日期：2021年9月4日。

② 《陈吉宁同日本东京都知事小池百合子就北京市与东京都缔结友好城市关系40周年互致贺信》，北京市人民政府网站，http://www.beijing.gov.cn/gongkai/ldhd/t1581717.htm，访问日期：2021年9月10日。

国际组织进行各种谈判、达成协议从而在一定程度上影响世界政治。城市外交越来越多地通过嵌入国际组织，从而塑造了一种新的城市参与模式，促进了在影响城市的紧迫全球问题上加强合作，为城市提供了在全球舞台上捍卫自己领导地位的空间。可以说，城市多边外交为城市的现代化发展奠定了良好基础。近年来，北京以多边国际组织为平台，构建了完善的城市国际交流合作网络，多边外交成为北京城市外交的重要形式。

北京与国际组织积极合作，应对诸方面问题。一是与国际组织合作抗疫。在北京疫情最严峻的时刻，北京首先收到来自上海合作组织秘书处、亚洲基础设施投资银行等国际组织专程来信声援。接着世卫组织派出专家团队，火速抵达北京，对全球防范新冠肺炎疫情提供指导，为中国抗击疫情提供帮助。二是开展文化合作。北京积极举办由世界旅游城市联合会与联合国世界旅游组织合作主办的世界旅游合作与发展大会。① 积极参加"第十届金砖国家友好城市暨地方政府合作论坛"，详细介绍了北京市智慧城市建设取得的成效、有益经验以及未来将北京打造为以新基建为基础的数字生态城市的发展思路。② 三是与国际奥委会的合作。面对新冠肺炎疫情蔓延的不确定性，与国际奥委会合作，制定疫情防控关键政策，为北京冬奥会和冬残奥会的成果举办创造条件。在疫情期间，北京冬奥组委与国际奥委会建立了会商工作机制，与各利益相关方密切沟

---

① 《重启旅游　再创繁荣——世界旅游合作与发展大会开幕》，北京市外办网站，http://wb. beijing. gov. cn/home/gjjwzx/wsyw/202009/t20200906_ 1998200. html，访问日期：2021 年 9 月 15 日。

② 《第十届金砖国家友好城市暨地方政府合作论坛举行》，北京市外办网站，http://wb. beijing. gov. cn/home/yhcs/sjyhcs/zxdt/202010/t20201026_ 2120677. html，访问日期：2021 年 9 月 20 日。

通，始终坚守安全底线，把疫情防控放在首位，以实现安全如期办赛的目标。在与国际奥委会、国际残奥委会共同研究讨论后，决定对各利益相关方关注的几个重点问题进行说明。①

城市与国际组织合作能更好发挥其在全球治理中的重要作用。因而吸引国际组织入驻，与国际组织互动日益成为城市参与全球治理、发挥应有作用的新路径。纵观国际性大都市，特别是在全球治理中发挥重要作用的城市，无不拥有众多国际组织进驻，与国际组织频繁互动，在互动中发挥城市的特殊影响力。北京是中国首都，拥有较为丰富的国际组织资源，具有与国际组织频繁互动的条件，为北京与国际组织合作提供了优势条件。一方面，北京应继续深化同国际组织合作，服务于国家总体外交，参与解决国际问题；另一方面，北京应继续为国际组织进驻提供便利条件，壮大国际组织规模，为解决城市发展所面临的问题提供更广阔的合作空间。

三、多形外交：城市协作平台拓展城市交往空间

城市在当前的国际政治框架中没有正式席位或平台，而当前的国际政治框架建立在民族国家是唯一参与者和政策制定者。② 因而，跨国城市间组织成为城市创新合作的实践基础。城市作为主体通过

---

① 《国际奥委会执行委员会会议审议北京 2022 年冬奥会和冬残奥会疫情防控政策》，北京冬奥组委官方网站，https://www.beijing2022.cn/sv1/wog.html? cmsid = 20210930000293，访问日期：2021 年 9 月 18 日。

② Cities Are Rising in Influence and Power on the Global Stage, https://www.bloomberg.com/news/articles/2019-04-15/denied-by-united-nations-cities-make-global-pacts，访问日期：2021 年 9 月 21 日。

组建跨国城市组织参与全球治理的实践日渐成熟，^①从而催生了城市外交的新模式——多形外交。多形外交是区别于城市双边外交和多边外交的一种城市交往模式。简单而言，城市依靠"国际城市组织"为协作平台进行的对外交往都属于城市的多形外交。几十年来，城市一直试图在全球和区域治理结构中开辟新空间。然而，除获得越来越多的认可外，它们影响全球治理各领域的能力仍然是象征性的，而缺乏实际效果，并且没有明显地为城市发展提供更好的答案和解决方案。当前，越来越多的城市结成"国际城市组织"，与同行进行对话，促进公共外交，分享最佳实践，并鼓励国际实体和公共实体之间的合作，正在获得知名度，同时也显示出调动资源和带来变革的巨大潜力。近年来，北京重视与"国际城市组织"之间的交往与合作，通过加入或参与活动，进一步提升北京的外交、全球形象和影响力。

城市利用协作平台进行跨境合作和经验分享反映了一种主要基于实用主义和解决问题的全球合作。北京积极参与城市平台活动，为全球抗疫提供经验参考。一是与城市气候领导联盟（C40）合作。C40是为促进低碳减排和应对气候变化而成立的，目前该组织拥有97个会员城市，所有会员城市的GDP总量占全球总量的四分之一，在国际城市合作中发挥着重要作用。2017年，C40作为境外非政府组织在京设立办事处，此后北京以C40观察员身份与其开展了系列合作，取得了较多成果。面对世纪疫情，C40迅速转变议题设定，积极组织会员城市分享他们各自的疫情挑战或应对方法。2020年4

---

① 赵隆、于宏源：《创新伙伴关系的次级维度——基于跨国城市联盟的欧亚创新合作探析》，《国际展望》2019年第5期，第117页。

月 9 日，C40 主持召开了来自纽约、伦敦、巴黎、柏林等全球 40 余个城市的 170 余位城市领导人、专业领域负责人参会的"中国城市经验分享在线研讨会"，北京市作为参与者介绍了总体防控政策和经验，精准回应了外方关切和需求，受到与会者高度评价。① 4 月 25 日，城市气候领导联盟再次参与北京市外办主办的"北京市友城防疫经验分享视频会"。二是与城地组织（UCLG）合作。作为世界上最大的城市和地方非政府间国际组织，城地组织积极与各会员国合作，参与全球治理的各个层面，不断扩展其国际影响力，已经成为参与全球治理的重要力量。北京积极参与城地组织规则，城地组织也成为北京参与全球治理的重要平台。面对新冠肺炎疫情，北京积极参与城地组织亚太区中国城市抗疫经验分享视频会议，与亚太区 60 余个会员城市 110 余名代表分享北京的抗疫经验，精准回应了外方关切和需求，获得参会代表高度评价。②

在可预见的一段时间内，国际社会"单边主义"将依然盛行，国家间的多边合作仍难以实现，特别是在国际社会对新冠肺炎疫情的合作更是十分有限。在此背景下，国际城市组织将成为开展国际合作的重要平台，在全球治理中发挥越来越重要的作用。北京在世界城市体系中具有重要地位，③ 应充分发挥自身的优势，积极参与

---

① 《北京市与城市气候领导联盟（C40）成员分享北京防控经验》，北京市外办网站，http://wb.beijing.gov.cn/home/index/wsjx/202004/t20200409_1798510.html，访问日期：2021 年 9 月 28 日。

② 《北京市与世界城市和地方政府联合组织亚太区成员分享抗疫经验》，北京市外办网站，http://wb.beijing.gov.cn/home/yhcs/sjyhcs/zxdt/202009/t20200927_2099772.html，访问日期：2021 年 10 月 1 日。

③ 在英国拉夫堡大学全球化与世界级城市研究组织（GaWC）推出的"2020 世界城市名册"中，北京位列全球十大城市行列。参见"The World According to GaWC 2020"，https://www.lboro.ac.uk/gawc/world2020.html，访问日期：2021 年 9 月 16 日。

国际城市组织。一方面，借助自身国际地位，解决所面临的问题，分享城市发展经验，承担国际责任。另一方面，借助国际城市组织平台，传播城市理念，展现城市形象，进一步提升城市地位。

新时期，得益于理念创新、技术创新和制度创新，北京在城市双边外交、多边外交和多形外交等方面取得了重要成果。在理念层面，北京始终坚持"团结抗疫"。在自身承受疫情的同时迅速支持国际友城抗击疫情，在自身控制住疫情的同时向国际友城和国际组织分享经验，在自身进行常态化的同时帮扶国际友城恢复经济。在技术层面，北京利用技术手段开展"云外交"。受疫情冲击，各城市线下交往被阻断，"云交往"以一种创新的形式维系了各城市间交往。城市借助书信、电话、视频等形式开展城市外交，从而形成颇具时代特色的"云外交"。在制度层面，北京转向规划保障北京国际交往中心建设。以《城市总体规划》谋划北京国际交往中心建设，以《北京推进国际交往中心功能建设专项规划》保障国际交往中心建设顺利进行。

第三节　新时期北京城市外交的挑战

新时期，北京城市外交面临诸多挑战，主要表现为疫情反复加剧北京城市外交的不稳定性，城市云交往对北京城市外交提出新挑战等。

一、疫情反复加剧北京城市外交的不稳定性

相较于世界上其他城市，北京的疫情防控取得了较好成绩，疫情传播的态势基本得到了有效控制。根据国务院联防联控机制的统一部署，北京市已经在 2021 年 3 月全面启动了在京外籍人士的新冠疫苗接种工作，在整体上实施了对内对外一整套科学规范的疫情防控安全机制。但即便如此，当前的疫情仍然存在反复的风险。

疫情反复的根源在于病毒变异和境外输入。在中国基本全面控制新冠肺炎疫情的发展态势之后，国际疫情开始蔓延，此后北京市多次受到疫情反复的影响，严重影响了北京市的国际交往。2020 年 3 月，北京市通报首例境外输入关联病例后，收紧了疫情防控政策，对从北京口岸入境人员不分目的地，全部就地集中隔离观察，全部做核酸检测，同时规定对 14 日内从其他口岸入境进京人员，全部集中隔离观察，并做核酸检测。[①] 2020 年 12 月，北京市新增 2 例境外输入确诊病例关联病例，这一情况引起了极大关注，北京要求持续从严从紧做好直航北京国际航班疫情防控要求，进一步加强入境人员 14 天集中隔离医学观察及 7 天健康监测。[②] 2021 年 10 月以来，北京陆续发现京外关联和本地病例，疫情形势严峻复杂，首都面临

---

① 《北京新增 1 例境外输入关联病例》，《新京报》，https://baijiahao.baidu.com/s?id=1662049505536824813&wfr=spider&for=pc，访问日期：2021 年 10 月 13 日。

② 《北京 12 月 18 日新增 2 例境外输入确诊病例关联病例》，《环球时报》，https://baijiahao.baidu.com/s?id=1686463693372166241&wfr=spider&for=pc，访问日期：2021 年 10 月 13 日。

的疫情风险和防控压力持续增大。①与此同时，进京、出京政策收紧，许多线下的国际交往活动受到限制。

中国在应对新冠肺炎疫情的过程中，逐渐探索出了一套科学、高效的多级风险响应机制，而不是"一刀切"地实施"闭城锁市"政策。北京市在中央政策的精准部署和大力支持下，对一些境外国家和地区的团体和人民实行有条件的开放和准入政策，这一举措不仅展现了北京市政府的治理水平和应急管理能力，而且有利于保持和加强北京与友城的国际交流与合作，助力北京城市外交的发展。然而，疫情反复带来的巨大安全风险使北京市在进行国际交流活动时压力剧增。新型的城市"外交云"互动方式虽然具有诸多优点，但仍无法代替真实的"面对面"交往，部分国际交往活动难以采用线上的方式举办，比如 2022 年北京冬奥会。疫情反复导致许多现场活动无法按期进行，破坏交流效果，不利于北京城市外交的开展，加剧了北京城市外交的不稳定性。

二、城市云交往对北京城市外交提出新挑战

新冠肺炎疫情的突然暴发和大范围蔓延使直接的"面对面"国际交往变得更加困难，倒逼城市外交交往方式转变，促进"云视频""云展览""云直播"等数字化交往方式的进一步发展。以线上交流为主要内容的城市云交往因能降低国际交往的安全风险，减少交往成本脱颖而出。

---

① 《北京疫情防控措施调整　7 大措施公布》，北京市人民政府，http://www.beijing.gov.cn/ywdt/gzdt/202110/t20211025_2520174.html，访问日期：2021 年 10 月 25 日。

　　北京作为中国的超大城市，在云城市、智慧城市和数字城市等新城市治理和交往功能建设方面一直处于领先地位。2021 年北京市人民政府外事办公室参加的莫斯科市举办的首届智慧城市线上国际论坛和"新冠病毒 vs 经济：面临全球新挑战的城市"线上论坛，以及城市气候领导联盟举办的"中欧绿色与包容复苏线上市长对话会"等都是以云方式进行的。这种新的城市交往方式在疫情可能出现反复的时期极大降低了北京和国际城市交往的运行成本和安全风险，但也对北京城市外交提出了新的要求。

　　第一，相比于传统的"面对面"交往方式，城市云交往对技术等客观条件提出了更高的要求。以云视频为例，云视频可以进行视频会议，也可以用作直播、录播、视频监控、视频云储存，在视频会议中还能远程协作、共享文件，在疫情肆虐下不失为城市间交往的良方。但云视频的运行依赖互联网的安全性和高速性，这在对保密和信号稳定要求极高的会议中并不适用，例如城市政府之间的高级别会议、城市大型企业的机密会议等。

　　第二，云交往方式出现的时间较短，缺乏规范性，在很多方面有待改进。以北京"云展览"为例，为降低疫情期间的安全风险，避免线下的大规模聚集，北京等城市开始采用线下展览线上举办的方式，即"云展览"的方式进行对外文化交流。北京市的"云展览"大多可圈可点，例如中国美术馆以图文形式呈现的专题性展览，题材丰富、形式多样。中国国家博物馆开发的虚拟展厅给人以身临其境的视觉感受，并且配有较为清晰的作品图片和详细的文字说明，甚至还伴有语音解读。然而还有一些"云展览"缺乏创新，形式较为单一，内容较为陈旧，展示的图片及说明文字比较简单，难以带给人们精神层面的触动，不利于文化交流。[1] 疫情催生的新交往方式同样也对北京城市外交提出了新要求，新时期北京城市外交尤其需要重视数字传播能力建设以及公共文化服务水平。

第四节　新时期北京城市外交的机遇

新冠肺炎疫情的蔓延对世界的政治、经济及全球治理造成了冲击，但也为新时期城市外交的新发展带来了前所未有的机遇。北京城市外交应当抓住这一历史机遇，化危机为转机，促进北京城市外交的新发展。新时期北京城市外交的机遇主要体现为新冠肺炎疫情的有效应对增强北京城市外交的感召力，冬奥会筹办开辟北京城市外交新境界，"一带一路"倡议促进北京城市外交新发展，智慧城市建设创造北京城市外交新模式。

一、新冠肺炎疫情的有效应对增强北京城市外交的感召力

北京在新冠肺炎疫情期间的联防联控中发挥了重要的领导与示范作用，其所引领的以"合作与对话"为主要内容的城市外交理念使北京在新时期的重要性越发凸显。为应对各种挑战，北京与各国城市守望相助，通力合作，齐心抗疫。疫情期间，北京采取果断措

---

[1] 《"云展览"良莠不齐，我们需要补上哪些短板?》，《新京报》，https://baijiahao. baidu.com/s?id=1660945861179178412&wfr=spider&for=pc，访问日期：2021 年 10 月 7 号。

施，有效应对疫情发展，成为抗疫的典范，为新时期北京城市外交的发展创造了良好的条件。

有效应对疫情增强了北京城市外交感召力。在全人类饱受新冠肺炎疫情肆虐与威胁的严峻时刻，作为中国的首都，北京积极参与国际防疫与抗疫合作，为国际友好城市提供力所能及的援助，为推动中国引领全球公共卫生治理贡献了宝贵的力量，承担了应有的责任，展现了应有的担当。在疫情防控方面，北京有着丰富的实战经验，北京市政府通过多种渠道及时向处于疫情困境中的国家及地方政府捐助各类抗疫物资，还向几内亚等多国派遣了专业的医疗队伍，分享了许多北京市防控疫情的宝贵经验，对其他国家进行了无私的援助，展现了一个负责任的国际城市的形象。疫情期间，北京的城市外交活动对讲好中国抗疫故事、展示我国负责任的大国形象以及促进人类命运共同体理念在全球范围内的传播发挥了重要作用，促使国际社会以积极的心态正确地认识中国、认可中国、认同中国，成为做好中国抗疫公共外交的关键。

二、冬奥会筹办开辟北京城市外交新境界

在全球新冠肺炎疫情流行、世界经济衰退的背景下，2022 年北京冬奥会及冬残奥会的举办必将为世界人民抗击疫情及全球经济的复苏带来新生机，注入新活力。在蔓延全球的传染病大流行的背景下，一场世界性的冰雪盛会，也必将振奋全球民众在新时期的信心，极大地助力全球经济复工复产。

北京冬奥会的举办为加强各国人民沟通交流、城市交往，推动

中国对外宣传创造了一个国际平台。北京市必须要利用好这一机会。首先，北京市要大力开展"丝路体育外交"，打造人文奥运，展现中华文化的魅力，推进和平丝绸之路建设。① 其次，北京还要借助奥林匹克这一世界级窗口，深化对外交流合作，加强与国际奥委会、国际残奥委会等国际体育组织的密切交流与积极合作。再次，北京市要扩大冬奥相关主题的对外交流，积极举办冬奥文化展并开展各类体验活动，办好"相约北京"国际艺术节，创造良好国际交往环境。最后，北京市还要加强国际传播能力建设，努力把信心转化为生动实践，在冬奥会活动中让各国运动员及世界观众感受到北京精神和大国气质，向国际社会展现北京风采，积极塑造社会主义大国首都的国际形象。

新冠肺炎疫情的大流行使北京许多国际场馆空置，相关基础设施建设延期。筹办北京奥运会将有利于解决这一问题，对完善涉外基础设施，提高首都对外开放水平具有重要意义。北京要充分发挥"双奥之城"优势，因地制宜规划推进场馆可持续利用，为奥运会后能够引进更多顶级国际体育赛事做前期准备和基础性工作。同时还要加快建设北京国际奥林匹克学院，建设北京冬季奥林匹克公园和奥运博物馆，打造值得传承、造福人民、服务社会的双奥遗产。

此外，2022 年北京冬奥会作为世界级体育盛会，将助力北京国际交往中心建设，促进加深北京国际化进程。北京要借此契机，加强北京国际交往中心设施和能力建设，进一步增强北京作为首都对于重大外交外事活动的承载力，例如扎实推进雁栖湖国际会都扩容

---

① 王义桅、刘雪君：《"一带一路"与北京国际交往中心建设》，《前线》2019 年第 2 期，第 39—42 页。

提升，努力加强大兴国际机场、城市副中心服务于国际交往的重要功能。① 同时还要对国际交往功能区周边地区加强整治，完善其配套服务能力。

三、"一带一路"建设促进北京城市外交新发展

"一带一路"建设给北京与世界各国城市进行多领域合作创造了机会，为北京城市外交增添了发展的新动力。北京促进经济发展和继续加深城市国际化进程的意愿共同推动了新时期北京城市外交的发展。

（一）北京经济发展意愿的推动

"一带一路"建设有助于实现经济社会发展，是北京城市外交的主要动力之一。新冠肺炎疫情全球大流行给中国经济的快速发展造成了短暂的冲击，但是中国经济有巨大的韧性和潜力，长期向好的基本面并没有改变。② 由于属于服务业主导型的经济发展模式，疫情时期北京在经济及社会层面遭受的负面影响较为突显。尽管北京为应对疫情采取了较为严格的管控措施，但是由于经济增长动力韧性较强，政府应对冲击的各种政策举措及时得当，北京在经济方面依然交出了令人相对满意的答卷。新时期，世界更加关注中国、关注北京，北京更要努力维护经济的平稳发展，推动公正、包容的经

---

① 《中共北京市委关于制定北京市国民经济和社会发展第十四个五年规划和2035年远景目标的建议》，北京市人民政府，2020年12月7日，http://www.beijing.gov.cn/zhengce/zhengcefagui/202012/t20201207_2157969.html，访问日期：2021年9月2日。

② 石源华：《后新冠疫情时代的中国外交课题》，《世界知识》2020年第9期，第72页。

济复苏,更多地关注弱势群体,为中国经济的发展和全球供应链、价值链和产业链的稳定作出更多的贡献。

在"一带一路"建设的推动下,北京有意愿开展综合性合作,包括贸易、投资等经济领域的合作以及文化、教育、医疗、旅游等跨领域合作,深挖互联互通潜力,推动后疫情经济复苏。通过举办有着与沿线国家经贸合作性质的论坛,积极发展对外经济、技术与贸易合作,努力提升服务经济的能力,促进北京成为具有深远影响力的地区间经贸合作平台。北京与"一带一路"沿线国家城市在经济上的互联互通及多边合作,还能够带动国内其他城市与沿线国家及城市的经贸合作与经济往来,为"一带一路"沿线受疫情严重影响的发展中国家缓解疫情带来的冲击、重振经济提供强大动力。

(二) 北京国际化意愿的推动

共建"一带一路"不仅要求更多的中国公司和企业"走出去",与此同时,国外企业也需要被"引进来"。在此背景下,城市间的交往会更加紧密,北京亟待提高城市的国际化水平。作为全国政治和文化中心,北京已率先开启了城市的国际化进程。作为枢纽城市,北京受益于便利的交通设施,交往遍布国内、国际,因而成为"一带一路"中互联互通的重要节点,发挥了巨大的带动作用与积极的示范效应。在城市外交中,友城是主要的国际交往形式,加强友城合作、促进人文交流能够推动新时期北京城市外交的发展。

"一带一路"以城市为起点,以沿线国家各城市为节点相互连接,由点及线、以线带面地实现了真正意义上的"一带一路"国家间和区域间的网络化结构。在"一带一路"建设中,北京积极参与组建"城市外交共同体"，构建城市交流合作网络，积极加入国际城市组织，成立新兴的城市共同体。新时期，北京可继续深化与"一带一路"沿线国家的友城合作，积极争取与重点城市达成长期的合作机制，借助友城之间的高层互访和联络机制，提高北京的国际影响力。

人文交流可以促进民心相通。北京可以利用党中央和政府对文化政策的扶持，积极开展丝绸之路人文交流，将北京市打造成与"一带一路"沿线国家城市进行人文交流的枢纽城市。促进与"一带一路"沿线国家主要城市在人文交流方面的机制化发展是北京可探索的人文交流路径。北京可以通过设立"一带一路"节点城市文化交流论坛，积极参加"一带一路"学术共同体的构建等方式扩展人文交流渠道。

作为经济与文化中心，北京教育资源丰富，知名高校云集，是"一带一路"来华留学人员的首选地。北京各高校为"一带一路"沿线国家和城市培养了社会经济发展急需的高素质人才，也为推进沿线各国民心相通作出了积极贡献。由于教育、信仰与生活方式的不同，"一带一路"沿线国家来京留学生之间存在着很大的差异，疫情在一定程度放大了这些差异，强化了固有的文化冲突，[①] 因此北京要充分考量疫情对"一带一路"沿线国家来京留学生心理造成的短暂与持久冲击，加强新时期"一带一路"沿线国家来京留学生制度管理，为共建"一带一路"作出有力贡献。

---

① 伍廉松、郑新蓉：《后疫情时代"一带一路"来华留学生趋同化管理研究》，《齐齐哈尔大学学报（哲学社会科学版）》2021 年第 7 期，第 175—179 页。

四、智慧城市建设创造北京城市外交新模式

新时期，以数字化交往、大数据信息通信技术为核心的智慧城市运营是北京城市外交加快发展必须抓住的新机遇。"云战疫""健康码"成为抗击疫情、作好防控的"利器"。疫情的冲击使城市互联网产业发展加快，催化了"互联网+""智慧+"等新兴产业模式，线上教育、远程办公、云上会展等新业态发展迅猛。

疫情倒逼城市医疗、卫生、教育等领域的技术变革，为科技创新的发展提供了契机。受疫情影响，北京的传统外事及一些教科文活动大量转入线上，在"万物皆可云"的信息化时代，北京市的外事活动采取了视频峰会、在线外交、电话外交等"云外交"形式。[①]在疫情防控中，北京市外办在深入调研及广泛征求外交部和其他省市意见的基础上，利用外事渠道，发挥北京资源优势，创新对外交往新模式，为招商引资、助力复工复产开展了多场"云外事"活动。通过高层领导的线上会见、互致问候及情况介绍，北京市的"云外事"这一创新举措发挥了积极的引领作用，释放了积极信号，给跨国公司及外方企业打了一剂"强心剂"，对产业链、供应链的稳定产生了积极影响。北京通过积极地开展"云外事"活动与国际友城进行了友好且高效的互动，促进了北京国际交往中心的建设。为了纪念与莫斯科市结为友好城市 25 周年，北京市政府外办与莫斯科市对外经济国际关系部举办视频会议，为促进两市多方面的合作

---

① 张耀军：《城市外交助力"一带一路"打通"最后一公里"》，《北京日报》2020 年 9 月 28 日第 14 版。

积极交换了意见，进一步促进了与莫斯科的友好城市关系。[①]

教科文方面的"云办公、云教育、云展览"等先进的数字化科技手段的运用获得更多青睐，这些新的数字化线上活动推动了北京智慧城市的跨越式发展。北京拥有全国最多的高等学府，教育的国际化程度在国内首屈一指。疫情之后，线上、线下的混合式学习将成为必然。疫情期间，北京市大力推进"互联网+教育"发展，举办了多次线上学术研讨会，开展了线上教学活动。慕课、爱课、ZOOM（多人视频通话）、腾讯会议等线上教学、远程授课的方式打破了传统教学的壁垒，给国内学生、受疫情影响滞留本国难以回到北京的国外留学生以及难以回到国外学校的本国留学生提供了平等、便利获取知识的平台和机会，冲破了空间上的桎梏，最大限度地减少了疫情对学习的影响。北京智慧城市的发展大幅度降低了学生和普通民众获取知识的成本，使民众能够更直接、更高效地参与到学习与社会建设之中。这种成本相对较低、便捷高效又适宜大规模普及的"云教育"在线传播形式成为国际间教育交流合作的新方式，为跨境教育开辟了新渠道，有利于促进跨国网络教育的发展。此外，北京各大博物馆举办了多场"云展览"，为世界各地民众体验中华文化提供了更为便捷的方式，不仅加深了世界人民对中华文化的了解，也为中外民心相通铺设了道路。

北京数字技术先进，基础设施完备。新时期，随着人工智能（AI）、第五代移动通信技术（5G）、虚拟现实技术（VR）、物联网、大数据、云计算等新兴技术的快速发展与演替，北京城市外交

---

① 《北京莫斯科两市结好 25 周年系列庆祝活动举办》，北京市人民政府，http://www.beijing.gov.cn/ywdt/gzdt/202012/t20201209_2160055.html，访问日期：2021 年 9 月 1 日。

的形式将朝向线上与线下相结合的方式转变。北京应当继续发挥先进的数字化技术优势，不断完善北京智慧城市建设，在北京城市外交进程中加大数字化交往力度，加强外事人员数字技能培训，提升其外事服务的水平和能力，凸显北京国际交往中心的特色，大力推动北京城市外交发展。

第五节　结　语

北京城市外交一直肩负着双重使命。一方面，北京城市外交服务于国家总体外交，推动改善国家形象，促进提升中国在国际事务与国际制度中的话语权。另一方面，北京以独立城市行为体的身份参与国际交往，促进提高北京地区在国际上的知名度，以构建人类命运共同体为责任担当，沟通国际与国内治理，促进国家间合作，积极应对全球治理难题。

新冠肺炎疫情的全球蔓延和不稳定的国际局势给北京城市外交带来了巨大挑战，北京应以更加积极的姿态应对各种挑战，抓住机遇，促进北京城市外交的发展。一是要善用"人类命运共同体"理念。新冠肺炎疫情大流行导致诸多城市的国际交往共识被颠覆，亟须通过"人类命运共同体"理念重塑城市外交的思想基础。城市是参与全球治理的重要力量，在关乎人类命运与前途的问题上应当携手互助，共同解决问题。新时期，北京市在进行城市外交时不仅要参与构建新型"城市命运共同体"，还要积极引领"城市命运共同体"的未来发展。二是要充分利用"一带一路"建设的契机。北京要在与"一带一路"沿线城市前期交往的基础上，深化友城关系和城市交往内容，通过新手段新技术增进双方的人文交流，加强双方人民的相互理解，赢得民心支持。三是协调好传统城市交往方式和新型交往方式的使用。传统和新型的城市交往方式各有利弊，北京市在进行城市外交时需要具体问题具体分析，协调使用新旧交往方式，使之发挥最大作用，共同助力北京城市外交的发展和北京国际交往中心的建设。

第 四 章

新时期"一带一路"经贸合作
与北京国际交往中心建设[*]

何敏　黄浩　张晓艺[**]

积极参与和服务"一带一路"建设是北京"第十四个五年规划和二〇三五年远景目标建议"中有关"加强国际交往中心设施和能力建设"的重要内容之一,[①] 也是北京推进高水平对外开放建设的重要支撑。随着"一带一路"倡议的走深走实,北京在推进与"一带一路"共建国家经贸合作中发挥了重要作用。2019 年,北京与

　* 本文系北京对外交流与外事管理研究基地项目"后疫情时代'一带一路'经贸合作与北京国际交往中心建设"(JDYJBG202103)和中央高校基本科研业务费专项资金科研创新项目重点项目"全球贸易格局重构背景下中国贸易结构的演变及转型升级研究"(3162020 ZYKB03)的阶段性成果。

　** 何敏,外交学院国际经济学院副教授;黄浩,北京大学国际关系学院博士研究生;张晓艺,外交学院国际经济学院硕士研究生。

　① 《北京市委关于制定"十四五规划"和 2035 年远景目标的建议》,北京市人民政府网站,http://wb.beijing.gov.cn/home/gjjwzx/zgdt/202012/t20201207_2159122.html,访问日期:2021 年 11 月 1 日。

"一带一路"共建国家货物贸易进出口总额占比 12.64%，仅次于广东省（18.46%），居全国第二。不仅服务国家推进共建"一带一路"的全面对外开放大局，北京在国际贸易和资本流动中的地位也得到了进一步提升，夯实了北京国际交往中心的地位。

2020 年，新冠肺炎疫情在世界范围的迅速扩散，使得全球经贸合作和国际交往活动受到严重影响，继续深化"一带一路"经贸合作的重要意义进一步凸显。① 一是新冠肺炎疫情加剧了 2018 年以来的中美贸易摩擦，2020 年，我国对美贸易占比降至 12.6%，"一带一路"共建国家贸易占比升至 29.1%，"一带一路"作为重要海外市场战略依托的地位更加显现。二是新冠肺炎疫情暴发后，以美国为首的西方国家发起"追责和索赔"言论以转嫁其国内矛盾，使我国面临的国际政治环境更加复杂，而"一带一路"共建国家朋友圈的重要性凸显。三是新冠肺炎疫情导致全球供应链被迫中断，使得一些国家反全球化和贸易保护主义被进一步放大，叠加政治和民粹主义的推波助澜，加速了全球供应链的区域化进程，"一带一路"共建国家区域价值链的重要性更加突出。因此，分析和理清新冠肺炎疫情对"一带一路"经贸合作产生的冲击，以继续深化"一带一路"经贸合作在当前尤为重要。

北京作为"一带一路"倡议的重要参与者，在新时期如何更好地参与推进和深化与"一带一路"共建国家的经贸合作，进一步完善国际化服务，提升在"一带一路"共建国家的国际影响力和国内国际资源综合配置能力，对于推进北京国际交往中心建设和参与全

---

① 竺彩华：《后疫情时代"一带一路"经贸合作建议》，《国家社科基金重大项目〈成果专报〉》2020 年。

球治理具有重要战略和现实意义。

本文采用 2020 年的最新实际数据，通过对新冠肺炎疫情前后北京与"一带一路"共建国家的经贸合作变化，尤其是疫情对北京与"一带一路"共建国家经贸合作的冲击和影响进行剖析，识别新时期深化"一带一路"经贸合作面临的主要问题和挑战，进而提出北京进一步参与和服务"一带一路"建设、推进北京国际交往中心建设的思路和政策建议。

第一节 "一带一路"经贸合作 与北京国际交往中心建设

"一带一路"经贸合作是北京国际交往中心建设的重要支柱，也是加速北京国际交往中心设施和能力建设步伐的重要推手；二者协同发展，①② 共同服务国家全方位外交布局深入展开和形成全面对外开放新格局。

一、"一带一路"倡议提出新要求、提供新平台，加速北京国际交往中心建设

"一带一路"倡议是中国政府为了适应全球化的新发展态势而提出的国际合作以及全球治理新模式的积极探索，旨在促进经济要

---

① 刘波：《国际交往中心与"一带一路"倡议协同发展的战略措施》，《前线》2018 年第 3 期。

② 王义桅、刘雪君：《"一带一路"与北京国际交往中心建设》，《前线》2019 年第 2 期。

素有序自由流动、资源高效配置和市场深度融合,推动开展更大范围、更高水平、更深层次的区域合作,共同打造开放、包容、均衡、普惠的区域经济合作架构。①"一带一路"倡议以互联互通的具体合作项目促进现有"碎片化"机制的整合与发展,将包括南亚、西亚、中亚、中东、东非和北非、东欧及更广泛的地区的发展机制有效对接、整合和提升,通过集体对话机制加强区域制度的融合和交流,从区域内各国国情出发,提出各国发展面临的共同议题,为区域间合作创造条件,进而实现沿线各国多元、自主、平衡、可持续的发展,是对现行全球治理机制的补充与完善。特别是在当前全球经济缓慢复苏和"逆全球化"浪潮下,"一带一路"倡议通过健全和完善经贸合作对接机制,促进贸易投资便利化,实现全方位、多层次、高水平的经贸合作,发掘区域内市场的潜力,促进投资和消费,创造需求和就业,不仅推动发展中国家经贸合作和发展,也为发达国家经济复苏和结构性调整提供机遇。

自 2013 年"一带一路"倡议提出以来,秉持共商共建共享原则和开放、绿色、廉洁理念,中国政府已与五大洲共 138 个国家(超过联合国会员国总数的 70%)、31 个国际组织,签署 203 份共建"一带一路"合作文件。截至 2020 年末,中国已与 40 多个国家签署产能合作文件,与法国、日本等 14 个国家签署第三方市场合作文件,与 134 个国家签署了双边投资协定;与 28 个国家共同核准《"一带一路"融资指导原则》,发布《"一带一路"债务可持续性分析框架》,建立多边开发融资合作中心(MCDF),实现人民币与

---

① 《推动共建丝绸之路经济带和 21 世纪海上丝绸之路的愿景与行动》,中国"一带一路"网,https://www.yidaiyilu.gov.cn/wcm.files/upload/CMSydylgw/201702/201702070519013.pdf,访问日期:2021 年 10 月 2 日。

12 个共建国家货币在全国银行间外汇市场或区域市场直接挂牌交易。2020 年，中国与"一带一路"共建国家贸易进出口总额为 9.37 万亿元，占我国货物贸易进出口总额的 29.1%；对"一带一路"共建国家非金融类直接投资额为 177.9 亿美元，占同期总额的 16.2%；我国企业在"一带一路"共建国家新签承包工程合同额为 1414.6 亿美元，完成营业额为 911.2 亿美元，分别占同期总额的 55.4% 和 58.4%。中巴经济走廊、雅万高铁、中老铁路、中泰铁路、中尼铁路、中吉乌铁路等一批关系共建国家国计民生的重大基础设施项目顺利推进，为当地经济复苏和社会发展作出重要贡献。在此基础上，中国还与 6 个"一带一路"共建国家签署了自由贸易协定，搭建了中国国际进口博览会、中国国际服务贸易交易会、中国进出口商品交易会、中国—东盟博览会等，为共建国家分享中国市场、中国机遇提供重要平台，为世界经济复苏增添动力。[①]

作为首都城市，以及中国的政治、文化、国际交往和科技创新中心，"一带一路"倡议不仅为北京开放发展提供了新平台，对北京参与建设也提出了新要求。2013 年以来，为贯彻落实党中央、国务院决策部署，北京市成立了由市主要领导任组长的推进"一带一路"建设工作领导小组，从规划布局、机制建设、平台搭建、重大项目入手统筹推进，出台了"一带一路"实施意见和行动计划等一系列政策和规划，在北京着力打造全面服务共建"一带一路"的"四个平台"——服务"一带一路"建设的对外交往平台、人文交流平台、科技支撑平台和服务支持平台。2018 年，为推进"一带一

---

① 国家发展和改革委员会"一带一路"建设促进中心，《共建"一带一路"：进展、形势及展望》，载《"一带一路"蓝皮书："一带一路"建设发展报告（2021）》，社会科学文献出版社，2021。

路"走深走实，加强共建"一带一路"同京津冀协同发展、长江经济带发展、粤港澳大湾区建设等国家战略对接，促进更大范围、更高层次的开放，北京市还制定了《推进共建"一带一路"三年行动计划（2018—2020）》，提出优化提升国际交往中心功能、大力加强国际科技合作、全面开展人文交流合作、不断深化投融资合作、积极促进国际经济贸易往来等重点任务和保障措施共 6 个方面、28 项主要任务，以更好服务国家对外开放大局。

随着全面深度融入"一带一路"建设，北京牢牢把握首都城市战略定位，以服务国家对外开放大局、京津冀协同发展、首都高质量发展为基本出发点，发挥"四个中心"功能优势，提高"四个服务"水平，在"一带一路"建设中发挥了开放引领辐射带动、交流互鉴、保障有力的示范作用。

在强化国际交往中心功能方面，北京主要完善了"五大机制"：一是不断完善专业化、常态化的运行服务保障机制，保障"一带一路"等重大国际会议和重要外事活动；二是深化拓展友好城市的交流合作；三是形成北京首都国际机场和大兴国际机场"一南一北"双枢纽，构建国际交往新门户；四是以冬奥会冬残奥会、国际展会等重大国际活动为抓手集聚高端资源；五是加速国际人才社区建设，吸引各类国际组织、跨国公司地区总部和优秀国际人才来京发展。

在加强国际科技合作方面，北京落实了"五项重点"：一是发挥中关村国家自主创新示范区品牌优势和辐射带动作用，在"一带一路"相关国家重点城市建设一批特色鲜明的科技园区；二是支持重点科研机构与"一带一路"相关国家有特色和优势的科研机构建立联合实验室，搭建长期稳定的科研合作平台，构建"一带一路"协作创新网络；三是深化与东盟、中亚、南亚、阿拉伯等国家的技术转移中心合作，发挥中国国际技术转移中心、亚欧科技创新中心等平台作用，推进国际技术转移和成果转化；四是借助"千人计划"等国际人才引进渠道和"中关村论坛"等国际科技交流活动，汇聚国际优秀人才，打造科技创新人才高地；五是通过深化与世界知识产权组织合作、举办"一带一路"知识产权高级别会议、建设中关村知识产权国际注册政策和法律服务中心等，探索建立与"一带一路"相关国家优质知识产权服务资源对接机制。

在人文交流方面，重点聚焦"五个领域"。一是文化领域，通过推动优秀作品在海外展播展销，开拓与共建"一带一路"文化产品交流的重要渠道，同时进一步提升首都文化品牌效应和国际影响力。二是体育领域，一方面，围绕冬奥会等重大国际体育赛事，加强与"一带一路"相关国家和国际体育组织的全方位国际合作；另一方面，以新首钢国家体育产业示范区建设为重点，加强体育装备设计研发等领域国际合作，促进体育产业高质量发展。三是教育领域，北京在全国率先设立了"一带一路"国家人才培养基地和外国留学生"一带一路"奖学金，支持在京院校与"一带一路"相关国家的学校组建联盟，缔结友好学校。四是旅游领域，充分发挥北京倡导并发起设立的世界旅游城市联合会的纽带作用，打造以北京为重要节点的"一带一路"国际精品旅游线路，建设国际一流旅游城市。五是医疗卫生领域，推动北京医疗卫生机构和世界卫生组织在京合作中心参与"一带一路"相关国家多双边合作机制，通过欧洲中医药发展促进中心、北京中医医院新加坡明医馆等重点项目积极推动中医药"走出去"，打造"北京中医"国际品牌。

在不断深化投资、促进经贸合作方面，北京重点提升"四大服务"、推进"四区建设"。"四大服务"，一是以法治化、国际化、便利化为导向,提高行政审批效率和服务。二是充分发挥亚洲基础设施投资银行、丝路基金、中非基金、中拉基金等国际金融组织的集聚效应,提升首都金融国际化水平,优化金融服务。三是建设中关村知识产权国际注册政策和法律服务中心,加强国际知识产权保护。四是充分发挥北京仲裁委员会及北京国际仲裁中心作用,加强企业走出去信用保险服务,加强风险防范和安全保障服务。"四区建设",一是推进中白工业园、中柬金边经济特区等重点海外产业园区建设,引导企业海外集群化发展。二是着力推进跨境电商综合试验区建设,打造经贸合作新增长点。三是城市副中心作为北京服务业扩大开放先导区,聚焦对接高端商务、金融服务、文化创意、科技创新等高精尖项目,与雄安新区作为北京的"两翼"同步发展,加快承接疏解功能建设,有效分配与"一带一路"共建国家的合作任务,提升区域对外开放的承载能力。四是依托北京首都国际机场和大兴国际机场,积极探索"航空+保税+贸易"的开放模式,构建"自由贸易试验区+综合保税区及临空经济区+N 个开放功能区"即"1+3+N"的对外开放新高地,服务"一带一路"建设。

通过积极参与和服务"一带一路"国际合作,[①] 打造国际合作新平台,参与全球治理,北京在全球政治经济网络中的地位进一步提升,其国际交往中心的设施和能力也不断提升。截至 2020 年 10 月,北京市已与全球 50 个国家的 55 个城市缔结市级友好城市,其中有 24 个为"一带一路"国家城市。[②] 与此同时,作为首都城市,

---

① 《习近平:决胜全面建成小康社会 夺取新时代中国特色社会主义伟大胜利——在中国共产党第十九次全国代表大会上的报告》,中华人民共和国中央人民政府网站,http://www.gov.cn/zhuanti/2017-10/27/content_5234876.htm,访问日期:2021 年 10 月 2 日。

② 中共北京市委外事工作委员会办公室:《市级友好城市》,北京市外办网站,http://wb.beijing.gov.cn/home/yhcs/,访问日期:2021 年 10 月 2 日。

以及中国政治、文化、国际交往、科技创新中心，北京在推进政策沟通和民心相通、服务资金融通与贸易畅通、推动设施联通方面具有天然的优势，也有利于"一带一路"借力首都北京促进与共建国家及城市的经贸合作，提升国际影响力、感召力和塑造力。因此，积极参与和服务"一带一路"建设既是北京国际交往中心建设的重要内容，也是加速北京国际交往中心设施和能力建设步伐的重要推手。

二、"一带一路"经贸合作是北京国际交往中心建设的重要支柱

在"一带一路"建设中，经贸合作即贸易畅通和资金融通是开展国际合作的焦点和重点，也是"一带一路"倡议中最具活力和潜力的领域，同时还是北京国际交往中心建设的重要支柱。经济上的互联互通能进一步推进北京，以及"一带一路"共建国家参与到双边及多边合作中，并带动城市间乃至与其他国家及城市的经贸和社会往来。

以货物贸易为例，"一带一路"共建国家的出口多以矿物燃料、有色金属等初级产品为主，而北京的出口多以机电设备等相对资本或知识密集型产品为主（见表4-1）；"一带一路"共建国家较之欧美等国有充分的地理和劳动力资源优势，而北京不仅为"一带一路"共建国家提供了本市的出口市场，同时为其提供了进入更广阔的全中国本土市场的渠道。

在服务贸易方面，北京的服务贸易发展迅速、领跑全国，是其优势所在，电信、计算机和信息服务，建筑服务，金融服务成为除

其他商业服务外,北京服务贸易顺差的主要来源(见表4-2);而"一带一路"共建国家和地区的工业化和信息化发展对传统和新兴服务业都有着强大的需求。

表 4-1　2020 年北京与"一带一路"共建国家主要进出口商品

单位:亿美元

排名	主要出口商品		
	商品名称	金额	占比
1	27—矿物燃料、矿物油及其蒸馏产品等	109.33	37.56%
2	85—电机、电气设备及其零件等	63.27	21.73%
3	84—核反应堆、锅炉、机器、机械器具及零件	37.61	12.92%
4	90—光学、照相、电影、计量、检验、医疗或外科用仪器及设备,精密仪器及设备等	16.54	5.68%
5	73—钢铁制品	11.87	4.08%
	总计	238.62	81.97%
排名	主要进口商品		
	商品名称	金额	占比
1	27—矿物燃料、矿物油及其蒸馏产品等	731.00	71.55%
2	74—铜及其制品	52.19	5.11%
3	85—电机、电气设备及其零件等	34.78	3.40%
4	87—车辆及其零件、附件,但铁道及电车道车辆除外	20.50	2.01%
5	90—光学、照相、电影、计量、检验、医疗或外科用仪器及设备,精密仪器及设备;上述物品的零件、附件	14.94	1.46%
	总计	853.41	83.53%

数据来源:北京海关。商品名称采用 HS 2 位码数据分类。占比指北京与"一带一路"共建国家该商品的进口或出口贸易额占北京与"一带一路"共建国家总贸易额的比重。

表4-2　北京市服务贸易结构情况

单位：亿美元

年份	2013 年		2018 年		
合计	总额	比重	总额	比重	出口—进口
	1023.30	100%	1606.18	100%	-480.68
旅行	195.90	19.14%	447.34	27.85%	-393.44
运输服务	215.40	21.05%	369.48	23.00%	-261.87
电信、计算机和信息服务	98.40	9.62%	167.39	10.42%	77.23
建筑服务	59.80	5.84%	154.12	9.60%	83.60
知识产权使用费	35.70	3.49%	50.91	3.17%	-45.36
保险服务	152.90	14.94%	109.79	6.84%	-42.09
金融服务	1.60	0.16%	26.28	1.64%	13.50
个人、文化和娱乐服务	5.90	0.58%	22.36	1.39%	-11.00
其他商业服务	257.70	25.18%	258.51	16.09%	98.76

数据来源：作者根据北京统计局数据计算整理。

从对外投资合作来看，"一带一路"共建多为发展中国家，在基础设施技术研发、咨询设计、投资建设和运营管理等方面不同程度有所欠缺，在一些产业发展方面还属于起步阶段，而北京在基础设施建设、高新技术和服务等领域具有比较优势。

经济资源和比较优势的互补促进了人、物、资本、知识和信息等经济要素的国际间流动，成为推动和深化北京与"一带一路"共建国家及城市国际交往的重要方面。因此，在北京今后的国际交往中心设施和能力建设中，应更加重视促进与"一带一路"国家经贸合作的硬件和软件设施及能力建设。

第二节 新冠肺炎疫情对北京与"一带一路" 共建国家经贸合作的影响

2020 年的新冠肺炎疫情大流行作为一场全球卫生危机,对世界经济尤其是全球价值链造成了严重的外部冲击。[①] 北京与"一带一路"共建国家的经贸合作也受到了较为严重的负面影响。

货物贸易方面,根据北京海关数据,2020 年,北京与"一带一路"共建国家货物贸易进出口总额共计 1312.79 亿美元,较 2019 年下降 22.66%,占北京货物进出口贸易总额的比重也下降为39.18%,见图 4-1。其中,北京与"一带一路"共建国家货物贸易进口总额为 1021.47 亿美元,较 2019 年下降 24.65%;出口总额为291.32 亿美元,较 2019 年下降 14.81%。从全国各省份地区与"一带一路"的货物贸易进出口总额来看,与 2019 年(占比 12.64%)仅次于广东(占比 18.64%)、居全国第 2 相比,2020 年北京(占比9.78%)落后于广东(占比 18.70%)、浙江(占比 12.16%)和江苏(占比 11.58%),居全国第 4,如图 4-2 所示。

可以看出,2020 年的新冠肺炎疫情对北京与"一带一路"共建国家的货物贸易产生了较大的负面影响。新冠肺炎疫情导致生产和项目停滞,国际班轮停摆、航班停飞,国内运输暂停营运,各国政策采取限制人员流动等措施,全球价值链及供应链中断,严重影响

[①] 崔日明、李丹:《后疫情时代中国—东盟区域价值链的构建研究》,《中国—东盟研究》2020 年第 5 期,第 118—124 页。

了各国间的贸易往来。但同时可以看到，如图 4-1 所示，事实上北京与"一带一路"共建国家的货物贸易的下降从 2018 年就初见端倪，进出口总额从 2018 年的 1715.46 亿美元下降到 2019 年的 1697.52 亿美元，下降了 17.94 亿美元。这可能与从 2018 年开始在逆全球化浪潮下愈演愈烈的中美经贸摩擦有关，美国对中国在全球价值链高技术产业上的遏制，以及对"一带一路"建设的态度使得一些国家在将制造业"回流"的同时，开始着手调整其供应链和重要产品生产的海外布局。新冠肺炎疫情在此基础上，加剧了这一影响，并严重冲击了全球生产网络和价值链，造成了全球生产价值链的中断，进而对北京与"一带一路"共建国家的货物贸易产生了更大的负面影响。

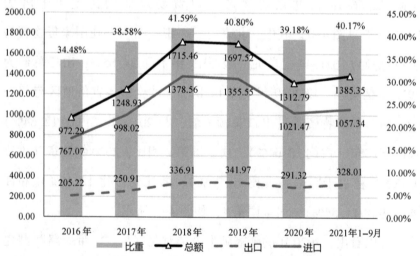

图 4-1　2016—2021 年北京与"一带一路"共建国家货物贸易情况
（单位：亿美元）

数据来源：作者根据北京海关数据计算整理。

尽管如此，"一带一路"共建国家仍是北京重要的货物贸易伙伴。从北京海关 2021 年 1—9 月的数据来看，随着国内和沿线各国疫情相对好转，以及中国及北京持续开放的政策和营商环境，北京与"一带一路"共建国家的货物贸易迅速回升，仅前 9 个月的货物贸易总额就已达到 1385.35 亿美元，超过 2020 年全年总额，占比也已达 40.17%，超过欧盟（EU27）（占比 14.71%）、北美自由贸易区（NAFTA）国家（占比 11.54%）的货物贸易比重。"一带一路"共建国家重要贸易伙伴的地位进一步凸显。

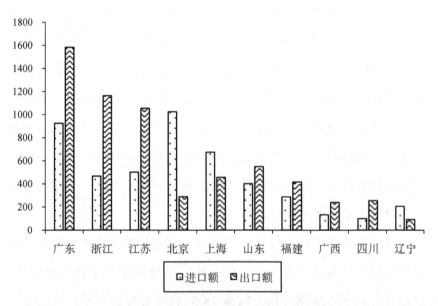

图 4-2　2020 年中国对"一带一路"共建国家货物进出口总额
前 10 位的省份（单位：亿美元）

数据来源：海关总署。其中，北京进口仍居全国第 1，出口仍居全国第 7，排名与 2019 年持平。

具体地，从进出口产品结构来看，2020 年，北京与"一带一路"共建国家的进出口商品结构有所微调，但基本结构并未发生大的改变。如表 4-1 所示，2020 年北京出口往"一带一路"共建国家前 5 名的商品仍为矿物燃料（HS27）、机电设备（HS85）、能源设备（HS84）、精密仪器设备（HS90）、钢铁制品（HS73），分别占比 37.56%、21.73%、12.92%、5.68%、4.08%；虽然与 2019 年

（分别占比 47.58%、14.79%、12.53%、4.36%、3.51%）相比略有下降，但基本结构未发生变化，仍非常集中，合计占比超过 80%。2020 年前 5 名的进口商品为矿物燃料（HS27）、铜及其制品（HS74）、机电设备（HS85）、车辆及其零件（HS87）、精密仪器设备（HS90），分别占比 71.55%、5.11%、3.40%、2.01%、1.46%；与 2019 年矿物燃料（HS27）、铜及其制品（HS74）、机电设备（HS85）、有机化学品（HS29）、贵金属及其制品（HS71）分别占比 79.42%、3.01%、2.16%、1.24%、1.18% 相比，虽然车辆及其零件（HS87）和精密仪器设备（HS90）取代有机化学品（HS29）和贵金属及其制品（HS71），进入进口总额前 5 名，但基本结构并未发生实质性改变。这也再次充分体现了北京和"一带一路"共建国家在自然资源、产业和贸易结构上的差异和互补性，是双方贸易往来的坚实基础和原始动力。

从国别分布来看，与 2019 年相比，受疫情影响较为严重的印度和俄罗斯上升为北京出口"一带一路"共建国家的主要贸易伙伴。2020 年，与北京货物贸易总额前 15 名的国家和地区中，"一带一路"共建国家占 8 个，分别是沙特阿拉伯、俄罗斯、伊拉克、阿曼、新加坡、科威特、阿联酋和土库曼斯坦；与 2019 年相比新增 1 个国家（阿联酋）。其中，进口贸易伙伴仍主要集中在沙特阿拉伯、伊拉克、俄罗斯、阿曼、科威特这 5 个国家，主要集中在西亚，进口总额合计占比 55.10%，与 2019 年相比（60.85%）有所下降；而出口贸易伙伴主要为新加坡、菲律宾、越南、印度和俄罗斯 5 个国家，出口总额合计占比达 49.41%，仍以东南亚国家为主，但新增受疫情影响较为严重的印度和俄罗斯，二者共占比 12.99%，见表 4-3。

表4-3　北京与"一带一路"共建国家的货物贸易前5名国家

单位：亿美元

| 排名 | 2019年 | | | | | |
| | 主要出口贸易伙伴 | | | 主要进口贸易伙伴 | | |
	国家	金额	占比	国家	金额	占比
1	新加坡	87.91	25.81%	沙特阿拉伯	268.71	19.85%
2	菲律宾	30.98	9.10%	伊拉克	197.68	14.60%
3	越南	29.96	8.80%	俄罗斯	161.88	11.96%
4	巴基斯坦	20.46	6.01%	阿曼	105.02	7.76%
5	马来西亚	19.10	5.61%	科威特	90.46	6.68%
	总计	188.41	55.33%	总计	823.75	60.85%
排名	2020年					
	主要出口贸易伙伴			主要进口贸易伙伴		
	国家	金额	占比	国家	金额	占比
1	新加坡	55.65	19.12%	沙特阿拉伯	151.78	14.86%
2	菲律宾	28.62	9.83%	伊拉克	130.00	12.72%
3	越南	21.74	7.47%	俄罗斯	129.68	12.69%
4	印度	19.93	6.85%	阿曼	86.57	8.47%
5	俄罗斯	17.88	6.14%	科威特	65.03	6.36%
	总计	143.82	49.41%	总计	563.06	55.10%

数据来源：北京海关。占比指北京与该国进口或出口贸易额占北京与"一带一路"共建国家进口或出口贸易总额的比重。

从企业结构来看，国有企业不仅是北京抗疫前行的主要力量，在北京货物贸易中也仍占主导地位。与2019年相比，2020年，虽然北京国有企业货物贸易金额和比重都有所下降，但仍占比66.26%，见表4-4。疫情期间，在做好自身防疫、复工复产的同时，这些企业还积极履行社会责任，参与国际抗疫，体现了大国强企的担当。而随着北京坚持对外开放和进一步优化营商环境，外商独资企业、私营企业在北京货物贸易中占比进一步提升。2020 年，外商独资企业货物贸易额从 2019 年的 607.40 亿美元增长至 644.27 亿美元，占北京市货物贸易总额的比重从 14.60% 提高到 19.23%；私营企业货物贸易额从 2019 年的 297.70 亿美元增长至 318.80 亿美元，占北京市货物贸易总额的比重从 7.16% 提高到 9.52%；中外合资企业的货物贸易额也有所增长，占比从 3.21% 提高到 4.13%。这从侧面也说明了随着积极参与"一带一路"建设，北京的开放程度和营商环境得到了提升。

表 4-4　北京市货物贸易企业结构

单位：亿美元

年份		2013		2019		2020	
		金额	比重	金额	比重	金额	比重
国有企业		2820.80	65.74%	3079.80	74.02%	2220.14	66.26%
外商投资企业	中外合作企业	1.00	0.02%	0.90	0.02%	0.76	0.02%
	中外合资企业	262.70	6.12%	133.50	3.21%	138.25	4.13%
	外商独资企业	482.60	11.25%	607.40	14.60%	644.27	19.23%
民营企业	集体企业	12.10	0.28%	12.90	0.31%	7.76	0.23%
	私营企业	189.50	4.42%	297.70	7.16%	318.80	9.52%
	个体工商户	0.10	0.00%	0.00	0.00%	0.00	0.00%
其他企业		522.30	12.17%	28.50	0.68%	20.39	0.61%

数据来源：作者根据北京海关数据计算整理。

服务贸易方面，2020 年，北京服务贸易总额为 1217.88 亿美元，比 2019 年下降了 21.09%，在全国占比也下降为 18.40%，见图 4-3。可以看到的是，北京服务贸易额的下降事实上也是从 2018 年就开始了，而 2020 年的新冠肺炎疫情在此基础上加剧了由于中美经贸摩擦、世界经济增长低迷等对北京服务贸易产生的负面影响。而随着技术进步，以及新冠肺炎疫情的催化，人工智能、大数据、云计算等新兴技术推动服务贸易数字化发展，"互联网+中医药"服务贸易、语言服务贸易、纪录片方案国际预售融资模式、跨境电商物流账款智慧管理模式和跨境电商出口保险服务创新等大量服务贸易新模式、新业态被广泛推广应用，北京作为首批服务贸易试点，其与上海、广东作为三大服务贸易核心区的头雁效应依旧突出。①

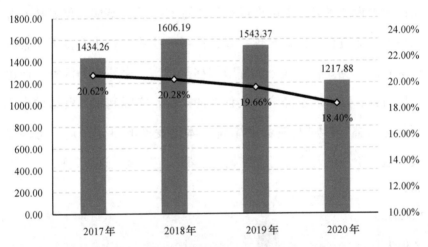

图4-3　北京服务贸易情况（单位：亿美元）

数据来源：作者根据北京统计局和国家统计局数据计算整理。

与货物和服务贸易相比，新冠肺炎疫情对北京利用外资方面影响较小。2020年，北京全年实际利用外商直接投资141.05亿美元，仅比2019年下降0.76%，如图4-4所示。其中，除其他商业外，科学研究和技术服务业、信息传输软件和信息技术服务业、租赁和商

① 中华人民共和国商务部，《2021：中国服务贸易发展报告》，中华人民共和国商务部网站，http://images.mofcom.gov.cn/fms/202109/20210914144408338.pdf，访问日期：2021年10月2日。

务服务业表现突出，分别占比 34.0%、31.6% 和 10.3%。① 从北京统计局的数据来看，如图 4-4 所示，北京实际利用外资的较大幅下降也是在 2018 年，从 2017 年的 243.29 亿美元下降到 2018 年的 173.11 亿美元，减少了 28.85%，主要体现在信息传输软件和信息技术服务业上，实际利用外资额从 2017 年的 131.79 亿美元下降为 45.22 亿美元，减少了 65.69%。这与前述提到中美经贸摩擦大背景下，美国加紧对我国经济和技术封锁相符合。为了遏制中国在全球价值链中上游攀升，美国重点对我国的 5G、人工智能、信息技术等高技术行业进行断供或全球封锁，使得一些跨国企业不得不调整其全球布局，例如将一些分工环节转移至越南、柬埔寨等国家。但也可以看到，随着北京经济开放程度的提高，实际利用外资结构也不断优化调整，再加上随着京津冀一体化发展的整体布局、协调发展，这一阶段的北京各行业结构等也都一定程度上逐步趋稳。

图 4-4　北京实际利用外资情况（单位：亿美元）

数据来源：《北京统计年鉴 2021》。

---

① 北京市统计局：《北京市 2020 年国民经济和社会发展统计公报》，2021 年 3 月 12 日，http://tjj.beijing.gov.cn/tjsj_31433/tjgb_31445/ndgb_31446/202103/t20210311_2304398.html。

北京对外直接投资受疫情影响最为严重，2020 年全年对外直接投资额为 42.4 亿美元，比 2019 年下降 41.7%；对外承包工程完成营业额 37.1 亿美元，下降 12.1%；[①] 对外劳务合作派出各类劳务人员仅 1.5 万人，劳务人员实际收入总额为 4.7 亿美元。这主要体现在"一带一路"国家的项目因为疫情不得不停工停产，一些设备、物资、原材料等不能及时被运送到建设项目工地，以及设计、评估等人员不能及时到现场开展工作，甚至一些建设项目由于所在国经济发展严重受创而无法提供必要的配套资金与物质保障，影响对外投资项目的继续开展等。

总体来看，新冠肺炎疫情对北京与"一带一路"共建国家经贸合作造成了较为严重的负面影响。其中，北京对外直接投资受疫情影响最为严重，较 2019 年下降 41.7%。其次，北京自"一带一路"共建国家的货物贸易进口额，较 2019 年下降 24.48%；北京服务贸易也较 2019 年下降了 21.08%。这一定程度上说明，相比于疫情在中国境内较早地得到了控制，"一带一路"共建国家的防疫形势不容乐观，对于当地的生产生活秩序造成了更大的影响，较为严重地影响了投资项目和出口商品生产，再加之国际物流遭受疫情重创、各国防控措施导致国际运输物流成本上升等，对于货物贸易造成了较大影响。此外，中美经贸摩擦也给北京与"一带一路"共建国家的经贸合作尤其是高技术行业的发展带来了负面影响。

---

① 北京市统计局：《北京市 2020 年国民经济和社会发展统计公报》，2021 年 3 月 12 日，http://tjj. beijing. cn/tjsj_31433/tjgb_31445/ndgb_31446/202103/t20210311_2304398. html。

第三节　新时期推进与"一带一路"共建国家经贸合作的主要挑战

新冠肺炎疫情的全球蔓延在冲击全球政治经济社会环境的同时，也对今后推进共建"一带一路"国家的经贸合作、加强北京国际交往中心能力建设带来新的挑战。

一是沿线国家仍面临新冠肺炎疫情的重大考验。疫情使得各国经济发展面临更大考验和不确定性，特别是在一些防控不利使得疫情反复波动的沿线国家，国内经济发展疲软、项目停滞，各国将精力更多地投入到控制疫情而不是经济合作上。根据世界卫生组织的报告，[①] 从 2020 年初始新冠肺炎疫情暴发至 2020 年 3 月 31 日北京时间 17 时，仅几个月的时间，新冠肺炎病毒就已攻陷全球 202 个国家和地区；除土库曼斯坦和也门以外，63 个"一带一路"共建国家中，就有 61 个国家出现新冠肺炎确诊病例，累计确诊人数达到92039 人，病亡 3604 人。新冠肺炎疫情的快速、持续蔓延，使得"一带一路"经贸合作面临更大的不确定性。而各国因为疫情所采取的封闭和管制措施，将造成更大范围内的需求降低和供应链中断，全球经济将因此面临更大的衰退，通过全球价值链传导至与"一带一路"共建国家、与"一带一路"合作的其他国家及跨国企业，进而通过跨国企业进一步影响各国国内经济发展。

---

① 《新冠肺炎疫情对"一带一路"股票市场的影响》，搜狐网，https://www.sohu.com/a/387316032_99947734，访问日期：2021 年 10 月 2 日。

二是全球产业链震荡,引发各国和跨国企业对产业链安全的担忧及全球布局调整。全球生产网络和全球价值链是当前全球经贸合作的最主要特征之一。在全球化的背景下,企业为了实现成本最小化,将基础研究、成果转化、设计生产、市场营销和售后支持等从概念变成最终消费品的全部环节的生产活动越来越多地由分散在不同国家和地区的不同企业共同完成。[1] 随着来自数字经济等供给结构的变化,以及来自制造业服务化(Servicification of manufacturing)、消费需求更偏好利于可持续发展的生产过程等需求方面的变化,[2] 再加之中美贸易摩擦和保护主义抬头造成的贸易成本上升和政策不确定,在新冠肺炎疫情之前,企业就已经开始减少对国外中间投入的使用和依赖,从离岸外包"回流"进而转向近岸或者在岸生产。2020 年初的新冠肺炎疫情大流行大大加速了这一趋势,由于新冠肺炎疫情导致生产和供应链断裂,全球中间产品贸易减少(图 4-5),全球价值链呈现更加区域化和本土化的趋势(图 4-6)。因此,对于跨国企业而言,那些交通运输风险相对较低、距离较近,同时能够保持稳定开放政策、有效控制疫情的国家和地区,取代成本较低的国家和地区成为其进一步多元化其全球供应链的首选;对于一国政策制定者来说,实行供应链本土化、确保其生产供应链安全成为当务之急。

因此,新时期与"一带一路"共建国家的经贸合作,既面临来自跨国企业从低成本高效率转向以产业链安全可靠为原则的全球布局调整,还面临着来自发达国家和发展中国家在供应链两端的制约:

---

[1]　秦升:《全球价值链治理理论:回顾与展望》,《国外理论动态》2014 年第 12 期。

[2]　De Backer, K. and S. Miroudot, 2013, "Mapping Global Value Chains", *OECD Trade Policy Papers*, No. 159, OECD Publishing, Paris, http://dx. doi. org/10. 1787/5k3v1trgnbr4-en.

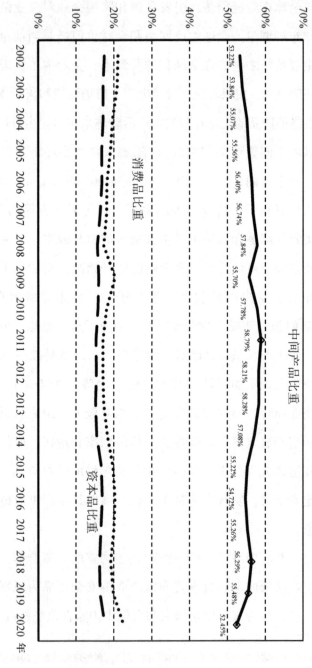

图 4-5 全球价值链及世界经济结构变化（全球）

数据来源：作者根据 UNComtrade 数据库计算。

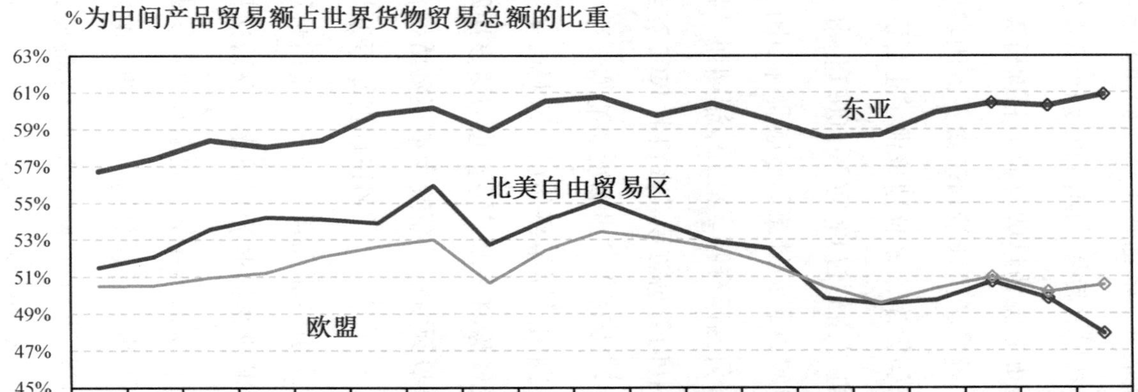

% 为中间产品贸易额占世界货物贸易总额的比重

	2002	2003	2004	2005	2006	2007	2008	2009	2010	2011	2012	2013	2014	2015	2016	2017	2018	2019	2020
东亚	56.72	57.40	58.38	58.03	58.39	59.82	60.16	58.92	60.51	60.75	59.74	60.39	59.52	58.56	58.68	59.91	60.43	60.27	60.87
北美自由贸易区	51.49	52.08	53.54	54.20	54.11	53.89	55.95	52.72	54.03	55.10	53.93	52.88	52.52	49.83	49.52	49.73	50.73	49.83	47.90
欧盟	50.49	50.52	50.94	51.21	52.08	52.61	52.98	50.67	52.42	53.42	53.06	52.54	51.68	50.45	50.37	50.73	49.57	50.98	50.54

图4-6 全球价值链与世界经济结构变化(区域)

数据来源:作者根据 UNComtrade 数据库计算。

一方面，本由欧美供应的处于价值链高端的产品由于疫情出现了断供或供应不及时；另一方面，本由一些发展中国家提供的原材料和人员因为疫情也不能及时送达或抵达生产现场，从而影响了中国和"一带一路"共建国家中下游产品的生产。而"一带一路"共建国家出口多为初级产品和初级加工品，处于全球产业链的中低端，对外部需求和外部技术、资金等投入依赖较高，疫情期间北京进口的大幅下降、北京对外投资的大幅下降，也容易引发"一带一路"共建国家对依靠外部需求以及外国资本和技术发展的重新思考。新冠肺炎疫情将加剧"一带一路"共建国家对经济和产业安全方面尤其是供应链安全方面的担忧。

三是跨境物流成本骤涨、协作亟待提升。在疫情的冲击下，整个国际物流系统严重受创，在全球贸易逐步回升的后疫情时期面临巨大的压力和挑战，以海运为例，国际海运面临集装箱出口运价大幅上涨、众多航线爆舱缺柜、准班率大幅下滑的严峻挑战。自 2020 年下半年及 2021 年以来，全球贸易回升，对国际物流运力的需求也同步上升，但因供小于求，导致国际运费暴涨。例如，到 2021 年 6 月，从中国广州港到荷兰鹿特丹港口的海运运费已从 2000 美元/40 尺高柜上升到 15000 美元/40 尺高柜，暴涨了 6.5 倍。这主要源自逆全球化大趋势下，船东们对未来市场的悲观态度，导致其在新冠肺炎疫情前就削减了相关航线的运力，将老旧船只报废。面对后疫情时期全球贸易回升而增加的对船舶和集装箱需求，新船的预定及投入使用需要 2—3 年的时间，导致国际运力供小于求，相关航线运力尤其是太平洋航线运力十分紧张，运费飙升。另外，由于港口及船舶的防疫要求，及各国的经济补助政策，码头工人及卡车司机严重短缺，码头、船舶运行效率大幅降低，全球港口拥堵指数创下全球最高峰，船舶靠泊准点概率极低。一些航线为了把握商机，货物运抵后来不及等空集装箱回船，就直接返回中国运货，导致出现爆舱、缺柜的局面。空运和陆运也由于疫情面临类似的问题，跨境物流成本和运期不确定性高，这对企业报关报检、及时履约造成极大的不确定性。

目前，一方面，我国与"一带一路"共建国家海关国际合作程度低，尤其是一些沿线国家海关信息化建设、配套物流基础设施相对落后，海关国际合作和信息化建设亟待提升；另一方面，与"一带一路"共建国家的国际物流通道尤其是国际多式联运通道尚未形成体系，北京首都国际机场和大兴国际机场"一南一北"双枢纽、京津冀协同发展和中国（天津）自由贸易港的优势尚未得到充分开发利用。此外，也缺乏具备全球化服务能力的供应链物流企业。

四是复杂的外部环境。当前，世界正在经历新一轮大发展大变革大调整时期，在新冠肺炎疫情和中美贸易摩擦叠加下，我国对外经贸发展面临更加复杂的外部环境。新时期，中美关系及其对"一带一路"的态度将继续影响"一带一路"的发展进程。尤其是中美经贸摩擦从贸易领域扩散到科技领域，对医疗设备等高技术产品征收高额关税，对汽车芯片、传感器等核心零部件断供以及全球"封锁"，以及以维护国家安全为由阻碍并胁迫其他国家封杀华为5G设备、海康威视监控设备、大疆无人机的海外销售等，将对北京高新技术、高端产业的国际发展合作产生较大影响。

而美国的对华政策还会通过其盟友国家传导至"一带一路"，进而影响"一带一路"的推进和共建。2020年4月，欧盟提出的

"全球联通欧洲"战略计划将"一带一路"共建伙伴国拉入欧盟的全球基础设施互联互通体系之中,明显针对"一带一路"倡议打造替代方案。为保证其全球基础设施互联互通计划稳定的资金来源,欧盟鼓励加强与欧盟成员国、欧洲企业、金融与发展机构的协调,吸引公私部门联合参与投融资,这将提高跨国企业在欧投资的热情与积极性,部分在华欧资企业也由于欧盟投资环境改善或政治原因选择撤出中国而回流。另外,欧洲实行"绿色新政"和"欧洲适应数字化时代"征收碳税和数字税,也将对我国输欧产品形成新的绿色和技术壁垒。

第四节　服务"一带一路"建设、推进北京国际交往中心建设的方向

坚持实施更大范围、更宽领域、更深层次对外开放,依托我国大市场优势,促进国际合作、实现互利共赢是我国"第十四个五年规划和二〇三五年远景目标建议"中对实行高水平对外开放的总体要求,建设更高水平开放型经济新体制、推动共建"一带一路"高质量发展、积极参与全球经济治理体系改革是其中的重要内容。北京作为中国的国际交往中心,应在其中发挥更重要的示范带头作用。

当前,在中美贸易摩擦和新冠肺炎疫情的双重冲击下,全球价值链的地理分布从全球化进一步转向区域化和本土化,给全球经贸合作及共建"一带一路"带来新的挑战。北京应继续坚持共商共建共享原则,统筹疫情防控和"一带一路"建设,积极依托优势产

能,推动与"一带一路"共建国家的区域价值链构建和发展,实现京津冀协同发展,助力形成以国内大循环为主体、国内国际双循环相互促进的新发展格局。

一、坚持和平开放,合力抗疫

维护"一带一路"共建国家间的合作与和平环境,加强抗疫合作,保持和平开放、稳定的贸易和投资监管环境是构建"一带一路"区域价值链的首要任务。

一是要发挥政策沟通优势,维护"一带一路"共建国家间的合作与和平环境。"一带一路"提倡相互尊重,公平正义,对话但不对抗,结伴但不结盟。但在新时期,"一带一路"被"过度政治化",甚至被作为攻击中国发展的武器。因此,"一带一路"共建国家间应加强合作和相互信任,减少相互猜疑,坚持通过对话解决争端,通过推进建立争端解决和协商机制解决分歧,共同建立安全风险以及卫生突发事件的预警和预防机制,为区域经济发展和人民福祉创造和平和谐的环境。

二是要加强与共建国家疫情防控合作。防控疫情是推动"一带一路"建设顺利开展的前提。一方面,从政府层面,要强化政策沟通协调,分享防控经验,提供力所能及的防疫物资援助和人员支持;对推动"一带一路"项目复工复产所需融资、税费、设备及货物、人员出入境等提供便利。另一方面,充分发挥企业主体作用,严格做好境外项目疫情防控工作的同时,北京可加强与"一带一路"共建国家在医院等基础设施、口罩等防疫物资生产,以及中医药治疗上的协作。在有需要的"一带一路"共建国家帮助援建医院等基础设施，以及提供医疗管理系统、大夫等人员管理经验等；在口罩等物资生产、中医药发展等方面建立统一的标准；继续拓展中医药"走出去"项目，开展中医药国际合作等。可以从防疫物资生产着手展开医药领域产业链的构建，为进一步构建区域价值链奠定基础。

三是要保持和平开放、稳定的贸易和投资监管环境，这是在新时期全球经贸合作的重要前提，也是全球价值链发展的重要保障。2020年底，涵盖中国和东盟10国、日韩澳新在内的全球规模最大的区域全面经济伙伴关系协定（RCEP）签署并将于2022年正式生效，在逆全球化背景下向世界各国宣告了持续对外开放、互利合作的决心。中国也已与"一带一路"共建国家中的6国签署了自由贸易协定，可在此基础上，推动探讨与更多国家在更高水平、更宽领域、更深层次上的经贸合作，凝聚共识。

二、依托优势产业产能合作，推动发展与"一带一路"区域价值链

虽然新冠肺炎疫情对全球价值链造成了严重的冲击，但在2020年，中间产品占比仍达到世界贸易总额的52.45%，如图4-5所示，全球价值链仍是全球经济与贸易的主要特征。而随着全球价值链转向区域化，推动构建发展与"一带一路"国家的区域价值链既顺应全球化的发展趋势，也是与"一带一路"国家共同向全球价值链高端位置攀升的共同利益诉求。而北京和"一带一路"共建国家的经

贸合作也充分显示了二者的良好互补性和合作潜力，这是构建区域价值链的坚实基础。

全方位构建和发展与"一带一路"共建国家的区域价值链协作关系，一是要依托双方的优势产业开展产能合作。在新时期，健康医疗、社会应急保障等民生产业；同时，可充分发挥北京在服务业发展上的优势，在信息技术和信息软件、金融服务、文化产业等方面与"一带一路"共建国家加强合作，尤其是在5G、软件技术、数字经济、人工智能、互联网等新技术新应用方面，可以充分发挥北京的优势产能，将相关产业链向"一带一路"延伸。此外，在高端农产品等其他原材料供应上，也可向有条件的"一带一路"共建国家延伸。

二是加强在便利产业链发展的经贸政策和规则上的合作畅通。新冠肺炎疫情使得各国全球价值链的作用凸显，为了构建发展区域价值链合作，应与"一带一路"共建国家在利于全球价值链顺利运作的经贸政策和规则上加强合作，例如区域原产地规则等，也将有助于构建更具弹性的区域生产网络。

三是发挥京津冀国际化都市圈作用，促进区域联动发展，助力形成双循环新发展格局。京津冀区域是"一带一路"廊道与中国区域经济布局交汇的关键节点，是两条陆上廊道与一条海上廊道的起点，是国内对外贸易的交通枢纽和桥头堡。① 京津冀协同发展通过产业分工协作的政策引导和推动作用，推动形成国内区域产业链以及产业集群发展，一方面，提升区域对外开放的承载能力，另一方

---

① 毕娟、王婧：《京津冀协同发展与"一带一路"建设》，载《"一带一路"蓝皮书："一带一路"建设发展报告（2021）》，社会科学文献出版社，2021。

面，助力构建形成以国内大循环为主体、国内国际双循环相互促进的新发展格局。

四是加强使用大数据技术进行风险管理的知识和信息共享平台建设，不仅有利于企业也有利于政府和社会大众依靠平台确定风险管理的最佳解决方案。对于参与"一带一路"经贸合作的主体——企业而言，能否在管理实践中进行风险评估和管理至关重要，[①] 如确保供应和分销渠道安全、合理安排产能、建立可靠的合作伙伴关系，以及专业有效地处理相关信息等。尤其是对主导型的跨国企业（Lead MNEs）而言，加大对信息分析系统的投资非常关键。信息分析系统不仅能保证主导跨国企业快速得到行业生产市场等一线信息，而且能够帮助企业开展科学分析，设计制订应对外来冲击的管理解决方案。耐克公司（Nike）就是依靠其准确的信息分析预测和管理系统及时调整生产和分销途径，从而成功地缓解了新冠肺炎疫情对其全球生产网络和价值链的破坏。

三、整合国内国际资源，完善国际通道体系及信息化 建设

国际通道是开展国际交往的血脉通道。在疫情冲击下，企业对国际物流或货代的追求也不再是价格最低，而是是否能够协调海关、物流公司等提供更具保障性、确定性和标准化的服务，端到端的综合物流服务成为行业发展大趋势。因此，新时期，企业和政府

---

① OECD, "COVID-19 and Global Value Chains: Policy Options to Build More Resilient Production Networks", 3 June, 2020, https://www.oecd.org/coronavirus/policy-responses/covid-19-and-global-value-chainspolicy-options-to-build-more-resilient-production-networks-04934ef4/.

尤其是海关要加强合作，加强对国内国际物流资源的整合及物流信息建设，提高物流运作效率和效益，提升物流综合服务质量。

一是通过加强政策沟通和设施联通建设，促进我国与"一带一路"共建国家海关国际合作和海关信息化建设。新冠肺炎疫情造成港口码头拥堵，准点率低，货物在港口和海关滞留等待增加国际货运成本、延误交货期，国际运输及时性及物流服务质量被大大降低。北京海关应以此为契机，推动与"一带一路"共建国家海关监管统一标准以及经认证的经营者（AEO）互认机制建设，实时共享海关数据，提高海关信息传递速度，提高服务水平。

二是整合北京已有的国际国内物流通道资源，充分开发利用北京首都国际机场和大兴国际机场"一南一北"双枢纽以及京津冀协同发展和中国（天津）自由贸易港的优势，促进铁路、公路、海运和航空的相互连通和多式联运，构建畅通、便捷和标准化的国际国内综合交通运输网络。在此基础上，推动物流通道的标准化建设，促进基础设施技术标准、运作标准以及安全标准的统一，为物流通道的互联互通奠定基础。

三是加强国际物流信息化建设。应以政府为统筹、行业协会为指导、企业为主体以及市场为导向，推动物流信息化建设，统一物流信息平台建设标准，对现有的物流信息平台加以完善和对接，利用互联网、物联网、大数据、云计算、远程控制以及人工智能等信息技术，建设专业化的、覆盖范围广的物流信息网络。为提高物流市场货运价格竞争力和降低运输空载率，可借鉴德国德迅货代企业的成功经验，由大型货代企业牵头，依托互联网信息技术来组建货运交易平台，集成国内外水路、铁路、公路和航空等承运人的运力信息，为货主提供货运信息、在线比价、订单处理等服务，避免传统货运市场恶性竞争、信息不透明以及货运资源浪费等弊端，从整体上提高国际货运价格竞争力。

四、结合数字经济和技术，继续推进服务贸易发展合作

新时期，人们的经济活动和消费模式从线下转到线上。针对服务消费需求的服务创新不断涌现，基于互联网、大数据、云计算等新技术的新服务业态和新服务商业模式层出不穷。北京应依托服务业和服务贸易已有的优势，结合数字经济和技术发展，继续推进与"一带一路"共建国家的服务贸易发展合作，打造经贸合作新的增长点。

一是依托"互联网+"开展线上问诊、个体健康追踪等健康医疗服务合作。新冠肺炎疫情暴发以来，互联网、大数据、云计算等新技术成为全球抗疫的有效工具，采用健康码对个体健康追踪、线上健康讲座等抗疫防疫措施得到了"一带一路"共建国家的民众普遍接受和欢迎。在新时期，也可在此基础上，推动建立基于核酸检测结果、以国际通行二维码为形式的健康码国际互认机制，加快中医药全方位合作等，以此帮助沿线国家有效防控疫情。此外，作为拥有 78 家三甲医院的首都城市，也可依托北京的高端医疗资源展开更全面的医疗服务国际合作，例如在二级市场上的合作等。

二是推进在数字经济、人工智能等前沿领域的合作，加速"数字丝绸之路"的建设。除健康医疗服务外，在线娱乐、网络视听等

新型文化业态的创新发展,5G+8K体育赛事转播、超高清电视技术的创新应用等都将加速对数字基础设施互联互通的需求和建设。

三是促进文化贸易高水平发展合作。一方面,推进国家文化出口基地、影视译制基地等项目建设,在北京推动天竺综合保税区建设国家级文化艺术口岸交易平台;发展国际版权贸易,支持具有中国特色的影视、出版、动漫游戏等领域版权出口等;另一方面,支持跨境文化电子商务发展等。此外,组建文化产品和服务出口联盟,搭建文化贸易与投资公共服务平台,扶持具有较高成长性文化企业成长为跨国文化企业集团等。

五、促进科技创新合作,提高产品附加值

科技尤其是医疗技术创新和高端医疗制造在此次疫情中发挥了非常重要的作用。因此,在新时期,要继续加强与 "一带一路" 共建国家的技术合作与创新能力建设,鼓励企业的科技创新和研发,培育在全球价值链中的主导跨国企业,从根本上提高产品附加值、提升在全球价值链中的地位和话语权。

一是继续与 "一带一路" 共建各国通过共建科研平台和技术转移平台、共建经贸合作区和科技园区、共建国际科技联盟与国际科技组织等途径,切实提升科技创新的能力。

二是进一步加强创新经营环境、集聚创新资源,推动实体经济、现代金融、人力资源与科技创新融合协调发展。尤其是要营造更加富有活力的人才发展环境,通过着力打造与国际对接的人才服务措施如国际学校、公立学校国际部、具有国际医疗保险结

算服务的高水平医疗机构、营造有利于高科技行业的生态环境建设等切实加强国际人才社区的建设，不仅要留住人才，更要从自身文化特色出发吸引国际创新人才并促成更加深入的创新合作。

三是鼓励和培育主导型跨国企业，并依托行业协会、高端智库和技术着力开发和建设风险和生产管理信息系统或数字平台，提升创新管理水平。例如，宝洁公司的中央控制塔系统为自己的工厂、供应商和分销商整合了从库存水平到天气预报的实时数据，可以提供跨地域和跨产品的全公司视野。当问题出现时，系统可以根据实时数据来确定最有效的解决方案。

第五节　结　语

积极参与和服务"一带一路"建设既是北京国际交往中心建设的重要内容，也是加速北京国际交往中心设施和能力建设步伐的重要抓手，二者协同发展，共同服务国家全方位外交布局深入展开和形成全面对外开放新格局。在"一带一路"建设中，经贸合作即贸易畅通和资金融通是开展国际合作的焦点和重点，也是"一带一路"倡议中最具活力和潜力的领域，同时也是北京国际交往中心建设的重要支柱领域和前哨。

2020 年的新冠肺炎疫情大流行作为一场全球卫生危机，对世界经济尤其是全球价值链造成了严重的外部冲击。在与中美贸易摩擦的双重冲击下，全球价值链的地理分布从全球化进一步转向区域化和本土化，给全球经贸合作及共建"一带一路"带来新的挑战。

北京应继续坚持共商共建共享原则,统筹疫情防控和"一带一路"建设,积极依托优势产能,推动与"一带一路"国家的区域价值链构建和发展,并与京津冀协同发展,助力形成以国内大循环为主体、国内国际双循环相互促进的新发展格局。

第 五 章

新时期北京跨国企业"走出去"面临的
机遇、挑战和应对策略

付韶军　张璐超 *

第一节　全球新冠肺炎疫情现状及其进展

被世界卫生组织命名为 COVID-19（新型冠状病毒肺炎）的疫情在世界各国不断蔓延，现已经覆盖了几乎全球所有的国家和地区，截至 2021 年 10 月 16 日，全球新冠肺炎累计确诊病例高达 2.41 亿人，累计死亡 490 万人，每日新增 32.79 万人，全球新冠肺炎疫情防控形势依然严峻。为有效应对新冠肺炎疫情的严重冲击，世界各国积极开展新冠肺炎疫苗的研发和接种工作，目前已有美国、英

＊ 付韶军，外交学院国际经济学院副教授；张璐超，外交学院国际经济学院讲师。同时感谢张鑫、王瑞来、王铮和吴德钊等同学在资料搜集和数据整理方面所做的工作。

国和中国研发的五种疫苗被世界卫生组织授权紧急使用。截至 2021
年 10 月 13 日，全球完成全程接种的人数超过 28 亿，占到全球总人
口数的 36.86%，但世界各国之间的疫苗接种率存在非常大的差距。
为缓解新冠肺炎疫情的影响，世界各国采取了一系列疫情防控措
施，但各国之间的疫情防控措施存在明显差异，取得的疫情防控效
果也各有不同。

一、新冠肺炎疫情的起源和传播

新冠肺炎疫情是由 SARS-CoV-2 病毒引发的新型冠状病毒传染
病而形成的疫情，被世界卫生组织命名为 COVID-19。自 2019 年 12
月报告第一例新冠肺炎确诊病例起，新冠肺炎疫情在世界各国不断
扩散和蔓延，现已经影响至几乎全球所有的国家和地区。截至 2021
年 10 月 16 日，全球新冠肺炎累计确诊病例高达 2.41 亿人，全球新
冠肺炎累计死亡病例高达 490 万人。据世界卫生组织统计数据显示，
新冠肺炎疫情区域分布为：美洲 9187.58 万人、欧洲 7285.52 万人、
东南亚 4352.32 万人、中东 1606.95 万人、西太平洋沿岸地区 901.1
万人、非洲 610.21 万人。[①] 新冠肺炎疫情全球大流行严重威胁着世
界各国人民的身体健康和生命安全，新冠确诊病例占到全球总人口
的 3.17%，因新冠肺炎病毒而死亡的人数占比高达 0.0645%，世界
各国人民受到新冠肺炎疫情的强烈冲击。

从全球新冠肺炎当日新增确诊病例数量来看，新冠肺炎疫情大
致呈现出局部散发、全球扩散与流行、全球疫情稍有减缓等三个阶

---

① 数据来源：WHO, WHO Coronavirus (COVID-19) Dashboard, https://covid19.who.int。

段特征（详见图 5-1）。根据世界卫生组织的统计，2019 年 12 月 30 日全球报告首例新冠肺炎确诊病例，至 2020 年 3 月底新冠肺炎确诊病例超过 50 万，之后至 2021 年 1 月 7 日，全球每周新增确诊病例呈波动中增长态势，2021 年 1 月 7 日达到比较高的峰值 85.87 万，随后全球新冠肺炎当日新增确诊病例开始下降，至 2021 年 2 月 14 日下降至 28.44 万，之后又分别在 2021 年 4 月 29 日和 2021 年 8 月 25 日达到第二波和第三波峰值。之后又开始呈现下降趋势，2021 年 10 月 16 日全球当日新增确诊病例为 32.79 万人，仍然处于一个比较高的水平，新冠肺炎疫情的防控工作仍然不能懈怠。

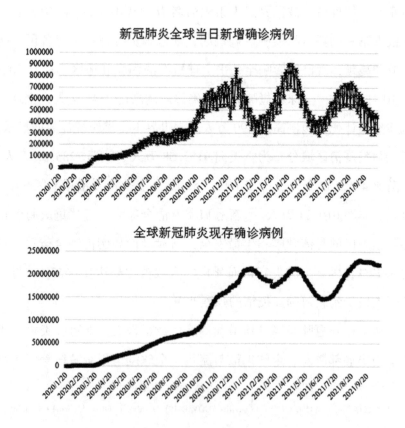

新冠肺炎全球当日新增确诊病例

全球新冠肺炎现存确诊病例

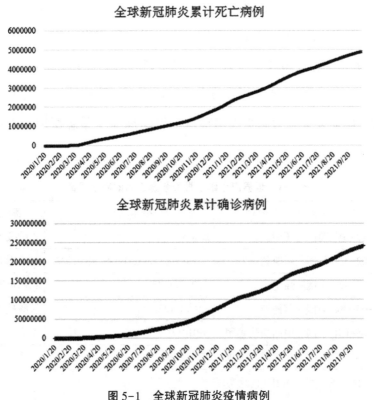

图 5-1　全球新冠肺炎疫情病例

资料来源：作者整理。

二、新冠肺炎疫苗的研发、生产与接种

新冠肺炎病毒严重危害人体健康，并且具有潜伏期长、传染性高的特点，目前对抗新冠肺炎病毒的特效药物正在研发中，新冠肺炎疫苗就成了对抗新冠肺炎病毒的重要手段，世界各国积极开展针对新冠肺炎病毒的疫苗研发、生产和接种工作。已研发疫苗的种类有蛋白质亚单位（PS）、病毒载体（非复制）（VVnr）、脱氧核糖核酸（DNA）、灭活病毒（IV）、核糖核酸（RNA）、病毒载体（复

制）（VVr）、类病毒颗粒（VLP）、VVr+抗原提呈细胞（VVr +
APC）、减毒活病毒（LAV）、VVnr+抗原提呈细胞（VVnr + APC）
等十余种。截至 2021 年 9 月，全球进入临床试验的新冠疫苗有 121
种，进入临床前试验的新冠疫苗有 194 种。[①] 目前已经有美国、英
国和中国研发的新冠肺炎疫苗被世卫组织批准"紧急使用"（详见
表 5-1）。

表 5-1　世界卫生组织批准紧急使用的新冠疫苗

批准时间	国家	公司	疫苗名称	备注
2020-12-31	美国	辉瑞	BioNtech	核酸技术
2021-02-15	英国	阿斯利康	Vaxzevria（ChAdOx1-S, AZD1222)	腺病毒载体
2021-03-15	美国	强生	Ad26. COV2. 5	腺病毒载体
2021-04-30	美国	莫德纳	mRNA 1273	核酸技术
2021-05-07	中国	中国国药集团	BBIBP-CorV	灭活
2021-06-01	中国	北京科兴中维	克尔来福	灭活

数据来源：根据 WHO 网站整理。

2020 年 6 月 18 日，中国的国家卫健委、科技部、工业和信息
化部、国家市场监管总局、国家药监局等五部委联合印发了《疫苗
生产车间生物安全通用要求》，作为推动新冠疫苗生产的临时性应
急标准。与此同时，中国工业和信息化部成立了新冠疫苗生产保障
工作专班，每周调度重点企业产能建设进度，旨在加快推动新冠疫
苗产业化进程。中国目前投入接种使用的疫苗主要为灭活病毒疫
苗，有国药、科兴和康希诺等三个品牌。中国疫苗日产量在 2021 年

---

① 数据来源：WHO, The COVID-19 vaccine tracker, https://www.who.int/publications/m/item/draft-landscape-of-covid-19-candidate-vaccines。

2 月为 150 万剂、在 2021 年 3 月提升至 500 万剂左右。[①]

　　新冠肺炎疫苗进入临床实验并接种为全球抗疫成功带来了曙光。世界各国积极为新冠肺炎疫苗生产的产能扩充做各种准备，我国在不断扩大国内新冠疫苗的产能的基础上，疫苗生产厂商还不断探索疫苗生产的国际合作。2021 年 4 月，中国科兴公司与 VACSERA 公司签署了在埃及生产科兴新冠疫苗的协议，2021 年 5 月 21 日，科兴疫苗原液首次从中国运抵埃及首都开罗，埃及由此成为非洲大陆第一个同中国合作生产新冠疫苗的国家。[②]

　　自 2020 年 12 月起，世界各国逐步启动了新冠病毒疫苗接种工作。截至 2021 年 10 月 13 日，全球完成全程接种的人数超过 28 亿，占到全球总人口数的 36.86%，新冠肺炎疫苗接种工作取得了突破性进展。然而，随着新冠肺炎疫苗接种工作的推进，全球国家间接种率的差距也逐步显现。如，新加坡每 100 人中有超过 79.17 人完成全程接种、中国每 100 人中有 72.56 人完成全程接种、美国每 100 人中有 55.88 人完成全程接种，墨西哥每 100 人中有 38.07 人完成全程接种，印度每 100 人中有接近 19.73 人完成全程接种，而苏丹每 100 人中只有不足 2 人完成全程接种，刚果共和国每 100 人中甚至只有 0.04 人完成了全程接种，[③] 新冠肺炎疫苗分配不平衡问题可见一斑。

　　国家间完成全程接种人数的差距直接来源于新冠肺炎疫苗获取

---

①　新京报，《工信部：目前疫苗日产量 500 万剂左右，累计供应国内超 1 亿剂》，https://www.bjnews.com.cn/detail/161655271915672.html。

②　吴丹妮，伊马德·阿兹拉克：《探访埃及本土化生产中国新冠疫苗工厂》，新华每日电讯，2021 年 9 月 9 日（011）。

③　数据来源：WHO, WHO Coronavirus（COVID-19）Dashboard, https://covid19.who.int。

能力和疫苗接种政策的不同。高接种率的国家的新冠疫苗来源充足，而且很多实施了全员接种疫苗政策，但是低接种率的国家的疫苗获取能力较差，并且其疫苗接种政策依然维持在只有特定某一个群体可以接种疫苗，这主要受制于全球疫苗分配不平衡，部分西方发达国家囤积了远超本国居民需要的新冠疫苗，而与此同时却有很多国家获得的疫苗数量有限，导致其不得不实施单一群体接种疫苗的政策。新冠疫苗接种的全球公平问题，已经成为了消除全球不平衡发展中的新难题。

三、世界各国政府抗疫政策存在很大差异

为有效防范新冠肺炎疫情，保障我国人民的身体健康和生命安全，党和政府始终贯彻"以人为本"的执政理念，对湖北省武汉市采取了"封城"措施，严格控制武汉的人员进出，对经济按下了"暂停键"进行全民抗疫，希望能以一省市的巨大牺牲为全国其他地区和世界各国创造出两个月的防疫"窗口期"。经过两个多月的全民共同奋战，新冠肺炎疫情防控在我国取得了显著成效，新冠肺炎疫情基本得到了控制，复工复产和居民生产生活也开始稳步恢复。之后虽然也出现了诸如北京、邢台、石家庄、新疆、广州、南京和莆田等局部地区的疫情反弹，但在党和全国人民的共同努力下，国内疫情基本处于控制之下。与此形成鲜明对比的是，一些西方发达国家，如美国和欧洲各国，在疫情暴发之初并没有利用好中国付出巨大代价创造的两个月"窗口期"，没有及时采取有效的控制和预防措施。从 2020 年 2 月下旬开始，新冠肺炎疫情在欧美发达

国家迅速蔓延开来，新冠肺炎确诊人数出现了爆炸式增长，新冠肺炎感染中心先后辗转到伊朗、意大利，然后蔓延到西班牙、法国、英国，随后转移到美国。之后，印度新冠肺炎疫情也大规模上升。

随着新冠肺炎疫情的暴发和全球蔓延，世界各国开始启动专项新冠肺炎疫情防控政策。世界各国政府的疫情防控政策从实施对象来看，大致可分为防范疫情扩散与隔离政策、卫生系统相关政策等方面。在防范疫情扩散与隔离政策中，各国采取的举措主要有关闭学校和工作场所、取消公共集聚性活动、下达居家隔离令、暂停市内公共交通运行、限制国内跨区域人口流动及国际旅行、保持社交距离、公共场所佩戴口罩等防护措施。[①] 在新冠肺炎疫情暴发初期，世界各国采取了较为严格的隔离政策，正常生产和生活均受到了严重限制。除此之外，为了取得长期疫情防控效果，世界各国政府纷纷在卫生系统实施新的针对新冠的疫苗政策、新冠肺炎病毒检测政策以及卫生应急投资政策等。

根据牛津大学冠状病毒政府反应追踪（Oxford Coronavirus Government Response Tracker，OxCGRT）项目网站公布的政府响应指数，图 5-2 描绘了中美两国政府的防疫政策严厉指数（Stringency Index）。该严厉指数旨在对各国防疫政策的严厉程度进行量化，从学校关闭、工作场所关闭、公众活动取消、公众集会限制、公共交通工具停运、居家隔离、国内人口流动限制、国际旅行管控、公共信息宣传 9 个方面综合评估。该指数取值在 0 至 100 之间，数值越高表示政策严厉程度越高。在疫情迅速发展阶段两国都采取了最为

---

① 蔡昉、张丹丹、刘雅玄：《新冠肺炎疫情对中国劳动力市场的影响——基于个体追踪调查的全面分析》，《经济研究》2021 年第 2 期，第 4—21 页。

严厉的防疫政策，并且随着疫情得以控制，严厉程度都有所下降，但依然维持在较高的水平。相较而言，中国防疫政策的严厉程度指数平均高于美国，在数值 70 上下浮动；美国在 2021 年 3 月以后的政策严厉程度有所下降，在 50 至 60 之间浮动。图 5-2 也表现出两国防疫政策都具有一定的灵活性。

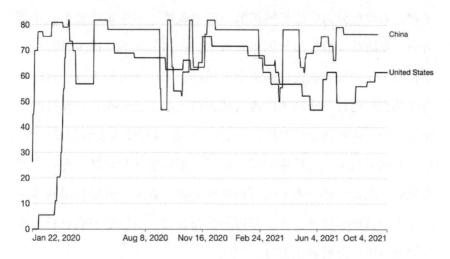

图 5-2　中国和美国政府政策严厉程度指数

数据来源：Oxford COVID-19 Government Response Tracker, Blavatnik School of Government, University of Oxford。

第二节　新冠肺炎疫情带来的严重经济冲击

新冠肺炎疫情的暴发和全球大流行严重破坏了世界经济秩序的正常运行，对世界经济造成了严重的冲击，全球产业链、价值链和供应链面临重置的风险,[①] 2020 年世界各国出现了大范围的经济衰退, 全球近 200 个国家中仅有 17 个国家的人均 GDP 实现了正增长。新冠肺炎疫情对我国经济也带来了很多麻烦, 受新冠肺炎疫情影响, 2020 年我国 GDP 实现 2.3% 增长, 创下几十年来的新低。新冠肺炎疫情暴发之初, 我国的消费价格指数 CPI 出现了一定程度的下降, 出现了一定程度的通货紧缩, 直至 2021 年 4 月才开始回升到 100 以上。我国工业生产者出厂价格指数 PPI 在疫情暴发之初也出现了下滑, 2020 年 5 月之后开始出现回升并一路上扬。社会消费品零售总额在 2020 年初期经历了较大幅度的下降, 新冠肺炎疫情得到有效控制之后, 社会消费品零售开始复苏并不断上升。固定资产投资受新冠肺炎疫情的影响很大, 固定资产投资在整个 2020 年都很低迷。

一、新冠肺炎疫情对世界经济造成严重冲击

新冠肺炎疫情覆盖了全球几乎所有的国家和地区, 严重威胁着全人类的生命安全和身体健康。由于新冠肺炎病毒具有潜伏期长、变异性高、传染性强、传播范围广的特点, 对世界经济造成了严重冲击, 兼具"灰犀牛""黑天鹅"和"青蛙"的特点, 由此造成的经济社会冲击和震荡程度, 远远超过了几个世纪以来由自然灾害和金融风暴所致的危机事件造成的冲击。[②] 人类发展的历史是一部与

---

① 祝坤福等:《新冠肺炎疫情对全球生产体系的冲击和我国产业链加速外移的风险分析》,《中国科学院院刊》2020 年第 3 期, 第 283—288 页。

② 蔡昉:《"大流行"经济学——应对疫情冲击与恢复经济增长》, 中国社会科学出版社, 2020。

传染病不断抗争的历史，传染病流行给人类带来很多灾难，21 世纪以来发生的历次影响深远的传染病，如 SARS 病毒、甲型 H1N1 流感、野生脊灰病毒、寨卡病毒和埃博拉病毒等，[①] 给世界经济和人类生命安全造成了严重影响和冲击。

　　新冠肺炎疫情的暴发和全球大流行，使全球经济的正常秩序遭到了严重破坏，全球产业链、价值链和供应链的重塑压力倍增，[②] 世界各国出现了大范围的经济衰退，世界不同收入水平国家的人均 GDP 在 2020 年均经历了大幅下跌（详见图 5-3），其中低收入国家的人均 GDP 平均下跌了 1.7%、中等收入国家人均 GDP 平均下跌了 2.9%、高收入国家人均 GDP 平均下跌了 5%，而且高收入国家和中等收入国家人均 GDP 的下跌幅度为 40 年以来的最大降幅。全球宏观经济运行受到新冠肺炎疫情的强力冲击，[③] 全球经济秩序的稳定和安全受到严重威胁。[④] 2020 年全球将近 200 个国家中仅有 17 个国家的人均 GDP 实现了正向增长。其中，2020 年中国人均 GDP 增长率为 1.98%、爱尔兰为 2.16%、土耳其为 0.66% 等，[⑤] 为全球经济的稳定作出了重要贡献。

---

　　① 马克·霍尼斯堡姆：《人类大瘟疫》，中信出版集团，2020。

　　② 陈诗一、李志青：《经济战"疫"——新冠肺炎疫情对经济的影响与对策》，复旦大学出版社，2020。

　　③ 梁艳芬：《新冠肺炎疫情对世界经济的影响分析》，《国际经济合作》2020 年第 2 期，第 4—11 页。

　　④ 田素华、李筱妍：《新冠疫情全球扩散对中国开放经济和世界经济的影响》，《上海经济研究》2020 年第 4 期，第 109—117 页。

　　⑤ 数据来源：世界银行，https://data.worldbank.org/indicator/NY.GDP.PCAP.KD.ZG?view=chart。

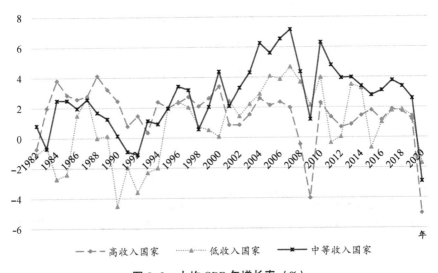

图 5-3　人均 GDP 年增长率（%）

资料来源：作者整理。

二、新冠肺炎疫情严重影响我国经济发展

　　新冠肺炎疫情暴发后我国以人民的生命健康为本，采取了严格的疫情防控措施。新冠肺炎疫情对我国的经济发展造成了严重影响，虽然中国经济没有像世界大多数国家那样出现负增长，但是我国经济正常发展秩序受新冠肺炎疫情影响呈现波动中增长态势。从我国的季度 GDP 来看，受疫情暴发初期的激烈冲击，2020 年第一季度中国经济大幅受挫，第一季度 GDP 比 2019 年同期降低了大约 1.2 万亿元人民币；之后新冠肺炎疫情逐步得到有效控制，复工复产有序开始，从 2020 年第二季度起中国经济开始了逐步回暖，到 2020 年第四季度，季度 GDP 比 2019 年同期高出 2 万亿元人民币。新冠肺炎疫情暴发之初，我国的消费价格指数 CPI 出现了一定程度的下降，出现了一定程度的通货紧缩，直到 2021 年 4 月才开始回升

到 100 以上。我国工业生产者出厂价格指数 PPI 在疫情暴发之初也出现了下滑，2020 年 5 月之后开始出现回升并一路上扬，2021 年 10 月达到 110.7 的高位，为我国 2008 年以来的新高峰。

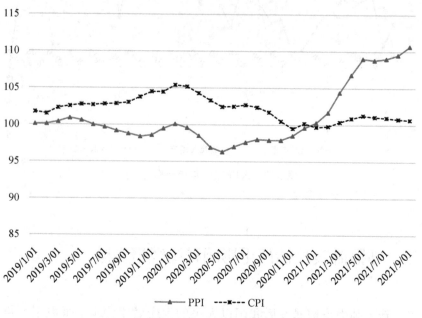

图 5-4　2019 年 1 月—2021 年 10 月 CPI 和 PPI
资料来源：作者整理。

　　受新冠肺炎疫情的影响，中国社会消费品零售总额在 2020 年初期经历了较大幅度的下降，在中国强有力的疫情防控措施之下，新冠肺炎疫情短期内得到了有效控制，与之伴随的是中国社会消费品零售开始复苏并不断上升，甚至一度超过了新冠肺炎疫情暴发前的水平。固定资产投资受新冠肺炎疫情的影响很大，固定资产投资在整个 2020 年都很低迷，其中 2020 年 1 月至 2 月全国固定资产投资下降幅度高达 24.5%，之后固定资产投资降幅开始逐月收窄，2020 年

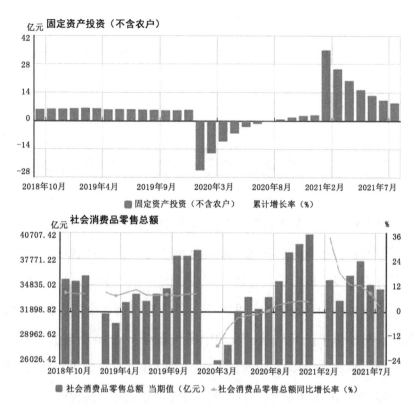

图 5-5　2018 年 10 月—2021 年 8 月固定资产投资和社会消费品零售额

数据来源：国家统计局，https://data.stats.gov.cn/ks.htm?cn=A01。

上半年同比下降幅度为 3.1%，至 2020 年的前三季度同比增速才实现由负增长转为正增长。① 疫情期间我国出台了一系列优惠政策缓解新冠肺炎疫情的强烈冲击，在新冠肺炎疫情减缓和多方政策的协同作用下，固定资产投资在 2021 年开始回暖，2021 年 1 月至 2021 年 8 月，制造业投资同比增长了 15.7%，高技术产业投资同比增长了 18.9%，社会领域投资同比增长了 13.3%，民间投资同比增长了

① 中国国家统计局网站，《翟善清：投资稳步复苏，结构持续优化》，http://www.stats.gov.cn/tjsj/zxfb/202101/t20210119_1812586.html，访问日期：2021 年 10 月 1 日。

11.5%。① 新冠肺炎疫情对中国进出口也产生了一定的冲击，经历了先下降后上升的过程，对中国海外投资和国际劳务合作带来了不利影响。

第三节　北京跨国企业"走出去"的新进展

随着世界经济的发展和中国改革开放的深入，我国对外直接投资迅速增长，驻京央企和北京市属企业"走出去"进展顺利，北京市对外直接投资取得了长足进步，在中国企业"走出去"过程中发挥了引领作用和示范效应，北京市对外直接投资在全国占据着优势地位，对外直接投资流量呈波动中增长态势，从 2003 年的 3.01 亿美元增长到 2019 年的 82.66 亿美元。2019 年北京市 394 家投资主体对全球 72 个国家（地区）的 449 家境外企业进行直接投资，北京市对外直接投资的国别区位分布更趋多元化。

一、中国对外直接投资不断增长

自 2001 年我国加入世界贸易组织以来，我国对外直接投资得到了快速发展，据中国对外直接投资统计公报数据显示，我国对外直接投资流量从 2003 年的 48.58 亿美元增长到 2020 年的 1537.1 亿美元，年均增长 22.53%；对外直接投资存量从 2003 年的 332.22 亿美

---

① 中国国家统计局网站，国家统计局投资司首席统计师罗毅飞解读 2021 年 1—8 月投资数据，http://www.stats.gov.cn/tjsj/sjjd/202109/t20210915_1822155.html，访问日期：2021 年 10 月 1 日。

元增长到 2020 年的 25806.6 亿美元，年均增长 29.18%。从发展趋势来看，中国对外直接投资在 2016 年达到最高的 1961.5 亿美元，之后出现下降趋势，2019 年又有所回升。截至 2020 年底，我国境内 2.8 万个投资者共对全球的 189 个国家和地区的 4.5 万家境外企业进行了直接投资，年末境外企业资产总额 7.9 万亿美元。但我国对外直接投资区域分布很不均衡，存在较大区位差异，我国对外直接投资主要集中在亚洲、欧洲和拉丁美洲，其中我国对亚洲的投资占比超过 80%，对欧洲的投资占比为 7.68%，对拉丁美洲的投资占比为 4.67%（详见图 5-6）。

新冠肺炎疫情的突然暴发对世界经济造成了严重冲击，给我国跨国投资活动开展也造成了诸多不便。据《世界投资报告 2021》数据显示，2020 年全球外国直接投资（FDI）大幅下降，同比降幅高达 35%。由于中国采取的防控措施得力，新冠肺炎疫情较短时间内得到了有效控制，中国率先实现了复工复产，2020 年中国对外直接投资好于全球 FDI，据《中国对外直接投资统计公报 2020》数据显示，2020 年我国对外直接投资同比增长 12.3%。[1] 据商务部统计数据显示，从季度数据来看，2020 年前两季度中国对外直接投资同比下降，降幅分别为-2.84% 和-5.68%，第三季度实现了同比 54.71% 的正增长，第四季度对外投资同比下降 35.4%，到 2021 年第一季度再次恢复到 23.8% 的正增长。[2]

---

[1] 商务部、国家统计局、国家外汇管理局：《2020 年度中国对外直接投资统计公报》，中国商务出版社，2021。

[2] 商务部网站，http://www.mofcom.gov.cn/article/tongjiziliao/，访问日期：2022 年 2 月 11 日。

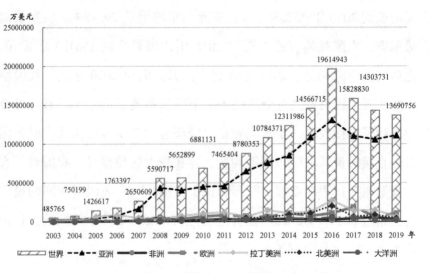

图 5-6 2003—2019 年中国对外直接投资区域分布

资料来源：作者整理。

二、北京跨国企业"走出去"取得长足进步

随着我国经济社会发展和改革开放的深入，我国经济开始深度融入到国际经济大循环当中，实行了以"大进大出、两头在外"为主要特征的外向型经济发展模式，抓住了经济全球化的有利时机，广泛利用了国际产业分工，我国经济也借此实现了快速发展。21世纪初我国制定了"走出去"战略，不断加强与世界经济的联系和往来，我国具有一定优势的企业开始"走出去"进行跨国投资。北京市作为中国的首都，在经济发展和生产技术方面具有明显的优势，在中国企业"走出去"的过程中，驻京央企和北京市属企业发挥了重要引领作用，对其他省市企业的跨国投资产生了一定的示范效应。北京市对外投资规模不断扩大，对外直接投资流量从2003年的3.01亿美元，增长到2016年的155.74亿美元，但2017年大幅下降

至 66.51 亿美元，之后到 2019 年反弹至 82.66 亿美元。北京市对外直接投资在全国的占比在 2003 年至 2006 年持续下降，从 2003 年的 10.53%下降到 2006 年的 0.32%，之后北京市在全国的占比不断回升，至 2015 年北京市占比上升到 8.43%，2016 年和 2017 年北京市占比又出现回落，2018 年及其之后又开始回升，2019 年北京市对外直接投资在全国的占比为 6.04%。北京市对外直接投资存量持续上升，从 2003 年的 4.48 亿美元增长到 2019 年的 736.89 亿美元。北京对外直接投资存量在全国中的占比在 2016 年之前呈波动中增长态势，北京市占比从 2003 年的 1.35%增长到 2016 年的 4.01%，之后北京市占比出现回落，2019 年北京市对外直接投资存量在全国中的占比为 3.35%。2019 年全年，北京市 394 家投资主体对全球 72 个国家（地区）的 449 家境外企业进行直接投资，投资规模为 82.66 亿美元。受新冠肺炎疫情全球大流行的影响，北京市对外直接投资规模大幅下降，2020 年北京市 394 家投资主体对全球 70 个国家（地区）的 487 家境外企业进行直接投资，2020 年新增直接投资 42.35 亿美元。

表 5-2　北京市对外直接投资

单位：亿美元

年　份	对外直接投资流量			对外直接投资存量		
	北京	中国	北京占比	北京	中国	北京占比
2003	3.01	28.55	10.53%	4.48	332.22	1.35%
2004	1.57	54.98	2.86%	7.01	447.77	1.57%
2005	1.13	122.61	0.92%	9.29	572.06	1.63%
2006	0.56	176.34	0.32%	9.19	750.26	1.23%

续表

年 份	对外直接投资流量			对外直接投资存量		
	北京	中国	北京占比	北京	中国	北京占比
2007	1.53	265.06	0.58%	15.92	1179.11	1.35%
2008	4.73	559.10	0.85%	25.10	1839.70	1.36%
2009	4.52	565.30	0.80%	37.59	2457.50	1.53%
2010	7.66	688.10	1.11%	48.09	3172.10	1.52%
2011	11.75	746.54	1.57%	60.34	4247.81	1.42%
2012	16.89	878.04	1.92%	75.78	5319.41	1.43%
2013	41.30	1078.44	3.83%	127.65	6604.78	1.93%
2014	72.74	1231.20	5.91%	284.89	8826.42	3.23%
2015	122.80	1456.67	8.43%	387.99	10978.65	3.53%
2016	155.74	1961.49	7.94%	543.81	13573.91	4.01%
2017	66.51	1582.88	4.20%	648.44	18090.37	3.58%
2018	64.70	1430.37	4.52%	699.53	19822.66	3.53%
2019	82.66	1369.08	6.04%	736.89	21988.81	3.35%

数据来源：北京市商务局、中国对外直接投资统计公报。

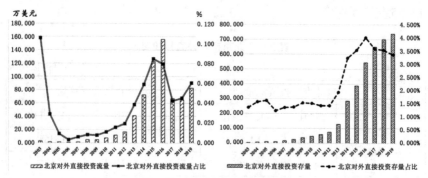

图 5-7　北京市对外直接投资

数据来源：北京市商务局、中国对外直接投资统计公报。

三、北京跨国企业对外投资在全国占据优势地位

中央企业是国家利益的重要代表，在对外投资过程中往往还肩负着战略投资的重要使命，在相当长的一段历史时期内，中央企业发挥着对外投资主力军的重要作用。北京作为首都是中央企业总部最为集中的地方，根据国资委和财政部发布的2021年中央企业名单（详见表5-3），我国共有96家实体类中央企业和27家金融类中央企业，其中，在京央企共计97家（实体类央企73家，金融类央企24家），驻京央企数量占到全部央企数量的78.86%。与地方企业相比，在京央企的经济和金融实力较为雄厚，生产技术和研发能力较为卓越，开展对外投资和海外经营的时间相对较长，对外直接投资的经验也较为丰富，应对海外投资复杂局面的能力较强，在京央企政治关联的风险较少，一直是开展我国对外直接投资的排头兵和引领者。2019年全部中央企业对外直接投资金额达272.14亿美元，占到中国全部对外直接投资金额的19.88%。

表 5-3 中国央企驻地分布统计表

央企总部驻地	企业数量	百分比
北京	97	79.51%
上海	5	4.10%
广东	5	4.10%
中国香港	3	2.46%
河北	2	1.64%
湖北	2	1.64%

续表

央企总部驻地	企业数量	百分比
辽宁	2	1.64%
黑龙江	2	1.64%
中国澳门	1	0.82%
吉林	1	0.82%
四川	1	0.82%
陕西	1	0.82%

注：中国央企共 122 家，其中金融类央企 26 家，非金融类央企 96 家。

资料来源：根据国务院国有资产监督管理委员会和财政部网站资料整理。

北京市作为新中国的首都，是中国的政治中心、经济中心、文化中心、国际交往中心和科技创新中心，而且还在国际交往中发挥着重要的"外交角色"，这为北京企业"走出去"创造了各种有利条件。北京市产业发展特点鲜明突出，北京市的金融业发达，位于全国先进水平行列，是全国重要的金融业管理中心，在企业"走出去"过程中提供了大量的金融支持。北京市高校和科研院所云集，是全国重要的科技创新中心，北京高新技术产业发展势头良好，使"走出去"的北京企业更具技术优势。北京市的总部经济发达，有效促进了产业、就业、税收和消费的协调发展。北京还是中国乃至亚洲的重要交通枢纽，拥有国内、国际物流集中的优势，这些都为北京企业"走出去"创造了良好条件，奠定了坚实的经济基础。北京市对外直接投资在全国各省市自治区中的排名（除个别年份外）一直名列前茅（详见图 5-8）。2014 年和 2015 年均排名第二，仅逊于上海市。2016 年北京市位列全国第四，上海市、广东省和天津市分别位列前三位。2017—2019 年北京市均排名全国第五位。

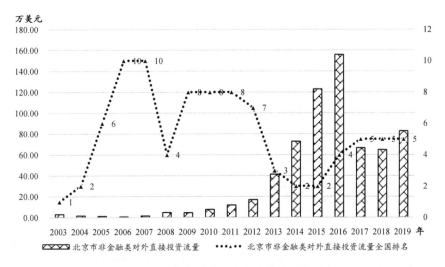

图 5-8　北京市对外投资在全国各省市排名

资料来源：作者整理。

四、北京企业对外投资的国别分布更趋多元化

近年来，北京企业对外投资分布更加趋于多元化，从国别投资项目数量来看，2014 年至 2020 年间累计投资超过 10 个（含 10 个）项目的国家有 37 个，统计各投资东道国的洲际分布，其中有 15 个国家位于亚洲、13 个国家位于欧洲、4 个国家位于非洲、2 个国家位于北美洲、2 个国家位于拉丁美洲和 1 个国家位于大洋洲。北京企业对外投资占据优势的国家既包括法国、德国、澳大利亚、英国、美国和韩国等经济发达国家，也包括几内亚、越南、马来西亚、印尼和巴西等发展中国家。北京企业投资数量排在前 10 位的国家分别为法国、德国、几内亚、澳大利亚、英国、越南、马来西亚、印尼、美国和韩国，其中包括 4 个亚洲国家、3 个欧洲国家、1 个美洲国家、1 个非洲国家和 1 个大洋洲国家。2021 年 9 月非洲几内亚发生

了军事政变，可能会对北京企业在几内亚的跨国投资产生不利影响。

表 5-4　2014—2020 年北京市对外投资项目主要国家分布

单位：个

所在国家	洲际	2014	2015	2016	2017	2018	2019	2020	2014—2020 合计	位次
法国	欧洲	0	1	1	1	56	53	17	129	1
德国	欧洲	0	2	0	16	5	18	32	73	2
几内亚	非洲	0	0	8	6	0	4	38	56	3
澳大利亚	大洋洲	6	4	0	3	0	22	20	55	4
英国	欧洲	0	0	0	0	12	21	16	49	5
越南	亚洲	1	27	1	0	0	1	9	39	6
马来西亚	亚洲	12	15	0	0	0	3	3	33	7
印尼	亚洲	2	7	2	0	2	10	9	32	8
美国	北美洲	0	3	0	0	0	9	17	29	9
韩国	亚洲	1	9	2	0	0	5	11	28	10
巴西	拉丁美洲	0	1	1	0	0	13	10	25	11
加拿大	北美洲	0	0	0	0	1	6	17	24	12
孟加拉国	亚洲	0	0	6	0	0	6	12	24	13
意大利	欧洲	0	0	0	0	0	3	21	24	14
古巴	拉丁美洲	24	0	0	0	0	0	0	24	15
印度	亚洲	0	1	4	4	0	4	10	23	16
保加利亚	欧洲	0	20	0	1	0	0	1	22	17
乌克兰	欧洲	1	1	0	16	0	2	1	21	18
波兰	欧洲	1	1	0	2	0	13	3	20	19
新加坡	亚洲	1	0	0	0	0	10	9	20	20
乌兹别克斯坦	亚洲	0	5	2	0	0	6	7	20	21

续表

所在国家	洲际	2014	2015	2016	2017	2018	2019	2020	2014—2020 合计	位次
加纳	非洲	4	2	5	5	1	2	0	19	22
斯里兰卡	亚洲	0	0	0	13	0	1	4	18	23
以色列	亚洲	0	6	1	0	0	2	7	16	24
俄罗斯	欧洲	2	7	0	0	0	3	3	15	25
巴基斯坦	亚洲	0	0	2	2	0	5	5	14	26
荷兰	欧洲	4	5	1	1	0	3	0	14	27
尼泊尔	亚洲	0	0	2	0	0	1	10	13	28
肯尼亚	非洲	0	3	3	0	0	1	6	13	29
白俄罗斯	欧洲	0	10	0	0	0	0	3	13	30
西班牙	欧洲	1	0	0	1	0	7	3	12	31
莫桑比克	非洲	0	0	0	0	0	5	6	11	32
阿联酋	亚洲	2	0	1	2	0	5	1	11	33
瑞典	欧洲	0	0	0	0	0	3	8	11	34
日本	亚洲	0	0	0	1	1	1	8	11	35
土耳其	亚洲	0	0	0	0	1	2	7	10	36
拉脱维亚	欧洲	5	4	1	0	0	0	0	10	37

注：表中为2014—2020年北京企业跨国投资超过10个（含10个）的国家。

数据来源：根据北京市商务局网站资料整理。

第四节　新冠肺炎疫情对北京市跨国投资的不利影响

新冠肺炎疫情的暴发和全球大流行，对世界各国经济造成了严重冲击，严重影响着世界各国人民的身体健康和社会秩序的正常运行，[①] 为有效防控新冠肺炎疫情的传播，世界各国纷纷推出了各自的新冠肺炎疫情防控措施，这些防控措施有效降低了新冠肺炎疫情的传播速度，但是也给跨国投资和国际贸易造成了不利影响，使各国经济运行难以步入正轨，严重限制了国际人员流动，大大迟滞了跨国投资项目的执行，[②] 欧美等国更是将"新冠肺炎病毒溯源"政治化，对北京市跨国投资造成了不利影响，北京市对外直接投资受其影响出现了大幅下降，2020 年北京市对外直接投资额仅为 42.35 亿美元，下降幅度高达 48.77%。

一、新冠肺炎疫情防控严重限制国际人员自由流动

随着新冠肺炎疫情暴发和之后的全球大流行，新冠肺炎病毒感染人数和死亡人数快速攀升，为保证本国人民的身体健康和社会正常运行，减少新冠肺炎疫情的不利影响，世界各国纷纷推出了各自的新冠肺炎疫情防控措施。据中国贸促网统计，截至 2021 年 5 月 31 日，共有 198 个国家（地区）因疫情影响采取相关限制人员流动的措施，主要包括保持社交距离、关闭公共场所、限制外国人入境、停工停产、停学停课、居家隔离、禁航禁运管制、"封城"和"封国"等。这些防控措施无疑对缓解新冠肺炎疫情扩散传播起到了很好的作用，但同时也给国际商务出行造成了诸多不便，跨国投资过

---

① 陈本昌、崔日明：《"人类命运共同体"视角下新冠肺炎疫情对世界经济的影响及应对分析》，《区域与全球发展》2020 年第 6 期，第 5—55 页、第 155 页。

② 葛顺奇、陈江滢：《中国企业对外直接投资面对疫情危机新挑战》，《国际经济合作》2020 年第 4 期，第 21—36 页。

程中所需要的尽职调查、人员出行、目标公司价值确定①、谈判磋商、合同签署、复工复产、材料供应等各环节均受到新冠肺炎疫情带来的种种阻碍。尽管其中的部分活动可以采用电子化办公来实现，但大多数还是需要通过国际人员流动才能实现。受国际流动人员境内隔离以及出入境管制的疫情防控措施影响，跨国投资企业的经营管理活动和投资项目实施均受到了很大制约，严峻的新冠肺炎疫情防控形势大大增加了跨国投资的不确定性，严重迟滞了跨国投资活动的顺利进行，海外投资风险明显增大。

世界各国采取的新冠肺炎疫情管控措施抑制或延迟了跨国投资活动的开展，并大幅降低了世界各国的跨国投资效率。经济衰退的预期促使跨国公司重新评估新项目，跨国公司的预期投资收益大幅下降（中国出口信保，2020），严重冲击着跨国投资企业的营业收入。不少企业资金链面临断裂风险，大大影响了各国投资者的信心，② 对跨国投资产生了严重的不利影响，进而严重影响了全球跨境投资规模。③ 据世界旅游组织统计，世界各国为有效防控疫情实施了广泛的旅游限制，2020 年跨国旅游需求大幅下降，国际旅游业在 2020 年遭受了有记录以来最大的危机，国际游客同比减少了 10 亿人次，降幅高达 74%，国际旅游收入估计损失高达 1.3 万亿美元，是 2009 年全球经济危机期间损失的 11 倍多。据《世界投资报告2021》统计，受新冠肺炎疫情的影响，全球外商直接投资（FDI）大幅下降，从 2019 年的 1.5 万亿美元下降至 1 万亿美元，下降幅度

---

① 陈巍：《"新冠肺炎"疫情对跨境并购的影响》，德恒律师事务所网站，http://www.dhl.com.cn/CN/tansuocontent/0008/017792/7.aspx?MID=0902，访问日期：2022 年 2 月 11 日。

② 毕马威：《新冠疫情如何影响世界经济》，《毕马威研究报告》2020 年 3 月。

③ 中国出口信用保险公司：《疫情对全球跨境投资影响分析》2020 年 3 月。

高达 35%，这是自 2005 年以来的最低水平，比 2009 年世界金融危机后的谷底还低了近 20%。

二、新冠肺炎疫情对东道国经济造成了严重冲击

新冠肺炎疫情暴发的初期阶段，中国产出的大幅收缩对世界经济产生了负面影响及连锁反应，全球产业链和供应链受到了严重冲击，全球经济增长的不确定性不断上升。[①] 新冠肺炎疫情全球大流行导致的经济停摆（shutdown），世界各国社会经济难以恢复正常状态，将使得市场产量短期内比正常水平低 25%—28%，停产将造成高达 7 万亿美元的损失，[②] 全球产业链的供给端和需求端双双承压。受新冠肺炎疫情的影响和冲击，2020 年世界经济出现了萧条，全球 GDP 增长率为 -3.27%，二十国集团（G20）当中只有中国和土耳其实现了 GDP 正增长，其中，中国 GDP 增长率为 2.27%，土耳其 GDP 增长率为 1.79%；G7 国家均出现了较高程度的负增长，其中，美国（-8.23%）、英国（-6.96%）、德国（-5.4%）、法国（-3.06%）、日本（-4.83%）、意大利（-8.87%）和加拿大（-5.40%）。由于全球感染人数仍在不断上升，疫情的后续影响和经济恢复时间不确定性急剧上升，投资者信心严重受挫。

新冠肺炎疫情全球大流行导致了全球经济出现萧条，全球国际直接投资面临严重的总需求冲击。据《世界投资报告 2021》统计数

---

① 劳伦斯·布恩：《如何应对新冠肺炎疫情对全球经济的影响》，《中国经济报告》2020 年第 2 期，第 138—144 页。

② Casey B. Mulligan, "Economic Activity and the Value of Medical Innovation during a Pandemic," NBER Working Paper No. 27060, 2020 (4).

据显示，2020年全球外国直接投资大幅下降35%至1万亿美元，其中流入发达国家的FDI下降了58%至3120亿美元，流入发展中经济体的FDI下降幅度较小，减少了8%至6630亿美元。由于中国成功应对了新冠肺炎疫情带来的严重冲击，以及受区域全面经济伙伴关系协定（RCEP）和中欧投资协定等利好因素影响，据《中国对外直接投资统计公报2020》数据显示，2020年流入中国的FDI流量逆势上扬实现12.31%增长，达到了1537.1亿美元，中国超越美国成为第一大外资吸收国。但中国的许多对外直接投资目的国仍深受新冠肺炎疫情的肆虐，疫情带来的东道国市场动荡将对中国跨国投资产生非常不利的影响，如阻碍了工程建设的正常运营，大幅提高了企业的运营成本，甚至进一步影响到中国跨国投资企业的全球产业链布局，中国跨国投资企业面临的投资风险和不确定性大大增加。

三、新冠病毒溯源政治化给我国带来了不利影响

新冠肺炎疫情暴发后，党中央和中国政府高度重视疫情防控工作，中国人民团结一致、众志成城进行疫情防控，取得了疫情阻击战的阶段性胜利。但欧美各国在疫情暴发初期对新冠肺炎疫情的重视程度不够，没有抓住中国付出巨大代价奋力创造的两个月宝贵防疫"窗口期"。而当疫情开始在欧美各国快速蔓延时，欧美各国犹疑踟蹰了相当长一段时间，尽管采取了一些疫情防控措施，但没有起到非常理想的疫情防控效果。为了转移视线推脱其国内抗击疫情不力的责任，一些欧美政客不断采取"甩锅"策略，把自己疫情抗击不力的责任归咎于中国，在没有任何证据的情况下，突破底线地

对我国进行污名化，通过抹黑中国来掩盖其自身疫情应对上的"失败"，并联合多个国家妄图对我国进行天价索赔，掀起了一波反华闹剧浪潮。2021 年 3 月 30 日，世界卫生组织在瑞士日内瓦发布了《中国—世界卫生组织新冠病毒溯源联合研究报告》，报告认为新冠病毒"极不可能"通过实验室传人，"比较可能至非常可能"经由中间宿主引入人类，从而科学严谨地排除了"病毒是由实验室泄露"的不实言论。

但美国对世界卫生组织发布的报告"视而不见"，美国拜登政府更是自导自演，要求美国情报机构在 90 天内调查新冠病毒起源，但病毒溯源是一项极其严肃的科学问题，必须以科学为依据，要由科学家和医学专家的研究成果作为证据，美国却将其交由美国情报组织来负责，简直是将科学问题视同儿戏。2021 年 8 月 27 日，美国国家情报总监办公室公布了"溯源报告"的非机密评估摘要，报告对于新冠病毒来源并没有得出明确结论。美国在世卫组织报告发布两个月之后重新大肆炒作病毒溯源问题，将病毒溯源的科学问题政治化，这将严重破坏全球合作抗疫大局，进而损害全人类的共同利益，对于这种企图"甩锅"中国的国际谬论我们必须进行坚决回击。欧美国家将疫情溯源问题政治化的操弄，无疑将使我国跨国投资面临更多的麻烦和障碍，一些国家和地区可能会出于对疫情防控的考虑，通过采取某些隐性手段如检验检疫、停业整顿、限制中国企业参与某些特殊项目等来干预中国投资项目的正常运营和实施，此外疫情蔓延还可能成为某些国家借机实施贸易保护和构建投资壁垒的借口。我国更需要未雨绸缪，妥善应对新冠肺炎病毒溯源政治化的不利影响。

第五节　新时期北京跨国企业
"走出去"面临的风险和挑战

随着世界政治经济形势的变化和新冠肺炎疫情全球大流行的严重冲击，世界正面临百年未有之大变局。中美贸易战的后续影响仍将持续相当长一段时间，世界经济增长乏力，全球经济陷入了持续的"结构性低迷"，"逆全球化"思潮不断兴起，投资保护主义开始抬头，世界各国不断加强对外国直接投资的审查力度，全球产业链、价值链和供应链加快调整重构，[①] 这些都给北京市对外直接投资带来风险和挑战。与欧美跨国企业相比，北京跨国投资企业的国际竞争力仍然偏弱，掌握的核心技术偏少，仍有不少关键核心技术被西方企业"卡脖子"，我国企业的对外投资经验严重不足，后发劣势明显，而且我国在对外投资相关制度安排方面仍很不健全，不适应我国大规模对外投资的现状。进入新时期，北京跨国投资企业仍面临诸如地缘政治风险、东道国宏观经济风险、文化差异的影响和大国博弈的冲击等一系列系统风险，我国必须采取强有力的措施加以妥善应对，以有效维护我国企业的合法权益，促进中国对外直接投资的高质量发展。

---

① 苏庆义：《疫情对全球供应链影响几何》，《中国外汇》2020 年第 5 期。

一、百年未有之大变局对北京市跨国投资的影响

当前，世界正面临百年未有之大变局，全球政治经济不断调整，新冠肺炎疫情严重冲击世界经济，全球经济增长乏力，"逆全球化"思潮不断兴起，投资保护主义开始抬头，各国不断加强对外国直接投资的审查力度，中美贸易战的后续影响仍在持续，全球产业链加速调整和重构，使北京企业的海外投资活动面临一系列的冲击和挑战。

（一）"逆全球化"思潮带来的冲击

自 2008 年世界金融危机爆发以来，世界经济增长乏力，全球经济陷入了持续的"结构性低迷"，[1] 再叠加上新冠肺炎疫情全球大流行的严重冲击，世界经济承受着巨大压力，西方国家和部分发展中国家出现了明显的"逆全球化"倾向。"逆全球化"是与以资本、生产和市场在全球层面加速一体化的全球化背道而驰的，是指重新赋权给地方和国家层面。[2] "逆全球化"具体表现为政治保守主义、经济保护主义、外交孤立主义和社会民粹主义。[3] 近年来，贸易保护主义不断升级，全球经济下行风险和不确定性不断上升，世界主要大国开始回归国家主义立场，世界主义理念不断趋弱，参与国际

---

① 朱民：《世界经济：结构性持续低迷》，《国际经济评论》2017 年第 1 期，第 1—14 页。

② See Walden Bello, *Deglobalization: Ideas for a New World Economy*, New Updated Edition, Dhaka: University Press Ltd., 2004.

③ 陈伟光、蔡伟宏：《逆全球化现象的政治经济学分析——基于"双向运动"理论的视角》，《国际观察》2017 年第 3 期，第 1—19 页。

发展合作的意愿不断消减,新贸易保护主义、欧洲难民潮、英国脱欧、美国单边主义是本轮"逆全球化"的主要体现形式。

作为全球第一大经济强国的美国在本轮"逆全球化"进程中扮演了重要角色。特朗普任职美国总统期间,采取了一系列"逆全球化"措施,不断退出各种国际组织和国际协议,如,退出了美国前总统奥巴马主导订立的国际条约——《跨太平洋伙伴关系协定》;退出了已参加的国际公约——《巴黎协定》;退出了已参加的国际组织——联合国教科文组织,不断削弱世界贸易组织争端解决机制——阻碍世界贸易组织上诉机构成员("法官")的任命,挑起了与中国的"贸易战""经济战""科技战"和"金融战",不断发动单边主义经济制裁,企图建立起一套符合美国自身利益的"全球化",以求做到"美国优先",不断将国内法凌驾于国际法之上,胁迫盟友重新谈判建立符合自身利益的新双边协定或新区域协定,希望借此来塑造符合美国自身利益的全球规则。[1]

(二) 世界各国不断加强对外国直接投资的审查力度

近年来,全球保护主义思潮不断抬头,一些国家出于国家安全考虑以及为迎合部分国内"民粹"势力的诉求,自 2017 年开始陆续启动了对外国直接投资的国家安全审查改革,不断加大对外国投资的安全审查范围和力度,[2] 特别关注对高新技术产业投资和具有

---

① 车丕照:《是"逆全球化"还是在重塑全球规则?》,《政法论丛》2019 年第 1 期,第 15—23 页。

② 赵爱玲:《海外投资审查制度收紧,中企如何应对?》,《中国外资》2020 年第 11 期,第 38—40 页。

外国政府背景投资的审查①（详见表 5-5）。新冠肺炎疫情暴发对世界各国的经济造成了严重冲击，日趋严峻的疫情防控形势更加催化了各国对跨国投资审查的收紧速度，② 各主要国家出于对疫情防控和社会经济安全考虑，以防止战略性资产和关键科学技术被外国收购为理由，纷纷收紧对外商直接投资的审查尺度，③ 外国直接投资安全审查开始呈现出审查领域更宽、触发门槛降低、更聚焦公共卫生领域、审查机制安排更加灵活的新特点。④ 不断趋紧的外商投资审查使得疫情肆虐下的全球外国直接投资前景更加黯淡，我国的对外直接投资面临更多的障碍和不确定性，驻京央企由于其政府背景因素在跨国投资过程中将会面临更多特殊"关照"。不难预见疫情之后我国对欧美发达国家的投资并购活动将更加困难，一些特定领域的投资将面临更为严苛的审查条件，我国先进生产技术获取将不得不更多依靠国内的自主创新。

表 5-5　新冠肺炎疫情暴发前后各国 FDI 审查政策变化

国家	时间	名称	主要内容
欧盟	2019.3	《欧盟外商直接投资审查条例》	对在欧盟的外商直接投资实行统一审查，加强对国家安全的限制

---

① 赵蓓文：《全球外资审查新趋势及其对中国的影响》，《世界经济研究》2020 年第 6 期，第 3—10 页、第 135 页。

② 沈伟、田弋滢：《〈欧盟外商直接投资审查条例〉出台的背景、规则和应对》，《海关与经贸研究》2019 年第 11 期，第 42—70 页。

③ 张菲：《多国收紧外资并购网》，《环球》2020 年第 14 期。

④ 商务部：《2020 年世界主要经济体外商投资政策变化与影响分析》，商务部网站，http://www.mofcom.gov.cn/article/i/jyjl/e/202012/20201203026765.shtml，访问日期：2021 年6 月 12 日。

国家	时间	名称	主要内容
日本	2019.5	《外汇及外国贸易法》修订案	针对外商投资的审查以 IT 和通信为重点，新增了 20 个限制行业
德国	2019.11	新产业战略管控法案	收紧对人工智能、机器人、半导体、生物科技和量子技术等领域外资的审查和管理
日本	2019.11	新版《外汇与外国贸易法》	提高外商投资门槛，将外资获取涉及国家安全领域企业股份的申报门槛从 10% 降低至 1%，增加受约束领域至四大类
美国	2020.1	《外国投资风险审查现代化法案》最终监管规则	扩大了美国外资投资委员会对外国投资的审查范围，尤其是扩大了对关键技术的审查范围
法国	2020.1	法国公布了两项新规定（一项法令和一项部令）	收紧法国外商投资审查力度，增加了外商投资审查制度适用的行业范围，将非欧盟企业投资涉及敏感行业的法国公司的申报门槛从 33% 降低至 25%
澳大利亚	2020.3	对外国投资审查框架的临时政策变更	自 2020 年 3 月 29 日起，所有对澳投资均需获得外国投资审查委员会（FIRB）审批，将外资收购审查门槛从 12 亿澳元（约合 7.35 亿美元）降低至 0，将审查期限从 30 天延长至 6 个月
欧盟	2020.3	《有关外商直接投资和资本自由流动、保护欧盟战略性资产收购指南》	加强外商投资的安全审查，尤其是针对公共卫生、制药、医疗防护设备生产、医学研究、生物技术和基础设施领域的外商投资
意大利	2020.4	扩大"黄金权力法"干预范围	大幅扩大"黄金权力法"的干预范围至食品、金融、保险和医疗领域，并将欧盟内部的收购行为也纳入该法管辖

国家	时间	名称	主要内容
德国	2020.4	修订《对外贸易和支付法》	收紧对外商投资的安全审查,限制非欧盟或欧洲自由贸易联盟实体对德国公司的收购,将强制备案义务的投资范围从"关键基础设施"扩大到"关键技术"
德国	2020.4	《对外经济条例》修正案	将与抗疫相关的企业并购纳入到与安全相关公司并购审查范围,非欧盟企业收购公司必须向德国联邦经济部报告,并适用超过 10%的股权收购需要进行安全审查的规定
加拿大	2020.4	关于外资审查和 COVID-19 政策声明	特别审查与加拿大公共卫生相关或涉及向加拿大提供关键商品与服务的任何外国直接投资
美国	2020.4	美国财政部发布一项暂行规定	为根据美国外资投资委员会从事受辖教育的当事方设立一项申报费用,适用于外国企业和企业在美国进行某些投资申报和外国企业和个人涉及投资美国房地产进行的申报
印度	2020.4	对《统合外商直接投资政策》进行修订的新闻通告	限制如果投资实体属于与印度接壤的国家,或者实际控制人位于或者系该国公民,则此实体只能在政府路径下投资。阻止驻华实体间接收购投资。投资所有权的改变必须由联合政府批准
波兰	2020.4	政府出台新的投资审查规定	要求向竞争和消费者保护办公室通报非欧盟投资者计划收购某些国内公司的任何情况。重点行业包括能源、医药、食品、运输、物流、数据处理和电信
法国	2020.5	经济和财政部发布新规	确定生物技术应列入政府接受外国投资筛选的技术清单

续表

国家	时间	名称	主要内容
日本	2020.5	《外汇和对外贸易法》修正案	收紧外商投资持股比例,限制外资流入518家重点企业
英国	2020.6	《企业法2002》修订	限制外资收购从事抗击疫情的英国企业
西班牙	2020.3	《关于处理COVID-19经济社会影响的紧急特别措施的第8/2020号皇家法令》	收紧对外商投资的审查,针对重要基建、关键技术、两用物资、基础供给和能源、敏感信息行业、通信媒体的投资必须取得政府批准
美国	2020.9	《2018年外国投资风险审查现代化法案》修正案	美国外资投资委员会发布了关于关键技术企业强制申报要求的最终规则
德国	2020.10	《对外经济条例》修正案	落实《欧盟外商直接投资审查条例》,将着重审查的并购企业范围扩大到高技术和未来技术行业领域
英国	2020.11	《国家安全和投资法案》	赋予政府调查和干预可能威胁英国国家安全的潜在敌对外国直接投资的权力,涉及17个敏感行业
德国	2021.4	《对外经济条例》修正案	再次收紧了对外国直接投资的控制制度,特别针对人工智能、机器人、半导体、网络安全等"关键技术",需要强制性的外国直接投资通知

资料来源:作者根据互联网资料和各国政府公开文件整理。

(三)中美贸易战的后续影响仍将持续

近年来,世界政治经济形势发生了巨大变化,保护主义、单边主义、民粹主义不断抬头,世界经济呈现了"逆全球化"趋势。[①]

[①] 邵燕敏、杨晓光:《贸易战背景下我国对外直接投资的态势分析》,《科技促进发展》2018年第11期,第1072—1080页。

美国特朗普政府上台以后，采取了一系列针对中国的遏制政策，军事上在敏感地区不断挑衅中国主权，经济上则对中国发起了"贸易战""科技战""金融战"和"法律战"，不断打压中国的高科技企业，给中国高科技人员赴美开展正常学术交流设置重重障碍，总戴着"有色眼镜"观察中国对美国的正常商业投资，长期阻碍中国企业并购美国的信息和互联网等高科技企业。而且特朗普政府明确表示要"限制中国企业对美投资"，从而致使中美经贸关系不断倒退，使中国对美投资大幅度下降，大大制约了中国企业对美先进技术的"获取"能力。

美国拜登政府上台以来，仍延续了特朗普政府的贸易战政策，对我国产品的关税并没有取消，中国赴美投资仍然受到很大影响和制约。不仅如此，拜登政府还不断联合各个盟友，联合打压中国企业正常的对外直接投资，尤其是对高科技行业和敏感行业的直接投资，使中国跨国投资企业的逆向技术溢出"获取"变得更加困难，中国生产技术水平的提升将不得不更多依靠我国企业的自主科技创新。中美贸易战表面看起来是贸易逆差问题，但实际上是市场和投资开放问题。一方面美国不断对我国进行技术封锁，不断限制我国获取先进技术和高科技产品；另外一方面却不断要求我国开放市场，要求给予美国投资者公平和非歧视的市场准入，① 完全体现美国的双重标准做派。受中美贸易战的影响，一些国家开始充当美国的"马前卒"，不断给我国的对外投资制造麻烦，还有一些国家开始持观望态度，对我国直接投资产生了一些疑虑，这些都给我国对

---

① 张菲、安宁：《贸易战背景下中美直接投资趋势与对策研究》，《国际经济合作》2018 年第 5 期，第 12—17 页。

外直接投资造成了不小的影响。

（四）全球产业链重构带来的不确定性风险上升

随着经济全球化的发展，原来以美国为中心的全球经济格局逐渐发展成为了"三足鼎立"局面，[①] 形成了以美国为中心的美洲产业链、以德国为中心的欧洲产业链和以中国为中心的亚洲产业链，并逐渐发展成为各自产业链"闭环"。[②] 中国是目前世界上唯一拥有联合国产业分类当中全部工业门类的国家，在全球500多种主要工业产品中，中国有220多种工业产品的产量位居全球第一。新冠肺炎疫情暴发已经对全球价值链和产业链造成了严重负面冲击，暴露了复杂产业链应对外部冲击的脆弱性，更多国家开始关注国家产业安全问题，这可能会诱发跨国公司全球投资布局调整，全球产业链面临重置的风险，对中国跨国投资的全球布局也会产生深远影响。

进入新时期，世界主要国家可能更加重视调整关系国家公共安全的产业链，加速全球产业分工格局的调整与重构，同时疫情也给跨国公司全球生产再布局提供了机会。跨国公司价值链重构过程中，除了考虑资源配置效率外，将更加看重产业链的稳定性、安全性和韧性，倾向于将产业链重新布局在国内或地理位置较近的经济区域内，全球产业链条长度可能会缩短，全球生产的区域化特征将更加明显。新冠肺炎疫情引发了"逆全球化"和"脱钩论"思潮，美国等更加鼓噪与中国"经济脱钩"，重构国际经济格局，构建新

---

① 搜狐网，《鞠建东：全球经济格局三足鼎立　建立"亚洲共同体"》，https://www.sohu.com/a/227865287_550313，访问日期：2018年4月11日。

② 邵宇、陈达飞、李志骞：《新冠疫情对全球价值链的冲击：三足鼎立格局与中国的位置》，《财经》2020年第2期。

的全球供应链，但中国在全球产业链中的地位非常重要，中国的疫情阻击战已经取得了阶段性胜利，中国"世界工厂"生产的产品对于全球抗击疫情至关重要，但是对"逆全球化""脱钩论"和"去中国化"等思潮必须保持足够警惕。

二、北京跨国企业的国际竞争力仍然不强

与欧美发达国家相比，我国属于跨国投资的后起之秀，北京跨国企业的国际竞争力仍然不强，我国企业的跨国投资经验严重缺乏，处理复杂投资局面的能力不足，我国企业在技术方面没有绝对优势，还有不少被"卡脖子"的关键核心技术没有掌握，我国对外直接投资的法律法规还不健全，相关配套制度安排还不完善，这也制约了北京企业跨国投资活动的顺利开展。

（一）北京跨国企业的海外投资经验不足

与欧美跨国投资企业相比，我国企业面临的国际政治经济形势更为严峻。我国自 1979 年 8 月提出"允许出国办企业"开始算起，距今也就四十来年的历史，我国企业开始大规模"走出去"更是在 2001 年加入世界贸易组织之后，我国企业的跨国投资经验相对不足。面对纷繁复杂的国际政治经济形势，我国海外投资企业面临复杂局面的应对能力相对不足，一旦处理不当将给我国企业带来非常不利的影响。我国企业在面对日益严格的环保标准、劳工标准和社会责任担当等方面问题时，由于经验不足或应对不力，从而致使若

干投资项目搁置乃至被取消，使我国企业蒙受了严重的经济损失，[①]而且还进一步严重影响了我国海外投资企业的形象，使得后续企业投资也将面临更多障碍。

（二）"卡脖子"核心技术困扰北京企业跨国投资

随着我国经济社会的发展，我国企业的生产技术水平得到了快速提升，企业科技研发投入不断增长，论文发表数量已经位居全球首位，专利申请数量也已经名列前茅。但与发达国家相比我国仍存在不少的短板，尤其是在一些关键产业上，还存在着大量"卡脖子"的核心技术瓶颈，如汽车产业的发动机总成开发技术、机床产业的数控系统、微电子产业的芯片系统、高端制造材料、工业设计软件等，无不受到欧美企业的严格限制和打压。2020年9月16日，中国科学院院长白春礼在新闻发布会上，总结了中国科学院"率先行动"计划第一阶段实施进展有关情况，并强调在第二个阶段目标当中，将"卡脖子"的问题和国外出口管制的清单转化为自己的任务清单，将用最短的时间突破光刻机、轴承钢、航空轮胎等关键性技术。[②]北京跨国投资企业由于存在核心技术"卡脖子"的问题，与东道国相比也没有非常明显的核心技术优势，因此在进行跨国投资过程中将面临各种障碍和掣肘。

[①]　王碧珺：《中国对外直接投资新环境、新阶段与防风险问题研究》，中国社会科学出版社，2020。

[②]　中华人民共和国中央人民政府网站，国务院新闻办就中国科学院"率先行动"计划第一阶段实施进展有关情况举行新闻发布会，http://www.gov.cn/xinwen/2020-09/16/content_5543820.htm，访问日期：2020年9月16日。

表 5-6　部分"卡脖子"技术清单

序号	名称	序号	名称	序号	名称
1	光刻机	13	核心工业软件	25	微球
2	芯片	14	ITO 靶材	26	水下连接器
3	操作系统	15	核心算法	27	燃料电池关键材料
4	航空发动机短舱	16	航空钢材	28	高端焊接电源
5	触觉传感器	17	铣刀	29	锂电池隔膜
6	真空蒸镀机	18	高端轴承钢	30	医学影像设备元器件
7	手机射频器件	19	高压柱塞泵	31	超精密抛光工艺
8	iCLIP 技术	20	航空设计软件	32	环氧树脂
9	重型燃气轮机	21	光刻胶	33	高强度不锈钢
10	激光雷达	22	高压共轨系统	34	数据库管理系统
11	适航标准	23	透射式电镜	35	扫描电镜
12	高端电容电阻	24	掘进机主轴承		

数据来源：国务院新闻办就中国科学院"率先行动"计划第一阶段实施进展有关情况举行新闻发布会、科技日报、数据宝、2045 加速器微信公众号。

（三）中国对外直接投资相关制度安排仍不健全

自 21 世纪初我国提出"走出去"战略，为保证中国企业顺利进行海外投资，中央政府和北京市政府相继出台建立了一系列对外投资制度安排，对我国企业顺利出海起到了一定的促进作用，但与欧美发达国家相比，我国的对外投资制度安排还很不健全，到目前为止仍没有一部对外投资法律，我国企业海外投资面临的风险相对较大。2013 年"一带一路"倡议提出以后，我国对沿线国家的直接投资大幅攀升，与之相对应的是我国企业投资风险也在不断聚集，但我国对海外投资的应急预案却不完善，相关配套制度安排还没有建立起来，一旦发生不可预见的风险事件将使得我国海外投资企业蒙受重大损失。2019 年中国颁布了《中华人民共和国外商投资法》，有效促进了外商直接投资的发展，2020 年即便是新冠肺炎疫情在全球肆虐，我国吸收的外商直接投资也进展顺利，但我国对外投资方面还没有进行相应的立法，配套的制度安排也存在很多不足，这使我国企业的海外投资处于非常不利的地位。

三、新时期北京跨国企业面临的系统性风险

新冠肺炎疫情仍在肆虐全球，世界贸易和投资受到严重影响，步入新时期北京跨国企业在海外投资和海外经营过程中仍将面临一系列系统风险，如地缘政治风险、东道国宏观经济风险、大国博弈的冲击、文化差异带来的影响等，都会对北京企业对外直接投资产生深远影响。

（一）地缘政治风险对跨国投资造成严重影响

世界正面临百年未有之大变局，战争和地缘冲突持续不断，地缘政治风险使跨国投资面临严峻的风险和挑战。叙利亚内战已经进行了十年，至今仍在持续，短期内很难实现和平，美国从阿富汗撤军引起了严重混乱，非洲几内亚发生了军事政变……地缘政治风险是跨国投资面临的重要风险，一旦发生将给跨国企业带来灾难性损失，如 2011 年爆发的利比亚战争，在我国政府强力组织协调下，我国侨民得以安全撤出，但我国企业对利比亚的投资几乎血本无归。近年来，我国对非洲几内亚铁矿进行了大量投资，但 2021 年 9 月发生的几内亚军事政变也给我国投资带来很多风险和不确定性。地缘

冲突、战争和恐怖袭击对我们积极推进的"一带一路"建设造成了严重影响，使我国对"一带一路"共建国家的投资面临较为严重的地缘政治风险。

（二）宏观经济风险严重冲击跨国投资

跨国投资受多种因素制约，如果全球和东道国经济发生大幅波动，或者世界经济周期调整，都会对全球跨国投资活动造成严重影响。新冠肺炎疫情的暴发和全球大流行，使世界各国出现了大规模的经济衰退，全球贸易和投资大幅缩水，据《世界投资报告2021》数据显示，2020年全球外国直接投资仅为1万亿美元，与2019年的1.5万亿美元相比降幅高达35%，2021年仍保持疲软态势。由于人民币还没有实现完全可兑换，北京企业在海外投资过程中绝大部分还是美元投资，如果东道国外汇市场波动或管理政策发生改变，北京跨国企业将面临较为严峻的外汇风险。此外，若东道国政府或合作企业出现违约，跨国投资企业还将面临较为严重的信用风险，比如墨西哥高铁项目、乌克兰马达西奇收购、英国欣克立角核电项目，等等，我国企业因此蒙受了严重的经济损失。

（三）大国博弈带来的严重影响

海外项目投资是大国之间的重要博弈场所，为了获取经济利益或地缘政治的需要，各国在重要海外投资项目上往往存在激烈竞争，既有基于国际商务规则的明面竞争，同时还有很多上不了台面的幕后"暗战"，北京企业进行海外投资过程中必然面对大国博弈带来的严重影响。由于我国企业后发劣势明显，我国企业很多时候不得不进行"逆向选择",而且主要大国不断猜忌我国倡导的国际合作倡议,2013年习近平主席访问哈萨克斯坦和印度尼西亚时提出了"一带一路"倡议,得到了沿线国家的积极响应,我国对沿线国家的直接投资进展顺利,但遭到了以美国为首的部分欧美国家的疑忌,不断造谣抹黑我国对沿线国家的投资,诬称我国对沿线国家投资是"债务陷阱"和"新殖民主义",设置各种障碍阻挠相关倡议的顺利实施,给我国企业的海外经营造成了严重困扰。

(四)文化差异带来的冲击

据《2020年度中国对外直接投资统计公报》数据显示,截至2020年底,中国2.8万家境内投资者在国(境)外设立对外直接投资企业4.5万家,分布于全球的189个国家(地区)。我国与各东道国之间在语言、宗教、风俗习惯、文化等方面存在着非常显著的差异。不同文化和风俗习惯使得跨国投资企业的文化融合存在很多障碍,如果对相关文化差异问题重视不够,一旦对相关问题处理不慎将给海外投资造成严重冲击,我国不少跨国并购项目就是由于后续企业文化融合不得力而功败垂成。随着全球经济整体发展程度的不断提高,东道国对外商直接投资的相关要求也不断提高,除了要求外商投资遵守东道国的法律法规和社会文化习俗外,还对外商投资企业提出了更高的本土化要求。海外投资企业生产的产品要高度契合东道国的需求特征,海外企业生产经营活动要符合东道国的环境、文化、道德及宗教要求,还要高度重视要与当地社会融合的长期利益,不断增强为东道国当地社会服务及承担社会责任的意识。

第六节　新时期北京跨国企业
"走出去"面临的新机遇

"祸兮福所倚，福兮祸所伏"，机遇和风险总是相辅相成。新时期北京企业"走出去"面临一系列风险和挑战，面临更多不确定和不稳定性，同时，这也给北京企业带来一些新机遇。新时期，以互联网产业化、工业智能化、工业一体化为代表的新科技革命不断兴起，我国企业得以与欧美企业同台竞技而不落明显下风。此外全球价值链、产业链和供应链的全球调整使我国企业面临更为复杂的局面，与此同时也使我国企业获得了弯道超车的机遇，如果抓住了有利时机可以使我国企业得以进入以往难以进入的领域，获得更多的投资机会。

一、新科技革命给北京跨国投资企业带来的新机遇

新时期，北京企业的跨国投资活动面临着一系列风险和挑战，但机遇与风险经常相伴相生。以互联网产业化、工业智能化、工业一体化为代表的新科技革命不断兴起，人工智能、清洁能源、无人控制技术、量子信息技术、虚拟现实以及生物技术不断涌现并被广泛应用，世界迎来了第四次科技革命的浪潮。中国由于种种原因遗憾地错失了前三次科技革命的历史发展机遇，在第四次科技革命风起云涌之际，我国得以与世界各国在多个领域同台竞技不落明显下

风，并且我国已经在 5G 通信技术、核电技术、高速铁路等领域走在了世界的前列，新科技革命给北京跨国企业带来前所未有的历史性新机遇。

新冠肺炎疫情暴发后，居家办公成为了疫情防控的重要手段之一，在线教育和在线办公等数字经济发展迅速，有效推动了移动互联网、物联网和 AI 等新技术的快速发展和推广，并借助国内庞大市场的优势开始在世界取得一定领先。北京市作为中国的政治中心、文化中心和经济中心，高校林立、科研部门众多，是全国重要的科技创新中心，而且中央企业的总部绝大部分设在北京，这使得北京企业在跨国投资过程占据了一定技术优势。我们要抓住新科技革命的历史机遇，不断加大自主科技创新力度，联合攻关"卡脖子"的关键核心技术，为北京企业海外投资提供源源不断的技术支持。

二、全球产业链、供应链和价值链调整重构给北京企业带来新的机会

随着世界经济发展和国际分工的演进，为了有效配置资源、提高国际生产效率，传统的国际产业转移演变为产业链条和产品工序的分解与全球化配置，而且全球产业链条的冗长化、零碎化特征越发突出。近年来，全球产业链、供应链和价值链不断进行调整和重构，新冠肺炎疫情的暴发和全球大流行更加速了全球产业链的调整步伐，不少国家开始调整以效率优先为目标的全球化策略，开始更加注重产业链、供应链和价值链的安全与风险，在效率和安全之间进行抉择，全球产业链开始出现区域化、近岸化、链群化和备份化

的特征。①

进入新时期，全球产业链调整和重构仍将持续相当长一段时间。全球产业链调整将使我国企业面临更多不确定性，我国企业面临的风险和挑战将更加凸显，但与此同时，全球产业链调整也给我跨国企业带来了新的投资机会。我国企业将有机会进入原来被欧美企业垄断的领域和产业，在一定程度上突破欧美跨国企业设置的国际投资壁垒，增加我国企业对相关领域的投资机会。我跨国投资企业要抓住全球产业链调整时机，于危机中育先机、于变局中开新局，推动我国对外直接投资的健康、持续、高质量发展，提升我国企业在全球价值链中的地位和水平，增进我国与东道国人民的共同福祉。

第七节　北京跨国企业"走出去"
应该采取的应对策略

面对新冠肺炎疫情造成的严重冲击，北京跨国投资企业要高度重视所面临的机遇和风险，采取切实可行的有利举措，积极应对所面临的风险和挑战。我们要继续做好新冠肺炎疫情防控工作，有效防范疫情大幅反弹，加强中国对外投资法律体系建设，积极应对海外投资安全审查，增强对外投资的风险意识，不断提升企业抗风险能力，进一步扩大中国对外开放，推进多双边合作机制建设，推动

---

① 黄先海：《全球产业链重构与双循环新发展格局构建》，黄先海在第四届中国经济学家高端论坛作主旨报告。

北京跨国企业"走出去"稳步推进，实现中国对外直接投资高质量
发展。[①]

一、继续做好疫情防控，有效防范新冠肺炎疫情大幅反弹

新冠肺炎疫情是一次全球性公共卫生危机，是新中国成立以来
传播速度最快、感染范围最广、防控难度最大的一次重大突发公共
卫生事件，[②] 其冲击程度超过了人类历史上任何一次传染病，新冠
肺炎病毒是全人类共同的敌人，严重威胁着全人类的身体健康和生
命安全。目前中国疫情防控取得了良好的效果，但是国外的疫情防
控形势仍然非常严峻，尤其是广大发展中国家的卫生基础设施落
后，面临的疫情防控压力巨大。北京是国际性大都市，国内国际人
员流动频繁，更要加强对新冠肺炎疫情的防控工作，因此我们要时刻
保持警惕，坚决做好"外防输入，内防反弹"的防控策略。（1）做
好长期疫情防控准备，抛弃麻痹大意和侥幸心理。在依然严峻的国
外疫情防控形势下，要做好打疫情防控持久战的准备，时刻保持警
惕，努力做好"外防输入，内防反弹"疫情防控工作，保障人民的
生命安全和身体健康。（2）继续推进新冠疫苗的接种工作，筑牢新
冠肺炎疫情防线。在新冠病毒没有特效药的情况下，新冠疫苗接种

---

① 付韶军、丁从阳：《新冠肺炎疫情冲击下中国跨国投资面临的挑战和应对策略》，《河北金融》2021年第7期，第4—9页。
② 习近平：《习近平：在统筹推进新冠肺炎疫情防控和经济社会发展工作部署会议上的讲话》，新华网，http://www.xinhuanet.com/politics/leaders/2020-02/23/c_1125616016.htm，访问日期：2020年2月23日。

是防范病毒传播的重要有效手段，我们要加大宣传力度，持续推进新冠肺炎疫苗接种工作，建立起防范疫情传播的有效屏障。（3）加强与国际社会的疫情防控合作。在经济全球化的今天，每个国家都难以做到独善其身，我们要积极呼吁世界各国摒弃意识形态偏见，在"人类命运共同体"视角下努力加强与世界各国人民的疫情防控合作，为国际社会提供质量可靠的防疫物资和新冠疫苗，努力帮助广大发展中国家共同防范新冠肺炎疫情的影响和冲击，缓解新冠肺炎疫情对全球贸易和投资的不利影响。

二、加强对外投资相关法律体系建设，积极应对海外投资安全审查

随着新冠肺炎疫情的全球蔓延，全球保护主义不断抬头，欧美各国不断收紧对外国直接投资的安全审查，针对我国资本的审查将会越来越严苛，这使得我国对发达国家的投资将会面临更多障碍和挑战，我们对此要做好充分准备进行积极应对。（1）有效利用现有国际规则，积极应对国外安全审查。针对国外不断加码的海外投资安全审查，各相关企业要摒弃畏难情绪，有效利用现有的国际规则加以妥善应对。国家要加快培养熟悉国际规则的高端人才队伍，加强对相关企业海外投资指导和培训，各驻外使领馆要积极协助相关企业有效应对。（2）不断加强中国对外投资法律体系建设，适时进行中华人民共和国对外投资法立法。近年来，我国在《中华人民共和国外商投资法》的基础上，不断加快中国对外投资相关法律法规的立法建设。2021 年 6 月 10 日通过了《中华人民共和国反外国制

裁法》，这部法律是重要的法律工具箱，具有重要的威慑力，是反制裁、反干涉、反外国"长臂管辖"法律斗争的利器，弥补了我国法律体系的一个短板，必将在未来维护中国企业合法权益过程中发挥重要作用。我们要继续推进对外投资立法工作，在适当时机进行中华人民共和国对外投资法立法工作，为我国海外企业建立起有效的法律武器。

三、增强对外投资的风险意识，不断提升企业抗风险能力

当前，北京企业"走出去"面临的风险和挑战不断上升，相关企业要不断增强对外投资的风险意识，提高对相关风险的预判能力，提前研判可能发生的投资风险，力求做到未雨绸缪、妥善应对，驻京央企和北京市属跨国企业要做好带头模范作用。但打铁还需自身硬，只有不断提升企业自身实力和抗风险能力，才能在纷繁复杂的跨国投资中立于不败之地。（1）要深入了解投资东道国的经济社会状况，密切关注国际市场动态，加强与著名国际会计师事务所、律师事务所和跨国咨询机构的合作，增强本国律师事务所、会计师事务所和资信评级机构的国际化服务能力，提高对相关国际规则和国际惯例的熟悉程度，力争做到知己知彼；（2）不断强化企业自主研发能力和科技创新能力，必要时可以组织国内相关企业建立企业共同研发创新联盟，共同努力攻关"卡脖子"关键核心技术，开发具有世界先进水平的新专利、新技术和新产品，提高企业对全球产业链和供应链的控制能力，促使企业向全球价值链的高端水平不断

迈进；（3）不断提升跨国投资企业的合规经营水平，妥善应对相关国家的跨国投资安全审查，构建企业现代化质量管理体系，开展企业质量提升行动，努力推进与国际先进水平对标达标，针对可能出现的各种跨国投资风险，提前做好各种应急预案。

四、进一步扩大对外开放，不断推进多双边合作机制建设

随着世界经济发展和国际局势变化，以往高度依赖国际大循环的发展模式已难以继续适应大国经济的可持续发展，我国审时度势提出构建"双循环"新发展格局，同时由于中国新冠肺炎疫情控制得力，我国的对外直接投资迎来新机遇，我们要进一步扩大对外开放，不断推进多双边合作机制建设。（1）充分发挥国内自由贸易试验区作用，加快构建"双循环"新发展格局。自由贸易试验区也是我国改革开放试验区，发挥着重要先行先试的探路作用。自 2013 年 8 月中国（上海）自由贸易试验区挂牌成立以来，至今已经先后累计设立 21 个自由贸易试验区，形成了东西南北中协调、陆海统筹的改革开放新局面，要充分发挥国内自由贸易试验区作用，加快构建"双循环"新发展格局。（2）不断推进多双边合作机制建设，开创国际合作新局面。多双边合作机制建设是促进国际合作的有效手段，我们要持续加强多双边合作机制建设，促进《区域全面经济伙伴关系协定》（RCEP）的生效实施，加快推进中日韩自贸区建设，积极加入《全面与进步跨太平洋伙伴关系协定》（CPTPP），不断巩固提升以中国为中心的东亚生产网络，继续推进中欧双边投资协

定，升级现有自由贸易协定（FTA）相关条款深化多双边合作。（3）继续推动共建"一带一路"高质量发展，推动贸易和投资自由化便利化建设。"一带一路"倡议自 2013 年提出以来，得到了沿线国家的积极响应，国际影响力不断提升，新冠肺炎疫情暴发后沿线国家面临很大的疫情防控压力，我们应该在合作抗疫基础上，继续推进"一带一路"高质量发展，推动贸易和投资自由化便利化建设，为北京跨国投资企业在沿线国家的投资创造便利条件。

第 六 章

新时期北京市外商投资
保护的法治化研究

李　磊*

第一节　新时期北京市外商投资
保护法治化的背景

一、新时期世界经济复苏背景下的中国角色

受新冠肺炎疫情影响，2020 年全球经济遭遇了 20 世纪 30 年代大萧条以来的最严重衰退，尤其是二季度各国普遍实行经济封闭政策，制造业和服务业停摆、失业率飙升，多国 GDP 跌幅创下历史纪

* 李磊，外交学院国际法系讲师。

录。据联合国贸易和发展会议统计，新冠肺炎疫情将使全球国内生产总值（GDP）减少2万亿美元，其中除中国之外的发展中国家损失约2200亿美元，石油和其他大宗商品出口国所受影响最为严重，其他与最初受影响经济体有密切贸易往来的国家已成为"重灾区"。[①] 据国际货币基金组织（IMF）2020年10月发布的报告称，2020年全球经济萎缩约4.4%。国际贸易和投资也出现大幅萎缩，世界贸易组织（WTO）和联合国贸易和发展会议（UNCTAD）统计，2020年全球商品贸易下降9.2%和7%—9%；据联合国贸易和发展会议统计，2020年上半年全球外商直接投资（FDI）同比减少49%，全年则减少至多40%。[②]

由于我国采取了严格的疫情防控措施，得以率先控制疫情、率先复工复产、率先实现经济正增长，2020年前三季度中国GDP增速分别为-6.8%、3.2%和4.9%。[③] 国际货币基金组织表示，在2020年全球经济萎缩4.4%的情况下，中国将是全球唯一实现正增长的主要经济体。此外，中国外贸表现格外亮眼，在政府稳外贸等政策措施支持下，中国外贸快速恢复，2020年三季度进出口增速已由负转正，增速达7.5%，三季度进出口总值、出口总值、进口总值均创下季度历史新高。[④] 中国经济运行不断改善、逐步恢复常态，也为世界经济复苏注入新动力。

摩根大通、花旗银行等多家机构预测，2021年世界经济将走向

---

① 丁一凡：《新冠肺炎疫情下的世界经济形势与中国新发展格局》，《当代世界》2020年第11期。

② 张玉环：《世界经济"疫路"艰难前行》，《大众日报》2021年1月7日。

③ 《中华人民共和国2020年国民经济和社会发展统计公报》，http://www.stats.gov.cn/tjsj/zxfb/202102/t20210227_1814154.html，访问日期：2021年10月30日。

④ 同上。

复苏。而在这个过程中，中国将扮演相当重要的角色。美国耶鲁大学高级研究员斯蒂芬·罗奇（Stephen Roach）表示，中国将引领新时期全球复苏进程。[①] 在新时期，作为经济复苏过程中关键角色的中国将采取何种应对策略和方案，是值得研究的。以外商投资为观察视角和切入点，有助于观察在疫情后我国为强化本国的经济优势地位，在法律政策领域采取的整体框架。

二、新时期中国的外商投资成就

2020 年，随着疫情在全球范围迅速蔓延，全球经济金融形势发生剧烈变化，市场需求受到巨大冲击。世界经济衰退和由此引发的全球化倒退令全球投资环境不确定性加剧。全球各经济体的注入外资总额骤降 42%。其中，发达经济体吸引外资的降幅更加剧烈，减少了 69%。美国吸引外资额下降了 49%，仅为 1340 亿美元。欧盟吸引的外资下降了 66%。英国则全年流入的外资几近为零。相比发达经济体，发展中国家的情况就好得多，全年吸引外资仅减少了 12%。2020 年，中国实际使用外资 9999.8 亿元人民币，同比增长 6.2%，规模创历史新高，吸引外资不仅没有下降，反而上升了 4%，达到 1630 亿美元，超过了美国，成为全球吸引外资最多的经济体。[②]

在国际新形势下，中国经济深度融入世界，新的发展潜力得到

---

① Stephen Roach, "China Leads Again," China-US Focus, November 3, 2020, accessed October 28, 2021, https://www.chinausfocus.com/finance-economy/china-leads-again.

② 联合国《全球投资趋势监测》(中文版)，https://unctad.org/system/files/official-document/diaeiainf2021d1_ch.pdf，访问日期：2021 年 10 月 30 日。

持续释放。2020年，中国成为全球唯一实现经济正增长的主要经济体。工业生产持续发展，服务业逐步恢复，消费升级增速加快，固定资产投资稳步回升，对外贸易实现正增长、贸易结构持续优化，利用外资创历史新高。

2020年12月，世界经济合作组织（OECD）发布报告显示，预计2021年全球经济将增长6%，中国经济将起到火车头的作用，为全球经济增长贡献三分之一以上。2021年4月，国际货币基金组织发布报告预测，2021年全球经济将增长6%，各国经济复苏进展不一且存在明显分化，中国将以8.4%的经济增速领先全球。2021年3月，彭博经济研究（BE）将中国经济增速由2020年11月预测的8.3%提升至9.3%，展现对中国经济的强大信心。2021年6月，联合国贸易和发展会议发布报告显示，受到疫情影响，2020年全球外国直接投资较2019年下降35%，但中国外国直接投资却动力强劲，2020年中国全球外国直接投资流入同比增长6%，达1493亿美元，作为全球第二大FDI流入国，中国全球外国直接投资流入占全球比重升至15%。[1]

习近平主席早在2015年就指出："对外开放是中国的基本国策，中国利用外资的政策不变，对外商投资企业的合法权益的保障不会变，为各国企业在华投资兴业提供更好服务的方向不会变。我们将及时解决外国投资者合理关切，保护他们的合法权益，努力营造公开透明的法律政策环境、高效的行政环境、平等竞争的市场

---

[1]　《2021北京外商投资发展报告》，北京市人民政府网站，http://sw.beijing.gov.cn/sy/nsjg/wzfzhch/zwxx/2021 09/P020210902599822450663.pdf，访问日期：2021年10月31日。

环境。"①

　　同时，中国引进外资的特点也发生着巨大变化。商务部在其工作报告中指出：第一，引资机构不断优化，2020 年中国高新技术产业利用外资 2963 亿元人民币，增长 11.4%。其中，研发设计、电子商务、信息服务分别增长 78.8%、15.1% 和 11.6%，医药、航空航天设备、计算机及办公设备制造分别增长 14.1%、44.5% 和 60.6%。第二，大项目加快落地。新设或增资合同外资 1 亿美元以上大项目 938 个，数量增长 12.5%，宝马、戴姆勒、西门子、丰田、LG、埃克森美孚、巴斯夫等一批龙头企业在华增资扩产。第三，区域带动作用明显。东部地区实际利用外资增长 8.9%，占比达 88.4%。引资前六大省份实际利用外资金额增长 8.9%，占比达 78.2%。第四，开放高地效果显现。全年自贸试验区实际利用外资 1790 亿元人民币，新设外资企业 6472 家，占全国比重上升至 16.8% 和 17.9%。②

　　应当说，中国不仅在自身经济复苏方面全面发展，在外商投资领域也并未受到疫情影响，反而取得了更加辉煌的成就。

三、新时期北京市的外商投资成就

　　北京市作为我国首都和国际交往中心，是我国对外开放的重要窗口，也是我国外商投资保护法规、政策落实的示范区域，是外商

---

　　① 《习近平在华盛顿州当地政府和美国友好团体联合欢迎宴会上的演讲》，新华网，http://www.xinhuanet.com/world/2015-09/23/c_1116656143.htm，访问日期：2021 年 10 月 30 日。

　　② 《商务部 2020 年商务工作及运行情况新闻发布会》，中华人民共和国中央人民政府网站，http://www.gov.cn/xinwen/2021-01/29/content_5583641.htm，访问日期：2021 年 10 月 30 日。

投资的优先选择和信心保证。特别是近年来经历了全球性贸易和制造业增速放缓、地缘政治不确定性加大以及最近新冠肺炎疫情对全球经济的重大冲击，都在考验北京市作为国际交往中心在外商投资保护领域所体现的经济韧性、举措力度和协同能力。

北京作为国际交往中心，对国家外交的意义不仅体现在外围环境的改善，还要为中国特色大国外交的内涵发展提供核心支撑。对于外商投资的保护，不仅反映了作为国际交往中心对于营造一流国际化营商环境的责任，也体现了外商投资环境制度供给、法律执行精准度和法律纠纷解决效率方面的功力。

根据北京商务局的数据，2020 年北京市利用外资规模达到 141 亿美元，这个数字与 2019 年的 142.1 亿美元基本持平，这在一定程度上体现了特殊形势下举国之力对抗疫情的政策支持优势。北京市外商投资企业累计超过 4.5 万家，世界财富 500 强企业总部驻京 55 家，排名全球第一，跨国公司地区总部累计达 186 家，外国驻京新闻机构超过 200 家，国际组织总部及分支机构超过 30 家，外资代表机构超过 3000 家，境外非政府组织超过 100 个。全球十大律师事务所、40 家百强品牌人力资源服务机构、6 家世界十大咨询公司均在北京设有分支机构，全球三大评级机构、世界银行、国际货币基金组织、亚洲开发银行、亚投行等国际知名金融组织也在北京设有总部。①

外商投资保护作为改革开放的重要内容，外商投资法治建设的进度和质量也影响着外国投资者对中国市场的信心。国家坚持对外开放的基本国策，鼓励外国投资者依法在中国境内投资；国家实行

---

① 《2021 北京外商投资发展报告》，北京市人民政府网站，http://sw.beijing.gov.cn/sy/nsjg/wzfzhch/zwxx/2021 09/P020210902599822450663.pdf，访问日期：2021 年 10 月 31 日。

高水平投资自由化便利化政策，建立和完善外商投资促进机制，营造稳定、透明、可预期和公平竞争的市场环境。强化对外商投资合法权益的法律保护，完善法治化、国际化、便利化营商环境，更好吸引、保护、管理外商投资，为我国积极有效利用外资、推动新一轮高水平对外开放提供更加有力的法治保障。①

第二节　新时期北京市保护外商投资的法治化举措——投资准入的视角

一、我国外商投资准入的历史

所谓外商投资准入制度，是指我国的外资市场准入制度，即我国对欲进入我国市场的外商投资主体资格、投资领域、投资项目、投资目标等事项进行审核和批准的法律制度。这种法律制度的核心并不在于限制外资的进入，而是保证外资进入必须符合我国国民经济发展与经济政策的要求。

自 1978 年改革开放以来，我国一直强调立法保护外商在中国投资发展，为世界经济快速增长注入强大动力。改革开放 40 多年来，我国从全面深化改革再出发，外商投资立法与时俱进，从最早的

---

① 《外商投资法》第 3 条："国家坚持对外开放的基本国策，鼓励外国投资者依法在中国境内投资。国家实行高水平投资自由化便利化政策，建立和完善外商投资促进机制，营造稳定、透明、可预期和公平竞争的市场环境。"《外商投资法》第 5 条："国家依法保护外国投资者在中国境内的投资、收益和其他合法权益。"

"外资三法"（即，《中外合资经营企业法》《中外合作经营企业法》和《外资企业法》）到 2020 年的《外商投资法》，开启新时代高水平对外开放新篇章，持续引领和推动世界经济繁荣共赢。[①]

回顾我国外商投资准入的历史，我国外资管理立法经历了由"以外资经营阶段为管理重心"向以"外资准入阶段为管理重心"的转变，重视外资经营的管控，表现在对外商投资企业生产经营活动的管理和对外商投资企业组织机构体制的管理。[②] 这些对于外商投资的法律管制主要体现在"外资三法"。

例如，在各类外商投资企业中，生产经营活动受到最为严格的法律管制的是中外合资经营企业。《中外合资经营企业法》（1979）第 9 条规定："合营企业生产经营计划，应报主管部门备案，并通过经济合同方式执行。合营企业所需原材料、燃料、配套件等，应尽先在中国购买，也可由合营企业自筹外汇，直接在国际市场上购买。鼓励合营企业向中国境外销售产品。出口产品可由合营企业直接或与其有关的委托机构向国外市场出售，也可通过中国的外贸机构出售。合营企业产品也可在中国市场销售。"而作为企业内部的机构组织和运作制度，通常是由《公司法》加以规定的，但我国早期的外资立法中，这方面的强制性规定很多，其目的往往倾向于保护中方尤其是作为少数股权者时在企业经营管理决策中的权力。《中外合资经营企业法》（2000）第 6 条规定："合营企业设董事会，其人数组成由合营各方协商，在合同、章程中确定，并由合营各方委派和撤换。董事长和副董事长由合营各方协商确定或由董事会选

---

① 李小健：《外商投资法：开启新时代高水平对外开放新篇章》，《中国人大》2020 年第 3 期。

② 徐崇利：《中国外资管理立法的转型》，《法学家》2004 年第 4 期。

举产生。中外合营者的一方担任董事长的，由他方担任副董事长。董事会根据平等互利的原则，决定合营企业的重大问题。董事会的职权是按合营企业章程规定，讨论决定合营企业的一切重大问题：企业发展规划、生产经营活动方案、收支预算、利润分配、劳动工资计划、停业，以及总经理、副总经理、总工程师、总会计师、审计师的任命或聘请及其职权和待遇等。正副总经理（或正副厂长）由合营各方分别担任。"

"外资三法"固有的局限性也日渐显露，突出体现在四个方面：一是"外资三法"分别立法，使得实际运作中并无实质差异的外商投资活动，在制度和规则层面呈现刻意的人为划分，造成法律规则的繁琐化和碎片化；二是在《公司法》《合伙企业法》等商事组织法相继出台后，"外资三法"中关于企业组织的大量规定不再必要，且部分条款与前者存在潜在冲突，制度"双轨"有待消除；三是"外资三法"构建的管理机制是以行政审批为基本原则和主要手段，在市场准入阶段对外资企业与内资企业区别对待，未能充分贯彻国民待遇原则；四是"外资三法"仅涉及新设投资，形式较为单一，不能全面覆盖外商投资实践。[1]

随着我国经济体制改革深入，内资企业竞争能力提高，国际法律义务责任加重。我国逐渐形成了以外资准入为管理重心的立法模式，在实体法上，对外资准入的法律管制主要涉及投资方向和投资条件两个方面。在投资方向上，1995 年，原国家计委、国家经贸委和外经贸部共同制定了《指导外商投资方向暂行规定》及《外商投

---

[1] 廖凡：《〈外商投资法〉：背景、创新与展望》，《厦门大学学报（哲学社会科学版）》2020 年第 3 期。

资产业指导目录》，以专项立法的方式对外商投资的方向和产业予
以调控。2003 年商务部和科技部特别发布的《鼓励外商投资高新技
术产业目录》进一步明确了所涉鼓励类外资项目的设置。2001 年，
《中西部地区外商投资优势产业指导目录》出台，作为国务院《指
导外商投资方向规定》的配套法规之一，以此积极引导外资向中西
部地区扩散。在投资条件方面，特别是中国加入世贸组织以后，我
国根据不同行业制定了大量的利用外资的单行条例，如《外国投资
者并购国内企业暂行规定》等。[1]

但外资准入制度的立法设计却存在较多问题，比如，关于投资
方向，2002 年 2 月修订并由国务院公布的《指导外商投资方向规
定》和 2007 年国家发改委和商务部共同修订的《外商投资产业指
导目录》列明了外资投向的鼓励类、限制类与禁止类行业，但没有
列明的都属允许类。关于投资条件，《外商投资产业指导目录》对
某些行业的外资准入设置股权要求包括强制合营、中方控股、中方
相对控股等。此外涉及特殊行业的外资单行条例也设置了一些外商
投资特定领域所需的特殊投资条件。[2] 这些都极大限制了外商投资
的可选择性和灵活性，在我国改革开放初期，的确可以起到保护国
民经济安全、抑制外资经济过度扩张的作用，但随着我国经济发展
水平和规模的变化，对于外资引入的新阶段需要新的制度设计来对
原有的框架进行改造。

在相当长的一段时间内，我国外资准入制度都由多个行政机关
（发改委、商务部、行业主管、工商等）按照企业的不同组织形式

① 徐崇利：《中国外资管理立法的转型》，《法学家》2004 年第 4 期。

② 李科珍：《我国外资准入制度的现状、问题及其重构》，《北方法学》2011 年第 1 期。

（中外合资、中外合作、外商独资）依据不同的程序性规范（三资企业法或《关于外国投资者并购境内企业的规定》中的某一项对应法规）遵守与程序性规范相分离的实体性行业政策（主要是《外商投资产业指导目录》及某些行业单行条例），对拟进入中国的外资不区分行业一律进行普遍的多元行政审批。这种外资准入审查制度，缺乏科学的行业政策规划，并未起到合理引导外资流向的作用；冗繁的批准程序也使得外商投资的效率较低，在相当程度上影响了外商投资的热情。[①]

2013 年，为使上海自贸试验区的先行先试工作于法有据地开展，全国人大常委会通过《关于授权国务院在中国（上海）自由贸易试验区暂时调整有关法律规定的行政审批的决定》，暂停行政审批，改为本案管理，试行准入前国民待遇加负面清单管理模式。[②] 2014 年，全国人大常委会再次通过类似决定，将暂停实施的范围扩展至当年增设的广东、福建和天津自贸试验区。2016 年，在上述先行先试工作取得可复制可推广经验的基础上，全国人大常委会通过《关于修改〈中华人民共和国外资企业法〉等四部法律的决定》，明确规定举办外商投资企业不涉及国家规定实施准入特别管理措施（负面清单）的，对原有的相关审批事项适用备案管理，从而将自贸试验区的改革试点经验推广到全国。[③]

直到 2019 年，《外商投资法》和《外商投资法实施条例》相继

---

① 李科珍：《我国外资准入制度的现状、问题及其重构》，《北方法学》2011 年第 1 期。
② 王新奎：《中国（上海）自贸试验区改革的重点：对外商投资准入实施"负面清单"管理》，《上海对外经贸大学学报》2014 年第 1 期。
③ 廖凡：《〈外商投资法〉：背景、创新与展望》，《厦门大学学报（哲学社会科学版）》2020 年第 3 期。

颁布，标志着我国全面进入了统一的外商投资法时代。《外商投资法》定位为外商投资基础性法律，重在确立外商投资准入、促进、保护、管理等方面的基本制度框架和规则，一些具体内容和规则细节则留待配套法规、规章去解决。《外商投资法》全面确立了准入前国民待遇，除负面清单所列的行业和领域外，在管理手段和方式上对内外资一视同仁，因而此前很多专门针对外资的管理规定就不再必要。

二、国民待遇加负面清单下的外商投资保护立法 模式选择

《外商投资法》第 4 条明确规定："国家对外商投资实行准入前国民待遇加负面清单管理制度。前款所称准入前国民待遇，是指在投资准入阶段给予外国投资者及其投资不低于本国投资者及其投资的待遇；所称负面清单，是指国家规定在特定领域对外商投资实施的准入特别管理措施。国家对负面清单之外的外商投资，给予国民待遇。"这就正式在法律层面确立了准入前国民待遇这一更加彻底的外商投资国民待遇标准。

"外资三法"以行政审批为基本原则和主要手段，外国投资者所享有的国民待遇仅限于准入后，亦即获准进入中国市场投资以后。就市场准入本身而言，外国投资者并不享有国民待遇，而是同中国投资者区别对待。换言之，这种准入审批纯属基于"外国人"（包括自然人和法人）这一身份本身。在自贸试验区 2013 年以来先行先试的基础上，《外商投资法》正式确立了准入前国民待遇原则，

堪称我国对外开放和外资管理的一项标志性举措。需要指出的是，与其字面含义容易造成的误解不同，"准入前国民待遇"并非仅限于"准入前"。恰恰相反，如前所述，我国对外商投资的国民待遇是从准入后向准入前（或者更准确地说是准入阶段）延展。这里所说的准入前国民待遇，实际上是包含准入阶段和准入后的运营阶段在内的整个投资阶段的国民待遇。[①] 这意味着，如果投资领域并不处于限制投资或者禁止投资的领域，外商投资的地位与本国自然人或法人创办公司的待遇相同。

负面清单和正面清单是一组相对概念，在国际上是两类具有代表性的外商投资管理办法。正面清单通常用来确定覆盖的领域，其背后的管理理念是"法律没有规定的，就是禁止的"。具体来说，就是政府列明允许市场主体投资经营的行业、领域和业务，企业通过政府审批后才能从事相关投资经营活动，清单之外通常被认为是不允许的。我国早些年的外商投资管理即采用正面清单模式。

负面清单管理模式是指遵循"法无禁止皆可为"的原则进行投资管理，政府以清单方式明确列出禁止和限制投资经营的行业、领域和业务等，清单以外的，各类主体均可依法平等进入。[②] 随着2013年上海自贸区首次公布负面清单以来，通过每年的不断修订，负面清单项目逐渐减少，外商投资领域不断拓展，投资热情极大迸发。

负面清单管理模式，有助于实行统一的市场准入制度，建立公

[①] 廖凡：《〈外商投资法〉：背景、创新与展望》，《厦门大学学报（哲学社会科学版）》2020年第3期。

[②] 郭冠男、李晓琳：《市场准入负面清单管理制度与路径选择：一个总体框架》，《改革》2015年第7期。

平开放透明的市场，已经成为建立现代市场的重中之重。负面清单管理模式有助于解决准入门槛过高的问题；解决公平性竞争不足的问题；解决准入管理程序复杂的问题；解决市场运行透明度低的问题。①

表 6-1　正面清单与负面清单对比

	正面清单	负面清单
主体资格授权方式	法律法规或规范性法律文件的明确许可	法律和规范性法律文件没有明确禁止或限制之外的
主体资格授予主体	行政机关通过行政立法行为或具体行政行为来授权	通过法律规范和法律准则来规定
市场准入标准设定原则	严格限制	相对宽松

资料来源：作者整理。

《外商投资法》颁布以后，2021 年 1 月，新版鼓励外商投资产业目录正式实施，进一步扩大了鼓励外商投资的范围，增加了 127 个鼓励行业的领域。2017—2020 年，中国连续 4 年修订外资准入负面清单，限制措施累计减少近 2/3。2020 年全国版负面清单由 2019 年的 40 条减至 33 条。2020 年自贸试验区负面清单由 2019 年的 37 条减至 30 条。2020 年海南自贸港版负面清单仅 27 条。2020 年 12 月 19 日，国家发展和改革委员会、商务部发布《外商投资安全审查办法》（《安审办法》），自 2021 年 1 月 18 日起施行，从长远看有利于外资企业在中国更好地发展，不会给正常的外国投资者和企业增加不必要的负担。②

① 郭冠男、李晓琳：《市场准入负面清单管理制度与路径选择：一个总体框架》，《改革》2015 年第 7 期。
② 《2021 北京外商投资发展报告》，北京市人民政府网站，http://sw.beijing.gov.cn/sy/nsjg/wzfzhch/zwxx/2021 09/P020210902599822450663.pdf，访问日期：2021 年 10 月 31 日。

三、新时期北京市外商投资准入的新举措

（一）国家层面的推进方案——两区建设

对于外商投资准入，一方面需要减少其负面清单范围，另一方面在某些领域需要鼓励引导其进行投资。而对于外商准入的开放措施的集中持续实施，则需要依赖自贸区和示范区这类平台展开。因此，中国（北京）自由贸易试验区和国家服务业扩大开放综合示范区的建设，简称"两区"建设，成为国家层面推动北京市外商投资保护的重要举措。

自2013年上海诞生第一个自贸区开始，中国的自贸区试验已经推进了7年了。

作为开放的前沿阵地，上海自贸区外商投资准入特别管理措施（负面清单）由2013年的190条措施"瘦身"到2020年的45条措施。清单未列，企业就可以大胆去做，增加了政策的透明度、可预期性。在上海自贸区建设积累了足够经验后，北京自贸区的建设提上日程。

北京2020年9月21日，国务院发布《中国（北京）自由贸易试验区总体方案》。2020年9月24日上午，中国（北京）自由贸易试验区正式揭牌。当日，北京自由贸易区第一批入驻项目签约仪式正式在北京举行；2020年9月28日，中国（北京）自由贸易试验区高端产业片区正式挂牌。北京自贸区其主要任务之一，即推动投资贸易自由化便利化，深化投资领域改革。全面落实外商投资准入前国民待遇加负面清单管理制度。同时在金融领域，强调开展本外币一体化试点。允许区内银行为境外机构人民币银行结算账户

（NRA 账户）发放境外人民币贷款，研究推进境外机构投资者境内证券投资渠道整合，研究推动境外投资者用一个 NRA 账户处理境内证券投资事宜。允许更多外资银行获得证券投资基金托管资格。①

2015 年 5 月，国务院批复《北京市开展服务业扩大开放综合试点总体方案》，同意在北京市开展为期三年的服务业扩大开放综合试点。2017 年 6 月，国务院批复《深化改革推进北京市服务业扩大开放综合试点工作方案》，同意北京市在试点期内进一步深化开放改革探索。2019 年 1 月，国务院批复《全面推进北京市服务业扩大开放综合试点工作方案》，同意北京市开展新一轮为期三年的试点探索。2020 年 9 月，习近平总书记在 2020 年中国国际服务贸易交易会上宣布，为更好发挥北京在中国服务业开放中的引领作用，将支持北京打造国家服务业扩大开放综合示范区，加大先行先试力度，探索更多可复制可推广经验。2020 年 9 月 8 日，国务院发布《关于深化北京市新一轮服务业扩大开放综合试点建设国家服务业扩大开放综合示范区工作方案》，北京市服务业扩大开放正式由"试点"升级为"示范区"。

北京作为首个国家服务业扩大开放综合示范区，承担着为全国服务业开放改革探索新路径、为京津冀协同发展积累新经验、为北京市高质量发展积蓄新动能的使命。服务业扩大开放五年多来，全面落实国务院批复的 403 项任务，形成了 120 余项全国首创或效果最优的开放创新举措，向全国和自贸试验区推广了 6 批 25 项试点经验和最佳实践案例。一批代表性项目在京落地，北京市服务业增加

---

① 《2021 北京外商投资发展报告》，北京市人民政府网站，http://sw.beijing.gov.cn/sy/nsjg/wzfzhch/zwxx/2021 09/P020210902599822450663.pdf，访问日期：2021 年 10 月 31 日。

值、服务业利用外资、服务贸易等连续迈上新台阶，为国家构建高水平开放型经济新体制积累了有益经验，为首都高质量发展注入了新动能。

国家服务业扩大开放综合示范区围绕跨境服务贸易负面清单、投资贸易自由化便利化、完善财税支持政策、提升监管与服务水平、强化知识产权保护与应用、推动产业链供应链协同发展等方面，努力构建与国际接轨的制度创新体系。开展政策联动创新，优先复制推广自贸试验区开放创新举措。

北京市高标准推进国家服务业扩大开放综合示范区、中国（北京）自由贸易试验区建设，突出科技创新、服务业开放、数字经济特征，不仅推动构建京津冀协同发展的高水平开放平台，以首善标准搭建立体化开放体系，融入和服务全国新发展格局，而且为北京市的外商投资保护提供了国家层面的有力支持。

（二）政府部门垂直政策的跟进

基于两区建设的框架已经初步形成，北京市各区都在相应推进自己区划内的实施方案。这些方案也属于框架性方案，主要为各区下一步具体方案的实施提供合法性基础。

表 6-2　北京市市辖区政府部门支持两区建设政策文件

区域性方案	时间	具体文件
东城区	2020 年	《东城区建设国家服务业扩大开放综合示范区领导小组办公室关于印发〈东城区"两区"建设工作方案〉的通知》
朝阳区	2020 年	《朝阳区国家服务业扩大开放综合示范区和中国（北京）自由贸易试验区国际商务服务片区建设工作方案》

区域性方案	时间	具体文件
西城区	2020 年	《西城区建设国家服务业扩大开放综合示范区工作方案》
海淀区	2020 年	《海淀区"两区"建设工作方案（2020—2021）》
丰台区	2020 年	《北京市丰台区建设国家服务业扩大开放综合示范区工作方案》
石景山区	2021 年	《石景山区落实北京市建设国家服务业扩大开放综合示范区和自由贸易试验区实施方案》
顺义区	2020 年	《顺义区推进国家服务业扩大开放综合示范区和中国（北京）自由贸易试验区建设工作方案》
通州区	2020 年	《通州区国家服务业扩大开放综合示范区和中国（北京）自由贸易试验区国际商务服务片区建设工作方案》
昌平区	2020 年	《北京市昌平区"两区"建设工作领导小组办公室关于印发〈昌平区"两区"建设工作方案〉的通知》（昌两区办发〔2020〕1 号）
门头沟区	2021 年	《北京市门头沟区"两区"建设工作领导小组办公室关于印发〈门头沟区落实北京市建设国家服务业扩大开放综合示范区和自由贸易试验区实施方案〉的通知》
房山区	2021 年	《房山区落实〈深化北京市新一轮服务业扩大开放综合试点建设国家服务业扩大开放综合示范区工作方案〉〈中国（北京）自由贸易试验区总体方案〉的工作方案》
大兴区	2020 年	《中国（北京）自由贸易试验区高端产业片区大兴组团（国家服务业扩大开放综合示范区大兴区域）工作领导小组办公室关于印发〈大兴区"两区"建设工作方案〉的通知》（京兴两区办发〔2020〕1 号）
平谷区	2020 年	《北京市平谷区人民政府关于印发〈平谷区"两区"建设工作方案〉的通知》（京平政发〔2020〕21 号）
怀柔区	2020 年	《怀柔区"两区"建设工作方案》

续表

区域性方案	时间	具体文件
密云区	2020 年	《北京市密云区建设国家服务业扩大开放综合示范区工作方案》
延庆区	2021 年	《延庆区"两区"建设工作方案》

资料来源：作者整理。

（三）政府部门平行政策的跟进

与此同时，北京市政府各职能部门也作出了相应跟进，在 2021 年制定了具有针对性的工作方案（见表 6-3）。

表 6-3　北京市政府主管部门支持两区政策文件

北京市商务局	2021 年	《北京市商务领域"两区"建设工作方案》
北京市人才工作局	2021 年	《北京市人才工作局关于"两区"建设推进工作措施》
北京市教育委员会	2021 年	《教育领域"两区"建设工作方案》
北京市发展和改革委员会	2021 年	《关于印发北京市"两区"建设专业服务领域工作方案的通知》（京发改〔2021〕72 号）
中共北京市委宣传部	2021 年	《文化旅游领域"两区"建设工作方案》
北京市地方金融监督管理局	2021 年	《金融领域推进"两区"建设工作方案》
北京市卫生健康委员会	2021 年	《中国（北京）自由贸易试验区（国家服务业扩大开放综合示范区）工作领导小组健康医疗协调工作组关于印发〈国家服务业扩大开放综合示范区和中国（北京）自由贸易试验区建设健康医疗领域工作方案（2021 年）〉的通知》

资料来源：作者整理。

（四）负面清单的具体调整

2021 年 10 月 18 日，国务院发布《关于同意在北京市暂时调整实施有关行政法规和经国务院批准的部门规章规定的批复》（简称《批复》），涉及教育、电信、建筑、旅游、社会工作、商务服务 6 个领域，共 9 项措施。这涉及负面清单范围的进一步限缩（见表 6-4）。

在教育领域，由北京市制定发布鼓励外商投资经营性成人类教育培训机构、支持外商投资举办经营性职业技能培训机构的具体管理办法。

在电信领域，在中关村国家自主创新示范区海淀园，取消信息服务业务（仅限应用商店）外资股比限制；在北京市服务业扩大开放综合试点示范区和示范园区，取消互联网接入服务业务（仅限为用户提供互联网接入服务）等增值电信业务外资股比限制；向外资开放国内互联网虚拟专用网业务（外资股比不超过 50%），吸引海外电信运营商通过设立合资公司，为在京外商投资企业提供国内互联网虚拟专用网业务。

在旅游领域，在通州文化旅游区，允许外商投资文艺表演团体（须由中方控股）；允许在京设立并符合条件的外商投资旅行社从事除台湾地区以外的出境旅游业务。

在建筑领域，允许北京市探索取消施工图审查或缩小审查范围、实施告知承诺制和设计人员终身负责制等工程建设领域审批制度改革。

在社会工作领域，放宽外商捐资举办非营利性养老机构的民办非企业单位准入。

在商务服务领域，允许外商投资音像制品制作业务（限于在北京国家音乐产业基地、中国北京出版创意产业园区、北京国家数字出版基地内开展合作，中方应掌握经营主导权和内容终审权）。

《批复》强调，国务院有关部门、北京市人民政府要根据上述调整，及时对本部门、本市制定的规章和规范性文件作相应调整，建立与深化北京市新一轮服务业扩大开放综合试点建设国家服务业扩大开放综合示范区工作相适应的管理制度。国务院将根据深化北京市新一轮服务业扩大开放综合试点建设国家服务业扩大开放综合示范区工作情况，适时对本批复的内容进行调整。

表 6-4　北京市 2021 年负面清单重新调整情况

序号	有关行政法规和经国务院批准的部门规章规定	调整实施情况
1	《中外合作办学条例》第 60 条：在市场监督管理部门登记注册的经营性的中外合作举办的培训机构的管理办法，由国务院另行规定	由北京市制定发布鼓励外商经营性成人类教育培训机构、支持外商投资举办经营性职业技能培训机构的具体管理办法
2	《外商投资电信企业管理规定》第 2 条：外商投资电信企业，是指外国投资者同中国投资者在中华人民共和国境内依法以中外合资经营形式，共同投资设立的经营电信业务的企业 第 6 条第 2 款：外商投资电信企业的中方投资者和外方投资者在不同时期的出资比例，由国务院信息产业主管部门按照有关规定确定 《外商投资准入特别管理措施（负面清单）2020 年版》：16. 电信公司：限于中国入世承诺开放的电信业务，增值电信业务的外资股比不超过 50%（电子商务、国内多方通信、存储转发类、呼叫中心除外），基础电信业务须由中方控股	在中关村国家自主创新示范海淀园，取消信息服务业务（仅限应用商店）外资股比限制 在北京市服务业扩大开放综合试点示范区和示范园区，取消互联网接入服务业务（仅限为用户提供互联网接入服务）等增值电信业务外资股比限制

序号	有关行政法规和经国务院批准的部门规章规定	调整实施情况
3	《营业性演出管理条例》第 10 条第 1 款： 外国投资者可以与中国投资者依法设立中外合资经营、中外合作经营的演出经纪机构、演出场所经营单位；不得设立中外合资经营、中外合作经营、外资经营的文艺表演团体，不得设立外资经营的演出经纪机构、演出场所经营单位 《外商投资准入特别管理措施（负面清单）2020 年版》： 33. 禁止投资文艺表演团体	在通州文化旅游区，允许外商投资文艺表演团体（须由中方控股）
4	《建筑工程质量管理条例》第 11 条第 2 款： 施工图设计文件未经审查批准的，不得使用 《建筑工程勘察设计管理条例》第 33 条第 2 款： 施工图设计文件未经审查批准的，不得使用	允许北京市探索取消施工图审查或缩小审查范围、实施告知承诺制和设计人员终身负责制等工程建设领域审批制度改革
5	《旅行社条例》第 23 条： 外商投资旅行社不得经营中国内地居民出国旅游业务以及赴香港特别行政区、澳门特别行政区和台湾地区旅游的业务，但是国务院决定或者我国签署的自由贸易协定和内地与香港、澳门关于建立更紧密经贸关系的安排另有规定的除外	允许在京设立并符合条件的外商投资旅行社从事除台湾地区以外的出境旅游业务
6	《民办非企业单位登记管理暂行条例》第 2 条： 本条例所称民办非企业单位，是指企业事业单位、社会团体和其他社会力量以及公民个人利用非国有资产举办的，从事非营利性社会服务活动的社会组织	放宽外商捐资举办非营利性养老机构的民办非企业单位准入
7	《外商投资准入特别管理措施（负面清单）2020 年版》： 16. 电信公司：限于中国入世承诺开放的电信业务，增值电信业务的外资股比不超过 50%（电子商务、国内多方通信、存储转发类、呼叫中心除外），基础电信业务须由中方控股	向外资开放国内互联网虚拟专用网业务（外资股比不超过 50%），吸引海外电信运营商通过设立合资公司，为在京外商投资企业提供国内互联网虚拟专用网业务

续表

序号	有关行政法规和经国务院批准的部门规章规定	调整实施情况
8	《外商投资准入特别管理措施（负面清单）2020年版》： 28. 禁止投资图书、报纸、期刊、音像制品和电子出版物的编辑、出版、制作业务	允许外商投资音像制品制作业务（限于在北京国家音乐产业基地、中国北京出版创意产业园区、北京国家数字出版基地内开展合作，中方应掌握经营主导权和内容终审权）

资料来源：作者整理。

以上最新举措，充分体现了北京市外商投资保护，在《外商投资法》框架下实现的国民待遇加负面清单管理立法模式的具体运用。即由国家层面支持，设置投资准入保护的必要平台和具体行业准入空间，同时北京市政府各部门跟进颁布相关的行动框架。

第三节　新时期北京市保护外商投资的法治化举措——投资保障的视角

一、营商环境优化：外商投资保障的制度基石

营商环境是指市场主体在准入、生产经营、退出等过程中涉及的政务环境、市场环境、法治环境、人文环境等有关外部因素和条件的总和；是指企业等市场主体在市场经济活动中所涉及的体制机制性因素和条件。营商环境包括影响企业活动的社会要素、经济要素、政治要素和法律要素等方面，是一项涉及经济社会改革和对外

开放众多领域的系统工程。一个地区营商环境的优劣直接影响着招商引资的多寡，同时也直接影响着区域内的经营企业，最终对经济发展状况、财税收入、社会就业情况等产生重要影响。良好的营商环境是一个国家或地区经济软实力的重要体现，是一个国家或地区提高综合竞争力的重要方面。

2019年10月24日，世界银行发布《2020年营商环境报告》。中国的全球营商便利度排名继2018年大幅提升32位后，2019年又跃升15位，升至全球第31位。世界银行称，由于"大力推进改革议程"，中国连续两年跻身全球优化营商环境改善幅度最大的十大经济体。

外商投资法律体制改革的中国话语评估正在从负面清单议题转换到新兴责任议题，推进政府行为法治化、经济行为市场化，建立健全企业履行主体责任、政府依法监管和社会广泛参与的管理机制，健全对外开放中有效维护国家利益和安全的体制机制，营造出便捷、高效的外商投资环境，则是外商投资法律体制的新起点。①

打造优质的营商环境离不开法治，法治既是优质营商环境的题中应有之义，也是推进优质营商环境建设的重要抓手，要充分发挥法治的引领、推动、规范和保障作用。而法治化的营商环境的打造，则需要将法治作为改善营商环境的重要手段和动力机制，确保相关制度性安排贯穿营商环境建设的各个环节；重视制度创新，以有效的制度为市场主体的发展提供有力支撑；强调营商环境建设自身的法治原理，把法治作为营商环境的评价指标，实现制度对市场经营活动的保护和规制，将事关营商环境优化的体制机制创新纳入法治

---

① 杨力：《自由贸易试验区外商投资法律体制改革评估》，《法商研究》2016年第5期。

的轨道。①

如果说外商投资的准入保护可以作为外商投资保护的前端的话，那么，营商环境优化，可以作为外商投资保护的中端和后端。营商环境的全面优化，意味着外商投资保护的制度基石稳固，外商投资保护的宏观环境得到了应有保障。

二、北京市优化营商环境的制度方案

为了持续优化营商环境，不断解放和发展社会生产力，国务院2019年颁布《优化营商环境条例》。为了配合《优化营商环境条例》的实施，旨在更好服务外商投资过程中的政府服务问题，商务部在2020年颁布了《外商投资企业投诉工作办法》。

鉴于《世界营商环境报告》中以上海和北京作为重要评价指标，因此，北京市营商环境的法治化建设方面一直走在全国前列，北京市营商环境的指标也连续取得优秀成绩。在《中国优化营商环境的成功经验：改革驱动力与未来改革机遇》中，北京两年88项改革被世行采纳，获得电力、办理建筑许可等6项子指标均达到或超过全球前沿水平；登记财产、获得电力等24项子指标成为全国乃至全球改革先行者。在《中国营商环境报告2020》中，在18个优化营商环境重点领域中，北京市均获评"标杆城市"。北京市连续推出优化营商环境1.0、2.0、3.0、4.0版，推出创新性强、影响力大的突破性改革措施。在《2020年中国296个地级及以上城市营商

---

① 石佑启、陈可翔：《合作治理语境下的法治化营商环境建设》，《法学研究》2021年第2期。

环境报告》中，社会服务指数方面，北京表现最优。其中，知识产权专利创造力指数最强，每万人专利授权量居首位。在《后疫情时期中国城市营商环境指数评价报告》（2020）中，北京市连续两年多项子指标稳居首位，创新环境优势明显，位列第一。基础研究、企业创新、信息赋能度等细分指标均位居首位。市场环境方面，加大国际人才引进力度，人才供给指数位列首位。金融服务、市场规模亦排名第一。①

在北京市营商环境优化的过程中，不断体现出简政放权、公正监管、优化服务和强化责任的面向。而且优化营商环境的版本不断迭代，速度和质量均有良好保证（见表6-5）。

表6-5　北京市优化营商环境方案版本

优化营商环境版本	时间	内容
1.0	2018年3月	围绕世界银行评价的10个指标，聚焦企业全生命周期所涉及的领域：开办企业、办理建筑许可、获得电力等7个领域，推出35项改革政策
2.0	2019年2月	在对标世行评价指标基础上，聚焦"简流程、优服务、降成本、强监管"，推出114项改革政策
3.0	2019年11月	全面对标企业和群众需求，全方位推进营商环境领域改革，推出204项改革政策
4.0	2020年12月	围绕"一件事"全流程，从投资建设、外资外贸、监管执法等7大环境全面推进改革，推出277项改革任务

资料来源：作者整理。

之所以取得如此成就，是与北京市营商环境的法治化建设分不

---

① 《2021北京外商投资发展报告》，北京市人民政府网站，http://sw.beijing.cn/sy/nsjg/wzfzhch/zwxx/2021 09/P020210902599822450663.pdf，访问日期：2021年10月31日。

开的。北京市在 2020 年率先颁布了《北京市优化营商环境条例》，根据商务部《外商投资企业投诉工作办法》的框架，北京市制定并修订了《北京市外商投资企业投诉工作管理办法》。与 2019 年版管理办法相比，主要修改可分为三部分。[①] 一是将投诉人反映本市投资环境方面存在的问题、建议完善有关政策措施的行为，纳入投诉受理内容。二是进一步明确了市级投诉机构负责涉及市政府有关部门、区政府（含开发区管委会）的事项，区级投诉机构负责涉及各区政府（开发区管委会）有关部门、乡镇人民政府和街道办事处的事项，取消了 2019 年版关于上一级投诉工作机构向下一级转交投诉的规定。三是其他与商务部投诉工作办法保持一致的细节性修改。除此以外，按照《营商环境评价报告》中的相应指标，在创办企业、获得贷款、人才引进等多方面（见表 6-6），北京市政府都颁布了相应的法律文件，以保障北京市整体营商环境的优化。

表 6-6　北京市优化营商环境的法律方案

关注重点	发布部门	具体文件
创办企业	北京市市场监督管理局	《北京市市场监督管理局　北京市人民政府行政审批制度改革办公室　关于印发北京市开展"证照分离"改革全覆盖试点工作方案的通知》（京市监发〔2020〕98 号）
总体布局	北京市政府	《北京市人民政府办公厅关于印发〈北京市进一步优化营商环境更好服务市场主体实施方案〉的通知》（京政办发〔2020〕26 号）

---

① 《北京市外商投资企业投诉工作管理办法（修订）》政策解读，北京市人民政府网站，http://www.beijing.gov.cn/zhengce/zcjd/202109/t20210929_2505537.html，访问日期：2021年 10 月 30 日。

关注重点	发布部门	具体文件
获得贷款	北京市地方金融监督管理局	《北京市地方金融监督管理局　中国人民银行营业管理部　中国银行保险监督管理委员会北京监管局关于印发〈关于加快优化金融信贷营商环境的意见〉的通知》（京金融〔2020〕31号）
创办企业	北京市政府	《北京市人民政府办公厅关于印发〈北京市新一轮深化"放管服"改革优化营商环境重点任务〉的通知》（京政办发〔2019〕19号）
创办企业	北京市商务局	《关于外资研发总部认定事项告知承诺的实施意见（试行）》
人才引进	北京市人力资源保障局	《北京市外籍人员子女学校管理办法（修订）》（2020年7月1日）

资料来源：作者整理。

第四节　新时期北京市保护外商投资法治化举措的展望

一、政策性法规推进与迭代

通过前端投资准入和后端投资保护两方面的分析，如果将政策作为广义法律规范的一种，可以发现目前北京市外商投资的法律规范体系更加偏重于位阶较低的政策性立法或者政府政策，但在位阶较高的法律规范层面却建树不多。

例如，在国家层面，除了《外商投资法》及其实施条例和《优化营商环境条例》以外，地方性的只有北京市商务局《北京市外商投资企业投诉工作管理办法》和北京市人大通过的《北京市优化营商环境管理条例》。除此以外，针对外商投资的专项性法律规范不多，北京市外商投资法治化的推进更多集中在北京市政府部门和相关职能部门的政策性立法上。当然，政策性立法甚至政策都可以视为广义法律体系的一部分，但与位阶较高的法律规范相比，政策性立法的优势在于高效性、可执行性和弹性空间。但是从另外一个角度来看，基于我国把坚持对外开放作为长期的基本国策，外商投资保护的法治化则需要长期制度化建设才能达成。

如果对于政策或者政策性立法过于依赖，构建外商投资保护的一整套法律制度实际并无特别优势。在现代民主法治社会，政策的灵活性、针对性和工具性并不能使其成立独立王国，如果其背离法治的基本原则，必将动摇法治的权威和根基。政策的合法性和民主正当性是法治社会中不可逾越的门槛。法治不仅是法律的准绳，更是政策的"紧箍咒"。① 因此，在外商投资保护领域，需要从更加依赖于政策性立法的推进模式转向可预期性和稳定性更强的高阶立法推进模式。

同时，我们还应看到，针对外商投资的不同专业领域，北京市政府的相关部门跟进速度还有待改善。例如，《中华人民共和国外资银行管理条例》（2014 年）、《中华人民共和国外资保险公司管理条例》（2013 年）、《中华人民共和国外资银行管理条例实施细则》（2019 年）、《外国保险机构驻华代表机构管理办法》（2018 年），这

---

① 喻文光：《PPP 规制中的立法问题研究——基于法政策学的视角》，《当代法学》2016 年第 2 期。

些涉及外商投资准入行业制度的框架性规则已经搭建，至于具体规则落地的情况，则需要结合不同地区的特点进行构建。北京市对于这些框架性规则的落地也并没有做到每个领域都进行大胆探索。

例如，合格境外有限合伙人制度（Qualified Foreign Limited Partners, QFLP）是指在试点地区创设境内基金架构，以非公开的方式向境外投资者募集资金，投资于国内市场，以便将外汇资本金换汇成人民币在中国进行股权投资的一种地方试点政策。2011 年 2 月，北京作为全国的金融管理中心，颁布了《关于北京市开展股权投资基金及其管理企业做好利用外资工作试点的暂行办法》（京政办函〔2011〕16 号）（以下简称"2011 年暂行办法"），成为继上海之后全国第二个发布 QFLP 试点政策的城市。该办法明确了北京市对于试点股权投资基金管理企业及试点股权投资基金的试点条件、申请流程及试点企业可享受的特殊待遇，但相较于其他城市的 QFLP 试点办法来说，北京的暂行办法在基金规模、投资领域等方面的限制较多。2021 年 5 月 6 日，随着中国对外开放政策的延续、外汇改革的扩大以及外资布局中国资产的增多，北京继 2011 年暂行办法后时隔十年正式出台了《关于本市开展合格境外有限合伙人试点的暂行办法》（以下简称"北京 QFLP 新规"），在原有 QFLP 制度的基础上进行了完善和优化。但是在其他领域，比如在保险行业准入领域，在《外国保险机构驻华代表机构管理办法》颁布以后，北京市并未进行任何前瞻性的规则实验，是否有后续的具体落地政策性法规则需要等待中国银保监会发布《关于明确保险中介市场对外开放有关措施的通知》^① 继续跟进。

在一定程度上，北京市作为外商投资保护的前沿试点，其各项落地规则的颁布是具有样板意义的。在外商投资保护领域，北京应尽量在其政策领域跟进并体现国家对外交往的意志，由于位阶较高的立法规范本身存在立法成本较高而显得灵活性和时效性不足，因此在外商投资保护领域依然采用以政策性立法为优的解决方案。政策性立法方案作为过渡性的阶段性方案固然有其正当性，但从北京市外商投资保护的长期制度建设来看，政策性立法的方案应当符合两个基本要求：第一，政策性立法方案应当符合北京市外商投资保护长期规则治理的预期，为北京市外商保护的高位阶立法进行必要的规则准备；第二，政策性立法方案应当体现北京市作为样板城市的前瞻性和实验性，应当在不同行业进行规则创新的尝试，在立法授权的范围内，应该更加主动。

二、规则制定的精细化和立法评估调研

（一）立法精细化与立法评估调研

外商投资能否顺利展开，涉及立法规范和政策组合的精细化，只有构建出具有稳定可预期的立法政策信息，才能给予外商投资稳定的保障和信心，而这些则取决于立法精细化的水准。随着北京自贸区方案的颁布，实际上在涉外经商法律规制的制定方面，北京市需要更多的自主立法空间和自主立法行为。应当从立法前瞻性和引

---

① 中国银保监会 2021 年 12 月 17 日对外公布《关于明确保险中介市场对外开放有关措施的通知》。

领未来潮流的角度，在立法授权的许可范围内，不妨以试点的方式进行大胆地立法创新。这样既可以为北京市市属特色的外商投资法律体系打下基础，也可以为我国涉外投资法律规制提供比较典型的立法样本。

而立法精细化的落实则与立法评估调研的辅助工作有关。兴起于 20 世纪 60 年代的成本收益分析制度在立法领域的适用极为普遍，世界上主要的法治发达国家及区域组织如美国、欧盟等相继颁布了法律法规来确立立法以及规制中的成本收益分析制度，这也反映出这些国家和地区在市场经济国家法治改革中的共识。[①] 2004 年，国务院在《全面推进依法行政实施纲要》中首次提出要探索应用成本收益分析制度。此后，中央和地方多次在实践中探索将成本收益分析应用于本国土壤，并取得了相应的成果。但该制度毕竟发端于美国，在我国如何深入落实，的确值得进一步探讨。

成本收益分析以经济学中的"效率"标准来对传统法律的"公平"标准加以改造，这种改造并非简单用"效率"来替代"公平"，而是把二者并重，既强调"公平"，又重视"效率"，它用经济学的原理来揭示法律的内在经济属性，立足于立法效益最大化和立法质量最优化的目标，努力实现"公平"和"效率"的并重。[②] 之所以立法评估应该被重视，是由于其运用科学方法可能为立法实施前提供必要可行性分析，其评估方法是一系列科学计量流程的体现。以美国为例，在 2008 年金融危机以后，美国总统签署了第 12866 号行政命令和第 13563 号行政命令，规定要运用量化方法，包括成本收

---

① 周全、曾刚：《立法成本收益分析的中国语境与适用路径》，《法学论坛》2019 年第 12 期。

② 汪全胜：《立法效益论证问题的探讨》，《社会科学研究》2006 年第 3 期。

益分析方法、成本有效性分析方法、风险分析方法和敏感性分析方法，评估重要规章的制度设计和规则对经济、社会和环境影响产生的成本和收益。成本包括直接成本和间接成本，收益包括短期收益和长期收益。美国总统签署的第 13563 号行政命令强调，每一个机构尽可能准确地量化现在和预测将来重要规章和政府监管产生的成本和收益，同时也要考虑和讨论定性的、难以量化、或者不可能量化的价值，如人的尊严、健康、社会公正、公平和收入分配对后代的影响。①

我国在外商投资领域的立法制度建设中，目前尚缺乏较为成型的立法评估规则和立法评估机构，究其原因，可能与外商投资与国家经济利益联系紧密、外商投资立法决策较为敏感有关。因此长期以来，外商投资领域的立法评估一直较大依赖于国家政策面的现实把握，这种情况恰恰反映了我国当前立法评估缺乏系统性和准确性，可能会影响外商投资的长久预期和信心保障。实际上，外商投资的立法规范和政策制定都可以进行类型量化，如果有成本收益视角的立法规则评估，可以为外商投资的规则稳定性提供必要保证，也可以减少大量的决策变化成本。在立法评估工作这一领域，北京大有可为。2020 年北京市人大常委会立法工作计划，明确将《中关村国家自主创新示范区条例》作为立法后评估项目。但总的来说，立法评估范围并未大面积展开，在合适的契机和条件下，向外商投资法律领域倾斜，将更有利于相关立法工作的科学性和严谨性。由于立法评估的过程是较为漫长的过程，北京市外办作为协调机构大有可为，可以在组织各方进行立法评估的基础上发布相应的评估性

---

① 席涛：《立法评估：评估什么和如何评估》，《政法论坛》2012 年第 5 期。

报告。例如，2020 年 9 月 15 日，深圳前海合作区人民法院召开线上新闻发布会，发布《涉外涉港澳台商事审判白皮书（2015—2020）》，北京市外办可以协调北京市法制办等多个部门，通过立法评估的方式发布《北京市涉外投资法律白皮书》，作为北京市营商环境报告的一部分。

（二）立法规范的相互协调

美国学者凯斯·R. 桑斯坦教授曾对规制国（regulatory state）的学说加以探讨，美国式规制国的特点在于，经营活动仍由私人进行，但同时通过政府规制对私人活动加以干预和控制。[1] 外商投资保护的法治化过程也是政府规制的过程，只不过在这个过程中政府直接干预的场景逐渐减少，代之以抽象规则的引导作用，要达到规制目标，需要不同位阶法律规范和不同领域法律规则进行有机协调。因此，对于外国投资者的保护既需要宏观层面的支持和保护，又需要细化的落地规定给予具体确认，这涉及配套制度的相互协调。北京市的关于外商投资保护的立法工作，除跟进现有的一般性法律，进行本地特色化的规则构建外，还需要考虑涉外投资法律规则修订的连锁效应。这突出体现在不同位阶直接的立法规范会出现较为争议的解释空间，北京市外办可以利用自己的协调优势，以涉外投资为主题，同北京市其他部门一起通过调研、研讨等方式促进北京市涉外法律规范的进一步协调。

---

[1]　凯斯·R. 桑斯坦：《权利革命之后——重塑规制国》，钟瑞华译，李洪雷校，中国人民大学出版社，2008，第3—4页。

第 七 章

新时期北京国际形象的构建与传播

解非　郑海振[*]

第一节　新时期北京国际形象
构建与传播的重要意义

新冠肺炎疫情给城市各方面都带来了极大地冲击，作为城市核心竞争力的重要资源性要素，城市国际形象的建设与传播被提升到了全新的高度。"形象"是事物内在与外显诸要素的总和，通过一定形式的信息中介的作用，在公众心目中引起的感知、看法与评价；反映公众对该事物的认同、喜爱和支持的程度。^① 通俗地理解，"形象"即信息传递过程的产物。"国际形象"是一个国际行为体软

---

*　解非，外交学院国际关系专业 2020 级博士研究生，现为深圳技术大学马克思主义学院（人文社科学院）讲师；郑海振，外交学院国际关系专业 2020 级博士研究生，现为中国国际问题研究院助理研究员。

① 吴东林：《关于"新闻策划"理论研究的思考》，《新闻世界》2000 年第 3 期，第 6 页。

实力的重要组成部分，是影响行为体在国际关系中发挥作用的重要因素，因而国际关系领域的研究都给予了其特定的关注。在国际社会中，国际行为体之间有着各种各样的联系，每一个行为体的活动都处于其他行为体视野之内，其他行为体对其的评判便是国际形象。由于形象具有客观性与主观性（客观性是指形象的物质本源性，主观性是指形象是人们对事物感知的总和），① 因此城市国际形象同样具有双重属性。城市国际形象的客观性在于城市是一个实体，由有形物质和客观存在的现象构成；城市国际形象的主观性表现为国际社会对城市的总体印象，是对城市的价值判断，既受制于受众自身的认知，又源于媒介的影响。因此，城市的国际形象既是一座城市硬实力的体现，也是国际人士对城市形象的认知、国际媒体对城市形象的呈现。

国内学者对于北京国际形象的研究多从重大事件回顾、案例分析和形象构建的角度出发，以传播学理论为主进行论证。但是，国内学者探讨的对象集中于中国的国家形象，有关北京国际形象的研究较少。值得关注的是，2008 年北京夏季奥运会的成功举办成为系统研究中国国际形象的转折点。国家的国际形象是软实力的重要组成部分，在很大程度上影响着国家在国际舞台上的活动空间和活动效果。② 一般认为中国成功举办奥运会在一定程度上扭转了西方民众对中国的负面印象，展示了真正意义上的中国，③ 提升了中国的

---

① 范红：《国家形象研究》，清华大学出版社，2015，第 4 页。

② 张莉、南普随：《北京奥运会后的中国国际形象分析》，《国际关系学院学报》2009 年第 1 期，第 44—50 页。

③ 金元浦：《文化复兴：重建文化中国国家形象》，《文化软实力》2016 年第 1 期，第 86—91 页。

国际形象。还有部分学者以福柯的"话语"构建为视角,分析"奥运话语"建构与国家形象建构之间的密切关系。① 2022 年北京冬奥会成功举办,如何利用此次体育盛会展示中国需要的大国形象成为传播学界研究的重要话题,相关的建议措施也较为丰富。② 提出推进富有时代内涵的奥运精神、组织形式多样的体育宣传活动等将有助于提升我国的国际形象价值。③ 还有学者基于 2022 年北京冬奥会申奥片,从符号学和话语分析理论的视角进行探索视觉传播如何构建国家形象。④ 以上大部分研究是关于奥运会对国家形象构建的意义,与城市国际形象的构建有一定的差别,但是对于城市的国际形象构建与传播也有参考意义。关于北京的城市形象构建,有学者认为 2020 年东京奥运会城市建设的经验对于 2022 年北京冬奥会城市形象的塑造与传播具有借鉴意义,如促进企业和民间团体参与合作、挖掘城市文化底蕴等将对城市形象建设具有借鉴意义。⑤ 但是,国际性赛事对于国家和城市的形象构建并非只有正向意义,由于曝光度增加,城市还可能成为国际舆论的焦点。就此,我们需要系统研究如何应对西方媒体因为一些国际性赛事(如北京 2008 年奥运会)而对北京产生的负面影响,在熟悉国际传播规律的基础上,有

---

① 朱晓楠:《奥运话语与国家形象建构——从北京到伦敦》,《长沙大学学报》2014 年第 4 期,第 95—97 页。

② 黄莉、万晓红等:《北京冬奥会期间中国国家形象的塑造研究》,《武汉体育学院学报》2021 年第 5 期,第 5—11 页。

③ 丛光:《冬奥会对我国国际形象价值的提升》,《冰雪运动》2019 年第 5 期,第 8—13 页。

④ 陈丹:《视觉传播如何构建国家形象——基于 2022 年北京冬奥会申奥片的分析》,《传媒》2019 年第 19 期,第 56—58 页。

⑤ 姚畅、杨丽媛、李思琪:《2022 年北京冬奥会城市形象塑造与传播——借鉴 2020 年东京奥运会城市建设经验》,《卫星电视与宽带多媒体》2019 年第 18 期,第 51—53 页。

理、有利、有节地进行回应。

国外文献针对北京国际形象的研究较少，大部分都将其归入中国政府的软实力构建中讨论。例如，发表在《中国国际杂志》（*China：An International Journal*）的《中国国家形象构建与外交政策》一文重点从历史维度探讨了中国如何将自身的形象建设与对外政策相结合，其中北京作为首都具有重要的象征性意义，在对外交往中发挥了重要作用。[①] 清华—布鲁金斯公共政策研究中心（Brookings-Tsinghua Center for Public Policy）也发布报告称北京是中国崛起的象征，具有政治、经济和文化等复合型功能。国外也有部分学者将北京的城市形象与奥运会的成功举办相联系。通过分析国外英文主流媒体关于北京的报道可以发现国外媒体对北京的形象构建表现出一种赞同和认可的态度，当然其中也有部分报道会受到意识形态因素的影响而对北京的城市形象持负面态度。[②] 埃文斯·阿里亚巴哈（Evans Aryabaha）认为奥运会塑造了北京良好的国际形象，这对于中国的对外交往产生了积极作用。[③] 纵观现有的国内外研究可以发现，对北京国际形象构建与传播的研究尚显不足，值得我们对此问题进行深入探究。

2017 年 9 月，北京市就"建设一个什么样的首都？怎样建设首都？"这个重大时代课题设计了首都未来发展的新蓝图——《北京

---

① Wang Hongying, "National Image Building and Chinese Foreign Policy," *China: An International Journal*, No. 1, 2003, pp. 46–72.

② Guoming Yu and Mengyu Wang, "The Change of Beijing Image in the Foreign Media: An Analysis of Coverage by Mainstream English Media," *Global Media and China*, Vol. 2, No. 3–4, 2017, pp. 333–351.

③ Evans P. K. Aryabaha, *Beijing Olympics and China's Public Diplomacy: Olympic Impact on China's Politics, Economics, Security & Environment*, LAP LAMBERT Academic Publishing, 2018.

城市总体规划（2016—2035 年）》（以下简称《总规》）。《总规》立足于国家发展与城市建设的现实要求，明确了北京是全国政治中心、文化中心、国际交往中心、科技创新中心（即"四个中心"）的首都城市战略定位，提出了建设国际一流和谐宜居之都的发展目标，从而为北京的可持续发展指明了方向，也从城市发展战略的视角为我们提供了考察北京形象的新入口。[①] 面对新冠肺炎疫情与百年未有之大变局的重大考验，构建、传播良好的北京国际形象意义重大，具体体现在以下几个方面：

第一，构建与传播良好的北京国际形象是建设国际交往中心的必然要求。2017 年《总规》发布，提出落实城市战略定位，优化提升首都核心功能，加快推进国际交往中心建设，构建世界级城市群。国际交往中心是北京"四个中心"城市战略定位之一。国际交往中心建设要着眼承担重大外交外事活动的重要舞台，服务国家开放大局，持续优化为国际交往服务的软硬件环境，不断拓展对外开放的广度和深度，积极培育国际合作竞争新优势，发挥向世界展示我国改革开放和现代化建设成就的首要窗口作用，努力打造国际交往活跃、国际化服务完善、国际影响力凸显的重大国际活动聚集之都。[②] 但新冠肺炎疫情暴发以来，北京国际交往中心的建设面临极大阻碍。首都作为国际、国内沟通的主要桥梁，国际交往中心是首都的基本功能，在新时期加快落实国际交往中心建设势在必行。建设国际交往中心不仅是北京承担首都功能的重要战略任务，更是提

---

① 北京市规划和国土资源管理委员会：《北京城市总体规划（2016 年—2035 年）》，北京市人民政府网站，2017 年 9 月 29 日，http://www.beijing.gov.cn/gongkai/guihua/wngh/cqgh/201907/t20190701_100008.html，访问日期：2021 年 9 月 3 日。

② 同上。

升国家软实力的重要内容。放眼全球，法国巴黎、瑞士日内瓦、比利时布鲁塞尔和美国纽约是目前拥有国际组织总部较多的四个城市，与之比较，北京尚有差距，凸显出国际交往功能和国际影响力的不足。构建与传播良好的北京国际形象，让世界更加了解北京、了解中国，这已经成为新时期深化落实首都城市国际交往中心战略定位的必然要求。

第二，构建与传播良好的北京国际形象是提升国家软实力的重要环节。作为一座国际化大都市，北京不仅仅是国际交往中心的代表，更是国家形象的一个缩影。北京的国际形象不仅影响着与世界的互动关系，更关涉国家自身的发展。国际主流媒体报道中国或中国政府在国内外重大事件中的立场、态度、决策和行动时，一直以来多以"北京"指代中国，北京已经成为代表中国的政治符号。[①]2022 年举办的北京冬奥会作为一次重要的主场外交活动，是提升北京国际形象的重要平台，更是在新时期塑造国家形象的重大机遇。尽管全球化在新冠肺炎疫情暴发以来遭受重创，但全球化是当今世界不可逆的大势所向。全球化的发展使不同地域间的直接交流成为现实，城市逐渐成为认识地域的主要窗口，成为地域间交流的重要行为体。"城市形象"因其所具有的认同价值，有时甚至被放大到整个"国家形象"的层面。如西方国家对中国形象的最初认识源自马可波罗笔下元大都的繁荣景象。[②]信息全球化更是给城市对国家形象的构建带来了机遇与挑战，一些城市会因其所具有的比较优势

---

① 欧亚：《推特平台的北京国际形象及其传播模式研究》，《对外传播》2021 年第 5 期，第 61 页。

② 王蔚、宋霁、朱慧博：《城市文化与国家形象——以海派文化为例》，《第六届海派文化学术研讨会论文集》2007 年 6 月 1 日，第 33 页。

或突发事件而成为世界关注的焦点。2019 年年底至今，新冠肺炎疫
情在全球蔓延，中国为全球抗疫作出的贡献被"污名化"，对中国
的国际形象带来较大的冲击。"城市国际形象"是国家形象的"局
部"，国家整体形象塑造离不开每一个"局部"形象。国家形象是
国家软实力的直接表现，塑造良好的国家形象是提升国家软实力的
必然要求，由此城市国际形象对于国家软实力的意义可见一斑。北
京作为中国与世界交流的窗口，已经表现出自身具备重塑真实中国
形象的能力。因而，如何利用城市这一重要的平台，在国际社会中
塑造一个良好的国家形象，已经成为当下值得深思的重要议题。

　　第三，构建与传播良好的北京国际形象将为全球城市治理提供
中国方案。从发达国家城市化发展的一般规律看，我国现在开始进
入城镇化快速发展的中后期。全国 80% 以上的经济总量产生于城
市、50% 以上的人口生活在城市，城市的发展不仅关乎国家命运，
也与多数人的生活息息相关。[①] 管理和建设好城市，很大程度上关
系着国家治理体系和治理能力的现代化。北京作为具有代表性的超
大型城市，有责任也有义务为探索更有效的城市治理贡献更多"北
京经验"、拿出更多"北京方案"。21 世纪以来，北京城市治理取得
了良好的成绩：把过去脏乱差的治理"洼地"，建成人们争相打卡
的网红公园；把被中央生态环境保护督察列为整改重点的河道污水
处理厂，改造为生态环境良好的城市绿地；把具有典型"邻避效
应"的重污染厂区，打造成人们争相观光赏玩的休闲景点，成为公
开接受所有人检验的生态环境治理地标；新冠肺炎疫情以来，城市
各级部门能够快速制定并实施有效的应对举措……北京城市治理成

---

① 李拯：《尊重规律，才能走向"现代城市"》，《人民日报》2016 年 1 月 4 日第 5 版。

效初显的背后，正是"中国智慧"与"中国方案"的体现。城市作为国际社会中重要行为体，在国际交往中的作用与日俱增。良好的北京国际形象，能够使北京逐步扩大"朋友圈"，在相互借鉴中实现治理水平的共同进步，并为全球经济和社会可持续发展提供更多的"中国智慧""中国方案"。

当前，世界百年未有之大变局与世纪未有之疫情相互交织，世界多极化、经济全球化处于深刻变化之中，国际社会中的各种行为体相互联系、相互依存、相互影响更加密切。具有国际影响力的大型城市作为国际社会中的重要行为体，在国际交往中发挥着重要作用，是大国外交的重要支点，成为构建人类命运共同体中的重要一环。北京作为首都，是我们伟大祖国的象征和形象，是全国各族人民向往的地方，是向全世界展示中国的首要窗口，一直备受国内外高度关注。[①] 作为大国的首都，北京在提升国家综合实力方面肩负着重要的责任。面对新时期的重大考验，塑造和传播良好的北京国际形象不仅仅是城市建设与发展的重要内容，更是国家发展大战略中的重要环节，也将为全球城市治理提供更多的"中国方案"，使世界更加了解北京、了解中国。

---

① 北京市规划和国土资源管理委员会：《北京城市总体规划（2016 年—2035 年）》，北京市人民政府网站，2017 年 9 月 29 日，http://www.beijing.gov.cn/gongkai/guihua/wngh/cqgh/2019 07/t20190701_100008.html，访问日期：2021 年 9 月 5 日。

第二节　新时期构建魅力与
实力并存的北京国际形象

构建良好的北京国际形象是加强国际交往、提升城市影响力的重要环节，可以增强城市的国际影响力，不断为北京的可持续发展注入活力。而新冠肺炎疫情的持续蔓延，及其所带来的经济和社会危机，使得北京城市发展在新时期面临严峻挑战。因此，在新时期构建一个什么样的北京国际形象是值得我们思考的重要问题。

党的十九大报告中指出，"推进国际传播能力建设，讲好中国故事，展现真实、立体、全面的中国，提高国家文化软实力"。[①] 北京的国际形象是国家形象的一个重要组成部分，国际社会对中国的印象离不开对北京这座城市的印象。通过塑造良好的城市国际形象来提升国家形象，是国家形象塑造的重要手段。所谓"物品有价，名誉无价"，一个城市的良好形象，被认知的范围越大、时间越久、价值就越高。塑造良好的国际形象，是北京未来发展的有效驱动力。面对新时期的机遇与挑战，北京的国际形象不仅体现在充满"魅力"上，更要体现在真正的"实力"上。具体而言，北京国际形象的"魅力"与"实力"应具有以下特点：

第一，构建真实又全面的北京国际形象。有研究显示，北京作

---

① 习近平：《决胜全面建成小康社会　夺取新时代中国特色社会主义伟大胜利——在中国共产党第十九次全国代表大会上的报告》，中华人民共和国中央人民政府网站，2017 年 10 月 27 日，http://www.gov.cn/zhuanti/2017-10/27/content_5234876.htm，访问日期：2021 年 9 月 6 日。

为全国政治中心的这一角色被极度渲染，北京本身的政治形象几乎被国家政治形象完全占位，北京作为文化中心、国际交流中心、科技创新中心以及和谐宜居之都的形象在社交平台上的影响力被弱化，城市各维度的形象失衡。[①] 塑造北京国际形象，让世界真正了解一个真实而又全面的北京，是北京城市宣传的重要任务，更是提升城市国际影响力的必然要求。北京最初因其政治功能而被世界所熟知，同时因拥有包括故宫、天坛、长城等世界文化遗产而闻名于世，但仅仅从这些方面来认识北京未免太过粗浅。《总规》明确提出，北京城市战略定位是全国政治中心、文化中心、国际交往中心、科技创新中心。[②] 因此，我们要紧紧围绕"四个中心"的城市战略定位，充分挖掘北京的物质资源和文化资源，构建出真实而又全面的北京国际形象。

第二，构建多元又包容的北京国际形象。习近平总书记曾强调，"文化兴国运兴，文化强民族强。没有高度的文化自信，没有文化的繁荣兴盛，就没有中华民族伟大复兴"。[③] 文化是塑造城市国际形象的重要资源，北京拥有丰富的文化资源，需要我们深入挖掘并广泛宣传。文化不仅是精神食粮，更是一种强大的精神力量。参与全球城市竞争，离不开文化的积极引领。北京是见证历史沧桑变

---

① 马诗远、郑承军：《新信息环境下海外社交媒体中的北京形象研究》，《现代传播》2021 年第 7 期，第 151 页。

② 北京市规划和国土资源管理委员会：《北京城市总体规划（2016 年—2035 年）》，北京市人民政府网站，2017 年 9 月 29 日，http://www.beijing.gov.cn/gongkai/guihua/wngh/cqgh/201907/t20190701_100008.html，访问日期：2021 年 9 月 6 日。

③ 习近平：《决胜全面建成小康社会　夺取新时代中国特色社会主义伟大胜利——在中国共产党第十九次全国代表大会上的报告》，中华人民共和国中央人民政府网站，2017 年 10 月 27 日，http://www.gov.cn/zhuanti/2017-10/27/content_5234876.htm，访问日期：2021 年 9 月 5 日。

迁的千年古都,也是不断展现国家发展新面貌的现代化城市,更是东西方文明相遇和交融的国际化大都市。① 北京在深入开发自身固有的文化资源外,更要吸收世界优秀的文明成果,使北京的文化资源更加多元化、更具包容性。多元而又包容的文化有利于减少不同文明间的隔阂,更能够获得广泛的接纳与认可。坚定的文化自信,增强着城市竞争力、影响力,更能进一步提升群众幸福感、获得感。这既是支撑北京城市发展的坚实基础,更是引领北京前行的磅礴力量。继承和弘扬北京优秀的文化,讲好北京城市建设的故事、北京人美好生活的故事,有助于向世界展现一个真实、全面而又立体的北京。

第三,构建有智慧又有担当的北京国际形象。当今世界正经历百年未有之大变局,新一轮科技革命和产业革命深入发展。② 以区块链、大数据、人工智能等为代表的新兴科技发展迅猛,给城市的发展带来了新的挑战和机遇。让城市更"智慧",是推动城市治理体系和治理能力现代化的必由之路。2020 年以来,新冠肺炎疫情的持续蔓延给城市治理带来巨大考验。北京在这次考验中加快数字化转型,在全国率先上线用于疫情防控的电子身份证明——"北京健康码",提高防控的行政效能。面对新一轮科技革命的深入发展,善于运用互联网等最新技术手段,不断提升城市治理的智能化水平,才能让城市面对重大公共安全事件时经得起考验。同时,北京

---

① 北京市规划和国土资源管理委员会:《北京城市总体规划(2016 年—2035 年)》,北京市人民政府网站,2017 年 9 月 29 日,http://www.beijing.gov.cn/gongkai/guihua/wngh/cqgh/2019 07/t20190701_100008.html,访问日期:2021 年 9 月 6 日。

② 习近平:《中国共产党第十九届中央委员会第五次全体会议公报》,共产党员网站,2020 年 10 月 29 日,https://www.12371.cn/2020/10/29/ARTI1603964233795881.shtml,访问日期:2021 年 9 月 6 日。

在加速建设国际交往中心的过程中，要努力展现大国城市的使命与担当。党的十八大以来，北京在绿色发展、科技创新、营商环境优化、文化中心建设等方面，取得辉煌成就。新冠肺炎疫情暴发以来，北京始终把疫情防控的工作视为重中之重。在北京市政府的积极引导和广大市民的积极配合之下，截至 2021 年 9 月 26 日，北京市已有 1976.50 万人完成新冠疫苗的全程接种，全市 18 岁及以上常住人口全程接种率 98.29%，[①] 为国家疫情防控工作作出了重要的贡献。这些成绩的背后，不仅诠释了北京作为大国首都的职责所在，更加体现出北京作为国际大都市的责任与担当。

新时期构建北京国际形象任重而道远，应牢牢把握百年变局与新时期的重大机遇，要努力建设既富"魅力"又具"实力"的大国首都，构建具有中国特色的真实全面、多元包容、有智慧又有担当的城市国际形象。而实现这一目标需要我们总结好过往经验，在实践中摸索构建北京国际形象的可行路径。

第三节　新时期北京国际形象
构建的可行路径

北京国际形象的构建是新时期北京城市发展所面临的重要任务。良好的北京国际形象，既需要制定出城市建设的"北京方案"，更需要讲好"北京故事"。城市建设的"北京方案"是构建北京城

---

① 北京市卫生健康委员会：《北京累计报告接种新冠病毒疫苗 4003.90 万剂次》，央视网，2021 年 9 月 27 日，https://news.cctv.com/2021/09/27/ARTIsKqnOW3tEaXYSNSv6ZF2210927.shtml，访问日期：2021 年 10 月 6 日。

市国际形象的基础，而讲好"北京故事"是我们在构建北京国际形象过程中的重要推动力。因而，在新时期，应将做好"北京方案"与讲好"北京故事"作为城市形象构建的两大着力点，使真实全面、多元包容、有智慧又有担当的城市国际形象深入人心。具体而言，可以从以下五个方面着手。

一、以政府为主导

中国在国际社会上发出的声音有很多，但最有说服力的还是中国成功的经济发展模式，中国的发展就是社会主义意识形态生命力的表现。[1] 当前中国的发展正经历百年未有之大变局，因此在塑造北京国际形象的过程中，我们要坚持走中国特色社会主义道路的原则。中国的城市国际形象只有拥有以意识形态为核心的鲜明"国家信仰"，才能真正获得国际社会的认可与尊重。政府是我们走中国特色社会主义道路的主要领导者，因此在构建北京国际形象的过程中应坚持以政府为主导，充分发挥政府统领全局的领导作用。

北京市政府在城市国际形象构建的过程中肩负着重要职责，首要任务是应加强城市国际形象构建的顶层设计。北京市政府在城市建设中主要是运用统筹的观点，考虑城市的长远发展，对城市的定位、功能区域的划分、城市的发展规模及方向等方面进行决策，如"四个中心"的战略定位为北京未来的发展指明了方向。因而，北京国际形象构建的顶层设计，一方面，要注重城市国际形象建设的

---

① 吴贤军：《中国国际话语权构建：理论、现状和路径》，复旦大学出版社，2017，第229页。

专业性和科学性，鼓励和吸纳更多专业的力量进行北京国际形象提升的研究；另一方面，要遵循城市治理的科学理念，从城市规划、城市定位、城市治理、产业发展等多个角度去探索和创新提升北京形象的合作模式和机制。此外，构建良好的北京形象仅依靠单方或几方的力量是难以实现的，需要政府鼓励和吸纳城市利益相关者利用自身优势发挥自身作用，培育全民提升城市形象建构的能力。同时，应依靠政府建立整体协调机制，打造城市国际形象的整合塑造模式。新时期，人工智能、大数据等深刻影响着社会变革，城市治理要牢牢把握住这一重要机遇，通过建设"智慧"城市提升北京的国际影响力。在此过程中，有赖于北京市政府提供更多的政策扶持，充分发挥政府在"智慧"城市建设中统筹兼顾的能力，采取政府主导、市场参与、多方合作的发展模式。北京国际形象构建的顶层设计只有充分调动各利益攸关方的能动性，才能使"北京方案"与"北京故事"更加具体而生动。

二、以人民为主体

　　人民是历史的创造者，是参与城市国际形象构建的主体。这一论断提示我们，在城市国际形象的构建过程中，要充分发挥人民群众的主体地位，调动人民群众参与的积极性与主动性，发扬人民群众的创造性，鼓励北京市民乃至更多的中国人民通过各种方式参与北京国际形象的构建。然而，无论是对作为首都的北京还是对作为城市的北京，当前有关北京的报道居高临下的宏观叙事较多，对北京文化和百姓日常的微观反映偏少，而占比不多的社会民生类话题又存在较多负面内容，容易造成北京形象的负面认知。因而，以人民为主体，讲好北京的"人民故事"，恰好可以弥补官方报道和海外民众有限认知的短板。通过讲述北京人民充满生机与活力的生活故事，介绍北京在政治、经济、文化、科技、生态等众多方面取得的巨大成就，帮助国际社会了解更加真实的北京。

同时，要重视外国人民在北京国际形象构建中的重要作用。2021 年，上海市推出《百年大党——老外讲故事》，邀请百位在沪外国人分享他们在上海生活工作的亲身经历和感受，一个多月的时间在中国境外各平台累计播放量超过 6000 万人次，覆盖近 200 万海外受众。[1] 相较于中国人民的自述，海外人民的他述，可以使"北京故事"更具说服力和影响力，引导国际社会更加客观地认识北京。2019 年，皮尤中心在 40 个国家开展的"全球态度调查"显示，大多数西方国家青年群体对华态度比老年群体更加积极。[2] 因而，要进一步加强中外青年交流，搭建更多中外青年群体之间的对话平台，做好对国外青年群体的对外传播工作，进而扩大国际社会中了解中国、关注中国、喜爱中国的"朋友圈"。在构建北京国际形象的过程中，只有坚持走人民路线，才能使北京国际形象更具说服力、亲和力与影响力。

---

① 罗建波、孔志国：《如何对外讲好中国式现代化》，《对外传播》2022 年第 12 期，第 13—17 页。

② 姜丽：《以人民为中心创新对外传播实践》，《人民论坛》2021 年第 35 期，第 117—119 页。

三、以议题为导向

北京要构建良好的国际形象，就要主动进入国外主流媒体的视线或成为国际舆论关注的焦点。一方面，本身要具有构成焦点的要素，比如在北京举办的冬奥会就是国际舆论瞩目的焦点。面对新冠肺炎疫情蔓延的不确定性，北京冬奥组委向国际奥委会提交了《北京2022年冬奥会和冬残奥会疫情防控政策》。北京冬奥组委与国际奥委会建立了会商工作机制，本着对运动员、对奥林匹克大家庭等所有利益相关方生命健康高度负责的态度，始终坚守安全底线，把疫情防控放在首位。[①] 这一举措展现了北京作为负责任大国城市的态度，借助这一举措可以向世界更好地传递北京国际形象，甚至实现人类命运共同体理念的巧妙传播。

另一方面，要密切关注国际政治、经济、文化领域中的热点议题，如全球气候治理、人工智能的应用等。应积极主动地发出北京声音，充分表达我们的意见和看法，争取进入国际舆论的中心。全球气候问题是人类共同关注的话题，城市作为全球气候治理的重要参与者和推动者，肩负着重要的职责。北京作为全球气候治理的积极参与者，严格贯彻落实国家"碳中和"的发展目标，在发展新能源、垃圾分类等许多方面都取得了优异的成绩。人工智能的快速发展，更是深刻地影响了社会的发展。2018年，海淀区正式启动"城市大脑"规划建设工作——"1+1+2+N"架构模式建设，即一张感

[①] 《国际奥委会执行委员会会议审议北京2022年冬奥会和冬残奥会疫情防控政策》，北京冬奥组委官方网站，2021年9月30日，https://www.beijing2022.cn/sv1/wog.html?cmsid=EYS2021093000029300，访问日期：2021年10月8日。

知网、一个智能云平台、两个中心（大数据中心、AI 计算中心）、N 个创新应用，以推动公共资源高效调配、城市事件精准处置、城市治理全局协同、治理效能切实提升。①"城市大脑"的建设是时代发展的要求，更是破解当下城市问题的有效方式。例如，当今无限制投放单车不再可取，单纯的大数据分析也显得不够用。当下的共享单车企业需要提出更加智能化的精准决策方案。新时期的到来，更是给"智慧"城市的发展带来重要机遇，应充分发挥北京在人工智能、大数据、云计算等方面的科技企业优势，合力推动北京"城市大脑"建设，提升城市治理的智慧化水平，让民生保障更加高效精准，真正提升人民群众的获得感、幸福感、安全感。

北京作为国家的首都，拥有举办主场外交、主场赛事等活动的机会较多，这赋予其构建良好国际形象的巨大优势。构建北京的国际形象，就应当对当前国际社会面临的共同问题予以重视。在明确城市形象构建的目标基础上，主动参与、设置议题，并努力展示自己在这方面的作为与贡献，不断形成新的新闻价值点，以引起国际舆论的关注。

四、以媒体为手段

城市形象从来不是自在的、客观化的产物，而是在自我言说和他者叙述的互动过程中完成的，是自我对他者的想象性构造，投射

---

① 海淀（中关村科学城）城市大脑发布会：《深化共建共治共享　合力推进海淀"城市大脑"建设》，中共北京市海淀区委员会，2019 年 4 月 1 日，http://hdqw.bjhd.gov.cn/dwgk/qwwj/201904/t20190411_4312183.htm，访问日期：2021 年 9 月 9 日。

着自我的欲望和需求。① 因此，要发挥媒体传播在城市形象构建中的重要作用，使他者拥有对北京真实而全面的感知。利用互联网媒体建立城市形象窗口和国内外公众交流沟通的平台。网络媒体的特点就是内容丰富、高效、便捷、互动性强，随着信息化进程的加速，网络成为政府部门办公自动化、电子化、网络化的必要手段。② 大众传媒通过国际议题的设置，将代表本国利益的概念、阐述和解释纳入"争议""正确"的符号体系，在多种声音中凸显出本国话语权定义现实、解释现实的力量，从而赋予本国政府国际政治行为的合法性，赢得国内外舆论的理解和支持。

发挥我国主流外宣媒体的作用，积极进行议程设置，展现真实多元的北京。在重大媒体事件中，国内媒体在突出政治性的同时，要尽力展示北京形象多元、深厚的内涵。结合海外受众关切点加强议题设置，例如当前世界关注的新冠肺炎疫苗的安全性和疫情防控方面的话题。此外，在利用媒体宣传北京的过程中，要注重表达叙事的创新。善于将理念、概念具象化，可以通过对承载价值观的具象载体进行设计，做到既有"颜值"又有"价值"，用国际社会所能接受的媒体和传播的方式、语言角度，来塑造北京的国际形象。

官方媒体在对外宣传中的重要性毋庸置疑，同时也要重视和挖掘非官方社交媒体的力量。随着通信技术的发展，以多元互动、即时传播、去中心化为特点的社交媒体，极大地突破了传统媒体新闻

---

① 欧亚、王朋进：《媒体应对——公共外交的传播理论与实务》，时事出版社，2011，第99页。

② 段鹏：《国家形象建构中的传播策略》，中国传媒大学出版社，2007，第130页。

生产和传播的局限,① 为城市国际形象的构建提供了广阔的平台。但单个社交媒体的传播也存在一定的缺陷,如推特（Twitter）平台上的北京信息呈现出去中心化—再中心化的双向传播模式,整体结构较为零散。② 因而,在利用社交媒体进行城市形象构建时,需充分释放多元主体在社交媒体上的传播潜力。例如,在重大国际性会议的宣传方面,在保证政治导向正确的前提下,加强多渠道传播、多平台分发,取得规模化传播效果。对于新时代的城市形象传播而言,只有整合不同新媒体渠道,才能更好地进行城市形象的对外传播,增强城市文化软实力,进而促进城市的进一步发展。③ 同时,要加快构建中国话语和中国叙事体系,进一步推动我国同世界各国的人文交流和民心相通,利用多元化的渠道讲好北京故事,让更多真实的信息抵达国际受众,赢得更多朋友,让更多人了解、理解和支持北京的发展。

五、以文化为背景

构建良好北京国际形象,要深入挖掘和传播北京的历史文化遗产。习近平总书记指出,文化是一个国家、一个民族的灵魂。文化

---

① 王莉丽、张文骁:《美国媒体报道与中国形象建构——以〈华尔街日报〉为例》,《现代国际关系》2021 年第 8 期,第 24 页。

② 欧亚:《推特平台的北京国际形象及其传播模式研究》,《对外传播》2021 年第 5 期,第 61—64 页。

③ 刘安琪:《以新媒体传播提升北京城市文化形象》,《新媒体研究》2020 年第 9 期,第 40—46 页。

自信是一个国家、一个民族发展中更基本、更深沉、更持久的力量。① 北京是世界历史文化名城，拥有丰富的历史文化遗产。历史文化是一座城市的灵魂，做好城市文化的传承与传播才能使城市富有活力。传承保护好这份宝贵的历史文化遗产是北京的职责，要本着对历史负责、对人民负责的精神，传承历史文脉，处理好城市改造开发和历史文化遗产保护利用的关系，切实做到在保护中发展、在发展中保护。②

以文化为背景构建良好的北京国际形象，关键在于讲好"北京故事"。"北京故事"不仅要包括北京所拥有的历史文化遗产，还要涵盖非物质文化遗产、北京人的日常生活等。讲好"北京故事"，就要关注北京这座城市在发展历程中的点点滴滴。因此，"北京故事"既要有高站位的宏大叙事，也要有带温度的人文情怀。北京文化是中华文明的重要组成部分，富有取之不尽用之不竭的营养，我们在传承的同时要与时俱进，不断地发掘创新，用鲜活、生动的方式，让世界不同信仰、不同民族的受众所理解，使北京文化的传播更加广泛、深入。

从全球视野来看，文化不仅仅是一套承载和容纳民族精神世界的符号系统，同时也是一种软实力。③ 在一个从全球硬实力竞争转向软实力竞争的时代，我们更应该从城市软实力的角度和参与全球竞争的高度，重新审视北京的文化。在西方发达国家带有文化霸权主义性质的文化外交攻势下，面对经济实力强大的强势文化的渗

---

① 习近平：《一个国家、一个民族不能没有灵魂》，《求是》2019 年第 8 期，http://www.qstheory.cn/dukan/qs/2019-04/15/c_1124364055.htm，访问日期：2021 年 9 月 10 日。

② 习近平：《治雾霾首要任务是控制 PM2.5》，《新京报》2014 年 2 月 27 日第 4 版。

③ 陈文力、陶秀璈：《中国文化对外传播战略研究》，九州出版社，2012，第 40 页。

透、侵略和扩张，北京作为国家对外交流的重要窗口，要积极参与国际文化交流与对话。贯彻落实习近平总书记对北京的重要讲话精神，走出一条以文化为根基、为底色、为驱动的城市创新发展之路。①

新时期，北京的发展承载着党和人民的重托期许，北京正阔步迈向建设国际一流的和谐宜居之都新目标，北京正与伟大祖国一起迎接中华民族伟大复兴的历史节点。我们要充满自信和底气地做好"北京方案"、讲好"北京故事"、传播好"北京声音"，与世界各国交流互鉴、取长补短，抓住当前形势下构建城市形象的良好机遇，改进构建城市形象方式方法，因时而动、顺势而为，用各种生动事例呈现北京取得的巨大成就，努力构建与"四个中心"定位相匹配、与大国首都相适应的良好国际形象，向世界展示具有中国特色的真实全面、多元包容、有智慧有担当的城市国际形象。

第四节　新时期北京国际形象的传播途径

全球化时代，城市的国际形象传播已经变成了国家软实力的重要组成部分。在以"软实力"为导向的城市发展理念下，城市形象作为城市推广的名片占据了极其重要的地位，如何在众多城市中脱颖而出、富有辨识度、凸显城市的个性与文化，是城市形象传播的

---

① 《求是》杂志科教编辑部、中共北京市东城区委联合调研组：《北京东城：以文化浸润城市》，求是网，2021 年 10 月 1 日，http://www.qstheory.cn/dukan/qs/2021-10/01/c_1127915241.htm，访问日期：2021 年 10 月 11 日。

重中之重。① 如何将构建起来的国际形象有效传播出去也是需要重点探究的问题。在对外传播的过程中，政府往往会扮演重要角色。北京城市宣传部门认为北京的国际形象构建与传播应该倚重主场传播、注重主流传播、主打主力传播、提炼展示北京形象的核心元素。② 为了更好地了解传播目标，国内相关部门和学者也针对性地研究了外媒对中国的报道与传播模式。③ 例如，通过对国际上有影响力的国外媒体进行话语分析，总结出北京城市形象构建的具体建议。④ 北京城市形象的传播核心是价值传播，这是百年未有之大变局中赢得主动的根本，也是塑造北京城市形象时国际传播的核心要素。另外，影视剧作为一个新平台担负着传播城市形象的多重任务，大量以北京为题材或背景的影视剧涌入受众视野，研究其中的北京文化符号及其对城市形象的传播形成的影响也是值得探究的话题。⑤ 国外也有部分学者将北京的城市形象与奥运会的成功举办相联系。通过分析国外英文主流媒体关于北京的报道可以发现国外媒

---

① 冯惠：《中央广播电视总台在城市形象传播中的角色与定位》，《中国广告》2021年第5期，第91—92页。

② 徐和建：《国际传播建构北京城市形象的思考》，《对外传播》2020年第2期，第68页。

③ 喻国明、胡杨涓：《外媒话语构造中北京形象的传播常模（下）》，《对外传播》2016年第11期，第43—44页。

④ 欧亚、熊炜：《从〈纽约时报〉看北京城市形象的国际传播》，《对外传播》2016年第6期，第48—50页；徐剑、董晓伟：《德国媒体中的北京形象：基于〈明镜〉周刊2000—2015年涉京报道的批判性话语分析》，《西安外国语大学学报》2018年第2期，第57—61页；张颖：《从美国主流媒体关于"北京胡同"的报道看北京形象的国际认知》，《对外传播》2015年第10期，第50—52页；李锡奎：《俄罗斯媒体视域下北京城市形象探究》，《欧亚人文研究》2020年第2期，第46—52页。

⑤ 张健：《从传播学角度看影视剧中的北京文化符号与城市形象传播》，《戏剧之家》2014年第7期，第351—360页。

体对北京的形象构建表现出一种赞同和认可的态度，当然其中也有部分报道会受到意识形态因素的影响而对北京的城市形象持负面态度。① 伊万斯·艾瑞亚巴哈（Evans Aryabaha）认为奥运会塑造了北京良好的国际形象，这对于中国的对外交往产生了积极作用。②

　　新冠肺炎疫情下的国际传播格局发生了不小的变化，在国际舆论博弈中构建中国的负责任大国形象对于国家形象的塑造有着重大意义。③ 部分学者将新时期与北京冬奥会联系起来，将这场主场外交活动作为改善中国国家形象的重要契机，应该从国家高度进行主动的战略规划，充分展现多元国家形象，优化传播体系等。④ 同时，新冠肺炎疫情之下的冬奥会也是我国践行人类命运共同体理念体育治理方略的好时机。⑤ 新冠肺炎疫情是近年来人类遭遇的最大"黑天鹅"事件，是重大非传统安全威胁，对国际格局影响重大。⑥ 在疫情防控常态化、国际传播环境复杂化、国际关系多元化的情况下，⑦ 北京国际形象的传播应该放在公共外交和传播学的视角下共

---

① Guoming Yu and Mengyu Wang, "The Change of Beijing Image in the Foreign Media: An Analysis of Coverage by Mainstream English Media," *Global Media and China*, Vol. 2, No. 3-4, 2017, pp. 333-351.

② Evans P. K. Aryabaha, "*Beijing Olympics and China's Public Diplomacy: Olympic Impact on China's Politics, Economics, Security & Environment*," LAP LAMBERT Academic Publishing, 2018.

③ 杨广青：《新冠疫情下做好广播电视外传的实践与思考》，《中国广播影视》2021年第6期，第62—64页。

④ 王莉：《疫情背景下北京冬奥会与国家形象塑造：理论逻辑与实践路径》，《河北体育学院学报》2021年第5期，第26—34页。

⑤ 胡建秋：《新冠肺炎疫情下2022年北京冬奥会与国家形象多维建构》，《山东体育科技》2020第6期，第8—13页。

⑥ 瞭望：《全球板块如何震荡》，新华网，2020年5月6号，http://www.xinhuanet.com/world/2020-05/06/c_1125945966.htm，访问日期：2021年9月2日。

⑦ 王莉：《疫情背景下北京冬奥会与国家形象塑造：理论逻辑与实践路径》，《河北体育学院学报》2021年第5期，第26—34页。

同思考。作为中国的首都，北京在某种程度上成为中国的代名词。树立真实全面、多元包容、有智慧有担当的北京城市国际形象对于中国在国际社会上的国家形象而言有重大意义。

2021 年 5 月 31 日，习近平总书记在主持十九届中央政治局第三十次集体学习时强调，讲好中国故事，传播好中国声音，展示真实、立体、全面的中国，是加强我国国际传播能力建设的重要任务。[①] 城市形象是国家形象必不可少的一部分，构建完整立体的城市国际形象将有助于国家形象的建设。要加强国家整体的叙事能力建设，用中国理论阐释中国实践。为了更加有效地传播北京的城市国际形象，我们可以从以下几个方面入手。

一、深入挖掘北京文化特色和底蕴

布鲁金斯学会的研究报告显示，北京已然是一座国际化的大城市。但是，北京作为一个全球性城市的崛起却是不完整的。[②] 国外媒体和观众对北京的认知更多停留在中国首都这一政治认知层面上，对于这座有着三千多年历史的文化古城和独具特色的京味文化却知之甚少。在对外传播北京的城市国际形象时，应该重点强调其本身的文化特色和底蕴，传播多元且包容的形象。

西方媒体受到意识形态和政治因素的影响，往往习惯于用他者的话语结构讲述关于中国的一切。而中华文明倡导的却是"和而不

[①] 时而习之：《习近平：讲好中国故事，传播好中国声音》，求是网，2021 年 6 月 2 日，http://www.qstheory.cn/zhuanqu/2021-06/02/c_1127522386.htm，访问日期：2021 年 9 月 2 日。

[②] Wang Feng, "*Beijing as a Globally Fluent City*," Brookings-Tsinghua Center for Public Policy, 2013, p. 5.

同"的多元共存思想。例如,《论语》中讲:君子和而不同。《中庸》中也讲到:万物并育而不相害,道并行而不相悖。这些中华民族古代的经典哲学思想也体现在中国的对外交往理念中。中国国家主席习近平曾经提出,"要理性处理本国文明与其他文明的差异,认识到每一个国家和民族的文明都是独特的,坚持求同存异、取长补短,不攻击、不贬损其他文明"。① 北京是一座历史悠久的文化名城,拥有 3000 多年的建城历史,860 余年的建都史,历史上多个朝代在此建都。北京市的文化旅游资源也很丰富,拥有众多历史古迹和人文景观,是世界上拥有文化遗产最多的城市,也是中华文明源远流长的伟大见证,丰富而优秀的文化资源使得北京成为《米其林旅游指南》三星推荐目的地。进一步加强对北京市优秀传统历史文化的挖掘和宣传,对于塑造北京历史文化名城的形象具有重要的作用。② 深厚的文化底蕴是北京"走出去"的主要特色名片,在这个过程中需要凸显京味文化的与众不同,与中华民族传统节日风俗相关的一部分内容应该作为重点的传播领域。独特的京剧艺术、特色鲜明的胡同文化和美轮美奂的古代建筑都可以成为北京多元形象的一部分。赋予传统京味文化以更多的现代化元素可以更有效地吸引包括年轻群体在内的国外民众。

疫情前后的文化生态肯定会有所不同,文化传播也会相应改变。因为文化生产和文化传播最主要的特征是人员的交流,而在相当长一段时间内人员交流的阻滞或部分阻滞,必然会波及从文化生

---

① 倪世雄:《习近平眼中的"和而不同"》,中国新闻网,2017 年 8 月 15 日,http://www.chinanews.com/gn/2017/08-15/8305145.shtml,访问日期:2021 年 9 月 24 日。

② 徐翔、朱颖:《北京城市形象国际自媒体传播的现状与对策——基于 Twitter、Google+、YouTube 的实证分析》,《对外传播》2017 年第 8 期,第 49—52 页。

产到文化消费整条生态链的发展。① 文化是最能引起国外民众兴趣的内容，也最容易引发共鸣。挖掘优秀传统文化资源的丰富内涵和当代价值，寻找将文化资源融入现代生产生活的契合点，推动优秀传统文化"活起来"。具体而言，塑造北京城市形象，重点要浓缩、提炼、展示优秀传统文化精神标识的北京形象元素。将北京市鲜明的城市形象体现到价值理念、文艺精品和文化成果中，融入讲好故事、传播发布、展览展示中，深耕细作，全力践行，充分反映京华大地的生动实践、巨大变化、丰硕成果，精心打造北京城市形象国际传播经典品牌。② 在对外传播的过程中，重点展示北京丰富多元的文化形象。如何做到有针对性地建设和传播中华优秀传统文化并将其融入北京的国际形象构建中需要更多的创新。习近平总书记指出："中华文化延续着我们国家和民族的精神血脉，既需要薪火相传、代代守护，也需要与时俱进、推陈出新。"③ 面对传播新趋势和新动向，传播中华优秀传统文化时要对文化内容有更强的提炼和概括能力，让优秀传统文化韵味犹存。同时，传播者在传播形式上也要有敢为人先的创新精神，让优秀传统文化在新的时代背景下有更强的生命力。在构建北京的国际形象时，要注意与此类优秀文化的创新成果相结合。

---

① 陈圣来：《后疫情时代中华文化的国际传播》，《现代传播》，2021年第10期，第11页。

② 徐和建：《国际传播建构北京城市形象的思考》，《对外传播》，2020年第2期，第68—70页。

③ 新华社：《习近平在中国文联十大、中国作协九大开幕式上的讲话》，新华网，2016年11月30日，http://www.xinhuanet.com/politics/2016-11/30/c_1120025319.htm，访问日期：2021年9月2日。

二、以疫情后国际重大事项为契机传播北京国际形象

在传播学领域，"媒介事件"指对媒介受众来说是实现策划的、带有一定表演性质和象征意义的活动。[1] 借助此类事件能够将传播的效果最大化，但同时此类传播效果也存在不确定性的问题。例如，北京奥运会的成功举办受到各国人民的一致赞誉，成为外国友人客观认识和解读中国的一次重要契机，向世人树立了开放、文明、团结的现代化中国的良好国际形象，但是北京奥运会的成功也引发了一些国家的焦虑。[2] 北京作为中国的首都，每年都会承担大型公共外事活动。同时，大型的国际赛事、世界级博览会、首脑会晤、重大历史事件纪念活动也都会在北京举办，这都使北京成为舆论的关注和讨论中心，曝光度的提高也为北京传播自身的国际形象带来了机会。

2022 年冬季奥运会于 2 月 4 日至 20 日在北京和张家口举行，这是在疫情持续蔓延下为数不多正常举办的大型国际性赛事。北京作为主办地之一，将多次出现在世界各地的媒体报道中，这也是展现和传播北京城市国际形象的重要契机。城市宣传部门应该抓住时机，利用好此次机会向世界人民展现一个真实、立体的北京。新时期的国际性赛事与之前的大型赛事活动相比有较大差别，例如，大部分赛事活动都在无观众现场中进行。疫情对人们的心理冲击造成

---

① 冯炜春：《2008 年北京奥运会与国家形象的塑造》，《商业文化》2005 年第 10 期，第 50 页。

② 张莉、南普随：《北京奥运会后的中国国际形象分析》，《国际关系学院学报》2009 年第 1 期，第 44—50 页。

较大的影响，北京在此类事件中应该着重思考如何构建、传播体现温度的人文城市形象，这对举办赛事的细致程度提出了更高的要求。在全球新冠肺炎疫情依旧肆虐的情况下，东京奥运会的成功举办无疑将极大提振全球共同抗疫的信心，这也是"相互理解、友谊长久、团结一致和公平竞争"的现代奥林匹克精神的最好体现。①2022 年北京冬奥会可以借鉴东京奥运会的成功经验，更好地构建北京的城市国际形象。例如，东京从申奥阶段就对自身的文化特性与优势进行了各类思考与总结，认为东京不仅文化传统源远流长，而且也是现代流行文化的发源地，同时市民参与艺术及文化活动的程度之深、范围之广在全世界范围亦屈指可数。②北京也应该打造适合自身的高度浓缩的文化形象，在赛事活动中体现北京的城市温度和人文情怀。借助冬奥会一类的大型国际赛事活动在新时期更好地构建与传播北京的城市国际形象，这对城市形象的传播而言是不可多得的机会。此外，东京在具体的赛事防疫措施上也有值得借鉴的经验，例如，东京并没有因为比赛造成大面积的传播和感染。北京市应借助此次机会，制定充分的应对方案，重点体现出温情的人文城市形象。北京市在重大事件中构建与传播城市国际形象的同时也应该注意增强国家意识，树立全球视野，承担国家使命，引导国际社会更好地认识中国、认识北京。

---

① 柴雅欣、管筱璞：《深度关注：疫情下的奥运会》，中央纪委国家监委网站，2021 年7 月 10 日，https://www.ccdi.gov.cn/toutiao/202107/t20210710_245828.html，访问日期：2021年 10 月 5 日。

② 姚畅、杨丽媛等：《2022 年北京冬奥会城市形象塑造与传播——借鉴 2020 年东京奥运会城市建设经验》，《卫星电视与宽带多媒体》2020 年第 18 期，第 51—53 页。

三、利用新媒体传播北京的城市国际形象

恩格斯曾说："在马克思看来，科学是一种在历史上起推动作用的、革命的力量。任何一门理论科学中的每一个新发现，即使它的实际应用甚至还无法预见，都使马克思感到衷心喜悦……"① 在新媒体时代，以纸质媒介为代表的传统媒体对于公众获取信息的重要性开始逐渐减弱，取而代之的是各类新式媒体。传播渠道和载体是传播系统中的"硬性"要素，对信息的传播起着支撑和保障作用。新媒体环境下，用户对于信息的需求越来越碎片化、个性化、精准化，传统的灌输式信息传输方式显然不再适应用户的需求。② 在城市形象的传播过程中，需要借助此类新媒体的现代化技术。在新媒体迅速发展的情况下，城市形象的构建与传播面临前所未有的机遇和挑战。

北京市宣传部门在传播自身的国际形象时应该充分重视新式媒体的重要作用。新媒体的参与性和互动性对于城市形象的传播往往更有吸引力。研究发现，目前国外自媒体就用户数量而言依次为脸书（Facebook）、优兔（YouTube）、谷歌（Google+）、推特（Twitter）和领英（LinkedIn）等，脸书是全球最受欢迎的社交平台。③ 实际上，中国在传播自身的国际形象时，已经运用了现代化的传媒技

① 卡尔·马克思、弗里德里希·恩格斯：《马克思恩格斯全集》（第19卷），人民出版社，1963，第375页。

② 匡文波、马茜茜：《后疫情时代改善与重塑国家形象的新媒体传播策略》，《新闻与写作》2021年第5期，第77—81页。

③ 朱豆豆：《社交媒体在北京国际形象传播中的策略初探》，《对外传播》2016年第12期，第35—36页。

术。据统计，短视频"视听中国"抖音、快手账号累计点击转发量超 1600 万次，脸书、推特、优兔境外总浏览量、播放量达 25 万余次，转发、点赞上万次，留言 3000 余条，取得了良好的对外传播效果。① 北京在传播自身的国际形象时也可以运用类似的方式，通过制作短视频，投放在各类媒体上进行传播与宣传，增大受众群体范围。另外，北京不仅有大量外籍旅游者，还有包括投资者和留学生在内的常驻外国人。他们往往是在对外传播时能够直接联系上受众渠道的群体，对于有效传播北京的城市国际形象意义重大。此前，北京市宣传部门曾经策划推出以改革开放为主题的纪录片，22 个国家的 40 位专家以北京改革开放见证者、参与人的多视角切入展示北京，绘就令人神往、宜居宜业的美丽北京，以短视频的方式，全球、全网、国内外社交媒体融合传播，总浏览量达 5 亿人次，海外浏览量 2000 万人次，覆盖 200 多个国家和地区，成为现象级国际传播典型案例。② 宣传部门应该从中总结经验，摸索规律，进行更好的形象塑造与传播。新时期为中国利用新媒体进一步构建负责任大国形象迎来良好契机，我们需要抓住此契机并用新的传播策略重塑和改善北京的城市国际形象。③

在利用新媒体进行城市形象传播的过程中，应该注重新时期的新特征，讲好中国的抗疫故事，传达积极的正向能量。城市形象传播过程中可以采取精准化策略，将北京抗疫的故事融入其中。利用

---

① 杨广青：《新冠疫情下做好广播电视外传播的实践与思考》，《中国广播影视》2021 年第 6 期，第 62—64 页。

② 徐和建：《国际传播建构北京城市形象的思考》，《对外传播》2020 年第 2 期，第 68—70 页。

③ 匡文波、马茜茜：《后疫情时代改善与重塑国家形象的新媒体传播策略》2021 年第 5 期，第 78 页。

自媒体等手段传播出去，向世界人民讲好北京故事，讲好中国故事。Vlog（Video Blog，视频博客）作为一种独特的记录方式，因其个性化的视角在自媒体时代发挥了非常重要的作用。在北京形象对外传播上，一方面应借鉴一些本土化网红的成功经验，寻找并推广北京民间博主，让北京的立体城市形象传播出去；另一方面也应该发掘并打造跨文化网红，使用双语双向传播，积累海外用户，构建北京的城市国际形象。[①] 2011 年，北京市政府曾经提出以"爱国、创新、包容、厚德"为主要内容的"北京精神"。官方称这是首都人民在长期的发展实践过程中形成的精神财富的概括和总结，体现了首都人民的精神追求。但是，"北京精神"并没有很好地得到传播。由于传播渠道单一且缺少战略性的传播方案，不仅国外民众，国内相当一部分民众也都不知道"北京精神"的具体内涵。[②] 在一定情况下，北京市的外宣部门可与多类别的媒介平台合作，共同调动普通用户的积极性，引导其自主参与到北京城市形象的传播中。[③] 普通人的叙事视角更生动是因为其中体现出的个人的平凡视角，这不同于国家的宏大叙事。Vlog 仅仅是其中一种形式，如何更好地将新媒体与城市的国际形象传播结合起来需要更深入详细的思考。

---

① 张洪亮：《海外 Vlogger 如何助力北京城市形象对外传播》，《青年记者》2021 年第 8 期，第 56—57 页。

② 刘芷彤：《公共外交视域下北京城市形象传播研究》，硕士学位论文，外交学院外交学与外事管理系，2015，第 40 页。

③ 陈奇：《城市形象视频化传播的变革》，《青年记者》2020 年第 32 期，第 39—40 页。

四、利用传播规律把握住议题设置的主动权

议程设置是大众传播媒介的重要功能，大众传播媒介可以运用它来影响受众对事件的思考以及思考的方式。[①] 掌握议题设置的主动权有助于精准把控传播过程中的叙述语境，达到更好的传播效果。媒体也应该利用议程设置，提升我国在国际社会上的话语权，对北京的城市国际形象进行更好的塑造。国际社会上的媒体对关于北京的报道经常带有很强的主观性且大部分为负面报道。传媒通过自主设定议程的方式来主动展示北京的城市形象有利于纠正国外民众眼中的偏差。在传播城市形象的过程中，北京应该探索新的传播形式，主动进行话题的发起和带动，对于国外民众想了解的、想知道的要主动迎合。主动展示的过程也是祛魅化的过程，公开透明的信息传播可以给受众群体留下正面观感，对于北京的城市形象塑造有着非常重要的意义。

新时期，国际公众在新冠肺炎疫情的影响下不可避免地受到影响，北京城市国际形象在传播过程中需要注重体现人道主义关怀。例如，在北京冬奥会期间，应该多设置以传达希望和鼓励为主题的议题，让国外民众在感受奥运精神的同时能够感受到北京是一个有温度的城市。同时，在传播过程中也可以将人类命运共同体的理念融入其中。北京作为主场外交的举办地，会有大量的外籍人士到来。这对于他们而言是一个亲身感受的好机会，北京市宣传部门应

---

① 刘剑敏：《议程设置与跨文化中的人文关怀》，《西南民族大学学报》2004 年第 3 期，第 326 页。

该着眼细节，用一些隐性方式来给他们更好的体验。中国传统的叙事方式往往过于宏大，而国外民众更习惯的是微观认知层面。如何将北京故事用更加平民化的叙事方式讲好是需要注意的问题之一。议程设置对于规范认知有着重要的引导和规范作用，传统意义上的官方媒体具有较大的社会影响力和规范的舆论引导能力。但是，此类议程设置背后是较为明显的国家行为，政治意涵较高。西方受众对于这种议程的设置会受到意识形态等隐性因素的影响，传播的效果会大打折扣。而新式媒体具有草根化和平民化等特点，在议程设置方面有着不可忽视的重要作用。自媒体时代，新媒体在设置议程和引领话题方面具有"一呼百应"的效果。2008 年北京奥运会就是一个成功的例证，北京既古老又现代的城市国际形象在奥运会之后得到深化，国外民众对于北京的认知明显有了好转。如何在之前有效经验的基础上，更好地主动设置相关议题，塑造真实全面的北京国际形象值得探索。我国传统媒体在新时期还积极同海外媒体展开合作，开展海外传播，积极争取舆论的主动权。例如北京卫视、江苏卫视、浙江卫视、湖北卫视等在脸书、推特、优兔等海外社交媒体播出，上海广播电视台通过加拿大 iTalk BB 新媒体平台播出，这对于我国掌握舆论主动权而言至关重要。北京城市形象的传播过程中同样需要借助此类传播平台，塑造更加全面真实的国际形象。疫情时期，国际舆论斗争陡然尖锐，时至今日仍杂音不断。国内舆论随国内疫情的迅速控制而走向平稳，并凝结出"抗疫精神"的中国力量。[①] 正确解读"抗疫精神"的中国力量，并将之融入在对外形

---

① 于正凯：《后疫情时代市级媒体融合发展的思路》，《青年记者》2021 年第 19 期，第79 页。

象传播的过程中也是必不可少的一部分。

五、加强针对不同受众群体的目的性传播

北京市的国际形象是一个综合性的复杂整体，不同的受众群体对于相同的概念可能存在不同的理解。不同的文化符号也有不同的受众群体，如果能针对性地传播给受众群体他们所需要的不同信息，传播效果也必将改善。人们之所以接触各种媒介，主要是用来满足自身的各种需求，包括信息、娱乐和心理等层面。现实中的各种媒介或内容形式都具有满足这些基本需求的效用，只不过满足的侧重点和程度各有差异罢了。[①] 独特的文化背景和不同的思维方式往往会影响信息的接收和表达。如果我们能够干涉这一过程，主动提供不同受众群体所需要的各种信息，那这一传播过程将会有更好的传播效果。

米哈伊尔·巴赫金（Michael Bakhtin）曾经提出"多声部"理论，特指小说中可以揭露出人类生活的多样性和人类情感层次的丰富性的各自相互独立的声音和意识。"多声部"的隐喻，暗合话语传播的多层次和多主体性。[②] 在形象传播中，不同话语主体依托自身特定的地位，有着不同于其他主体的形象传播优势。针对性的传播也可以减少误会的产生。受到文化背景的影响，中外受众在思维上存在较大的差异性。针对受众群体进行编码，针对性地传播他所能接受和理解的内容。例如，可以充分利用外媒来传播本国形象。

---

① 郭庆光：《传播学教程》，中国人民大学出版社，1999，第 183 页。
② 韩露露、祝进进：《后疫情时代武汉城市形象传播的路径与方法》，《新闻研究导刊》2021 年第 12 期，第 85—89 页。

首先，要做好西方媒体记者的工作，努力消除他们因为文化差异而产生的思维定势，让他们了解中国的真实情况。一般而言，专业性较高且具备新闻素质的西方记者大多数可以做到以客观的态度来看待中国所发生的一切，他们涉华报道也就相对客观公正很多。^① 而借助他们所传达的信息在一定程度上也属于是针对不同受众群体的传播。特定的媒体有特定的受众群，在制定传播策略的时候如果能充分考虑这一点将大大提升传播效率。事实上，针对不同的受众群体传播也是一个沟通和交流的过程。其次，国外民众生活的环境不同，接收到的信息也存在差异，可以针对性地将受众群体进行细致化分类。对不同的受众群体进行分类的过程也是充分了解国外受众的过程，在传播城市形象时能够做到有的放矢，有效沟通。例如，在针对北京文化形象宣传时，亚洲地区和非亚洲地区对于相同信息所能接受和理解的程度势必存在差异，东亚地区和南亚地区对于相同的信息也会存在理解偏差。东亚地区都在儒家文化圈的影响范围之内，价值观等也会存在相似的地方，对于文化相关的信息，东亚的受众群体显然能更好地接受和理解。而针对不同文化区域的受众群体，需制定特殊的信息形式。譬如在介绍中国的孔子时，可以把他和同样在西方思想文化领域具有巨大影响力的苏格拉底相比较，这样西方受众群体就能有一种较为直观的感受。尽量用受众群体容易理解和接收的方式有效传达信息，将传播的效果最大化。

---

① 张莉、南普随：《北京奥运会后的中国国际形象分析》，《国际关系学院学报》2009年第 1 期，第 46 页。

第五节　结　语

城市国际形象的建设与传播是一个综合性、系统性的复杂工程，不仅要用到公共外交和传播学知识，国际关系学和新闻学等领域的相关理论同样会有所帮助。近年来，中国国力有了大幅提升，但是国际形象的建设却远远落后，城市的国际形象问题更是如此。2008 年奥运会之后，北京的国际形象有了较大程度的改善，一些问题得到部分缓解。例如，北京市经常被国外诟病的"空气污染"问题已经明显得到改善。在最严重的时期，北京似乎成了"雾霾"的代名词。这其中固然有国外媒体刻意引导的原因，但北京市的空气污染问题也是自身的薄弱板块。经过多年的治理，环境问题已经有了大幅改善，国际形象自然也得到提升。但是，由于北京作为政治符号的象征性意义较大，国外民众对于北京的城市形象仍然存在较大程度的认知性偏差。新冠肺炎疫情推动了世界百年未有之大变局的加速演变，新时期中国将面临更为复杂多变的国际舆论环境，长期存在的意识形态偏见和价值观鸿沟等"负资产"很难在短期内消弭。① 北京市在国际层面上的形象改善与传播仍然有很多需要改进的地方。形象塑造存在方向性模糊，传播渠道单一，无法与受众群体建立直接性的联系等问题。城市形象问题已经成为城市软实力甚至是国家软实力的一部分。

---

① 史安斌、刘长宇：《新形势下的国家形象传播：破解困局与开创新局》，《对外传播》2021 年第 3 期，第 8—12 页。

　　人类命运共同体理念以维护人类的共同利益为出发点，超越国别、种族、党派、制度、文化的界限，为有效应对全球性挑战、携手创造更加美好的地球家园提供了全新的视角，凝聚了世界的共识，回应了时代的呼唤，深刻彰显了全球化的立场和人文关怀的价值理念。① 正如马克思指出："只有在共同体中，个人才能获得全面发展其才能的手段。"② 在新时期北京国际形象的构建与传播中也需要结合"人类命运共同体"的理念，良好的城市国际形象也有助于中国更好地建立国家形象，增强国家软实力。在构建与传播北京国际形象的过程中，中国需要让国际社会更好地理解中国声音。中国国家主席习近平也多次强调要展示真实、立体、全面的中国，这也是加强我国国际传播能力建设的重要任务。③ 北京市政府制定的《北京市推进全国文化中心建设中长期规划（2019—2035 年）》中也写道"要向世界更好地展示中国"。为此，宣传部门应该着眼整体，统筹规划，确定清晰目标，借鉴有效经验，构建良好的城市国际形象，制定传播策略，改善传播方案，为中华民族的伟大复兴创造良好的国际舆论环境。面对百年未有之大变局，面对新时期，大国心态的逐步成熟需要我们以强烈的制度自信、文化自信，强有力的议题设置能力和自塑国家形象的对外传播话语权的逐步建立来实现。④

---

　　① 丁一：《后疫情时代共建人类命运共同体的四重维度》，《东南传播》2021 年第 9 期，第 1 页。

　　② 卡尔·马克思、弗里德里希·恩格斯：《马克思恩格斯文集》（第 1 卷），人民出版社，2009，第 581 页。

　　③ 习近平：《加强和改进国际传播工作　展示真实立体全面的中国》，北京市地方金融监督管理局网站，2021 年 6 月 3 日，http://jrj.beijing.gov.cn/jrgzdt/202106/t20210603_2404723.html，访问日期：2021 年 10 月 3 日。

　　④ 张建民：《后疫情时代对外传播中的话语权建构》，《当代世界》2021 年第 6 期，第 59 页。

附　录

国际交往中心建设大事记（2021）

1. 2021 年 1 月 23 日，北京市委副书记、市长陈吉宁在北京市第十五届人民代表大会第四次会议上发布了《北京市政府工作报告》。报告指出，"十三五"期间，北京市着力提升国际交往中心功能，对外开放的广度和深度不断拓展。"十四五"时期的主要目标与任务之一是国际交往环境及配套服务能力全面提升，持续强化国际交往中心功能。

2. 2021 年 2 月 1 日，北京—惠灵顿缔结友好城市关系 15 周年系列活动开幕式在新西兰国家博物馆毛利会堂举行，北京市委副书记、市长陈吉宁通过视频致辞，惠灵顿市市长安迪·福斯特致辞。"系列活动"贯穿全年，包括两市营商环境建设经验交流会，企业洽谈会暨"两区"政策推介会，"智慧城市"项目洽谈会，北京旅游主题推介和首图"阅读北京"图书展读等活动。

3. 2021 年 2 月 5 日，北京市外办召开 2021 年工作部署会。会议强调，2021 年要做好以下几方面工作：一是务实推进国际交往中心功能建设；二是坚决打赢涉外疫情防控阻击战；三是持续巩固全市对外交往大协同格局；四是深入培育服务高质量发展新动能；五是全面夯实外事管理服务内功；六是稳步提升事业发展支撑保障能力。

4. 2021 年 3 月 19 日，作为《北京推进国际交往中心功能建设行动计划（2019—2022 年）》重点项目的故宫博物院北院区项目，其可行性研究报告获得国家发改委批复。该项目建成后将为国内外观众提供更先进、更舒适的文化享受和公共服务。

5. 2021 年 3 月 20 日，中国发展高层论坛 2021 年会在北京举行。在论坛"开放新高地，省市新举措"环节，北京市重点对"两区"（建设国家服务业扩大开放综合示范区和中国（北京）自由贸易试验区）建设的背景、举措和成效进行了介绍，在场中外嘉宾反响热烈，表示愿积极参与北京"两区"建设。

6. 2021 年 3 月 22 日，北京市委外事工作委员会召开全体会议。北京市委书记、市委外事工作委员会主任蔡奇主持会议，市委副书记、市长、市委外事工作委员会副主任陈吉宁，市委副书记、市委外事工作委员会副主任张延昆出席会议。会议审议通过了北京市委外事委 2020 年工作报告和 2021 年工作要点、"迎冬奥，促提升"国际语言环境建设专项行动方案、推广"云外事"模式促进线上国际交往的指导意见等事项。

7. 2021 年 3 月 27 日，由北京市政府外办主办的"规范进行时——规范公共服务领域外语标识系列活动"在京启动。面向全市开展规范公共场所外语标识系列活动，宣传推广国家标准《公共服务领域英文译写规范》，进一步规范北京市公共服务领域外语标识，推进国际交往中心建设，服务保障 2022 年北京冬奥会、冬残奥会等大型国际活动。

8. 2021 年 4 月 18 日，由北京市政府外办、北京广播电视台、北京外国语大学联合主办的"外语标识全民纠错月"活动在石景山区新首钢园区启动，正式拉开北京市"迎冬奥，促提升"国际语言环境建设专项行动帷幕。"北京外事"微信公众号同步上线外语标识纠错"随手拍"小程序，方便广大市民通过各种渠道参与纠错。

9. 2021 年 4 月 21 日，北京推进国际交往中心功能建设领导小组全体会议召开。北京市委书记、北京推进国际交往中心功能建设领导小组组长蔡奇主持会议。会议审议了领导小组 2020 年工作报告、2021 年工作要点和加强国际交往中心功能建设经费管理意见、服务保障中央在京举办重大国际会议活动经费管理办法，以及东坝地区规划建设方案，书面审议了领导小组组成人员调整事项、各专项工作组 2021 年重点任务实施安排。

10. 2021 年 5 月 18 日，"北京国际讲堂"通过视频连线形式，邀请阿联酋迪拜国际金融中心专家团队围绕"建设具有前瞻性的自贸区"作专题报告。北京市委副书记、市长陈吉宁参加，并简要介绍了北京"两区"建设和金融业发展情况。

11. 2021 年 5 月 19 日至 21 日，围绕国际交往中心功能建设"怎么看？""怎么干？"，北京市外办举办主题业务培训班，共约 120 人参加。培训班旨在适应国际交往中心功能建设形势任务的新要求，帮助各专项工作组、各区、各单位进一步提升综合素质和实践能力，增强推进国际交往中心功能建设的整体性、系统性和协同性。

12. 2021 年 6 月 29 日，位于国家会议中心二期的北京 2022 年冬奥会主媒体中心实现完工，具备交付北京冬奥组委条件。赛时，主媒体中心将成为全球注册平面媒体及转播商的赛时媒体总部。国家会议中心二期主体项目，总建筑面积 41.9 万平方米，是北京冬奥会北京赛区开工最晚、规模最大的新建项目，也是服务国家总体外交、推进国际交往中心功能建设的重要项目。

13. 2021 年 7 月 6 日至 9 日，由北京市外办举办的"2021 年外事新闻宣传与多语信息发布培训班"在北京工商大学成功举办。培训聚焦当前国际交往中心功能建设和多语信息发布工作，围绕"外事新闻宣传怎么看、怎么干?"，从首都外事工作新闻宣传的实际出发，来自全市相关单位的近 50 名学员参加。

14. 2021 年 8 月 11 日至 27 日，北京市政府外办与北京第二外国语学院中国公共政策翻译研究院共同组织的"2021 年北京市高级英语翻译人才线上培训班"成功举办，共约 70 人参加。培训班旨在进一步提高我市外事干部业务水平，以优质精准的翻译为桥梁，更好服务保障首都对外工作和北京国际交往中心功能建设。

15. 2021 年 8 月 20 日，部市领导到北京市朝阳区调研并召开北京推进国际交往中心功能建设领导小组全体会议。会议强调，"十四五"时期加强国际交往中心功能建设规划是今后五年的"施工图"，要聚焦服务国家总体外交，履行首都职责，完善服务保障机制，统筹挖掘服务资源和力量，高质量完成主场外交活动服务保障任务，进一步擦亮"北京服务"品牌。

16. 2021 年 8 月 23 日，北京市委外办市政府外办召开党组（扩大）会议，专题传达学习部署市领导调研和北京推进国际交往中心功能建设领导小组第四次全体会议精神，并部署下一步工作。会议强调了六方面内容：一要抓好规划实施落地；二要服务好国家总体外交；三要强化综合承载能力；四要强化与全市中心工作的链接黏合；五要统筹发展和安全；六要持续巩固共建的机制和氛围。

17. 2021 年 8 月，北京市委副书记、市长陈吉宁与赫尔辛基市长朱哈纳·瓦蒂亚宁互致贺信。2021 年恰逢北京市与芬兰赫尔辛基市缔结友好城市关系 15 周年，两市以"友城合作引领绿色发展"为主题，共同举办"北京—赫尔辛基结好 15 周年系列活动"。赫尔辛基担任 2021 年北京国际设计周主宾城市。

18. 2021 年 9 月 2 日至 7 日，2021 年中国国际服务贸易交易会全球服务贸易峰会在北京举行，主题为"数字开启未来，服务促进发展"。国家主席习近平在峰会上发表视频致辞。本届共吸引了来自 153 个国家和地区的 1.2 万余家企业线上线下参展参会，参会国家和企业数量、总体成果数量、交易金额均超过上届。

19. 2021 年 9 月 16 日，据北京推进国际交往中心功能建设新闻发布会消息，北京市委市政府近日审议通过了《北京市"十四五"时期加强国际交往中心功能建设规划》，规划首次编制了 3 张清单，包括重点任务清单、重大项目清单和创新政策清单，提出 7 个方面 31 项重点任务。这是国际交往中心功能建设的第一个五年规划，也是推进国际交往中心功能建设的"施工图"。

20. 2021 年 9 月 17 日，由北京市人民政府外事办公室、朝阳区人民政府共同主办的 2021 北京 CBD 论坛举办。本届 CBD 论坛以"发挥国际交往特色，引领北京对外开放"为主题，旨在全面提升北京 CBD 的国际影响力、竞争力、吸引力，充分促进各类国际组织、驻华机构、商业协会和跨国公司交流与合作，向世界展示朝阳在更高起点上扩大开放的决心与信心。论坛现场发布了《北京 CBD 发展白皮书——引领北京国际化与对外开放新格局》。

21. 2021 年 9 月 22 日, 2021 北京国际设计周开幕活动暨北京 2022 年冬奥会和冬残奥会宣传海报发布活动在张家湾设计小镇北京未来设计园区举行。开幕活动包括 2021 北京国际设计周颁奖仪式、北京 2022 年冬奥会和冬残奥会海报发布, 以及相关展览开幕等活动。2021 北京国际设计周将于 9 月 23 日至 10 月 7 日举行, 活动主题为"品牌力量"。

22. 2021 年 9 月 24 日至 28 日, 2021 中关村论坛在北京举行。国家主席习近平在开幕式上发表视频致辞。本次论坛的年度主题为"智慧·健康·碳中和", 会期 5 天。论坛采取"线上+线下"的举办模式, 将重点围绕论坛会议、展览展示、成果发布、前沿大赛、技术交易、配套活动等六大板块, 设置各类活动 60 场, 同时举办贯穿全年的常态化系列活动。经过多年发展, 论坛已逐渐发展成为具有国际影响力的国家级开放创新平台。

23. 2021 年 10 月 12 日, 由北京市政府外办主办、光明网承办的北京·国际范儿短视频大赛启动仪式在京举办。大赛共收到投稿作品 220 部, 吸引 50 多个国家和地区人员参与, 参赛作品在快手平台播放量超 1000 万次, 全网总浏览量超 5000 万次。

24. 2021 年 10 月 18 日至 19 日, 第四届中非地方政府合作论坛北京分论坛以线上形式举办。论坛以"常态化疫情防控与经济发展"为主题, 通过了《第四届中非地方政府合作论坛北京分论坛共识》, 并达成多项合作成果。

25. 2021 年 10 月 20 日至 22 日, 以"经济韧性与金融作为"为主题的 2021 金融街论坛年会在京举行 5 个平行论坛、35 个议题密集交流, 专场活动、专题展览、多场边会和系列活动精彩纷呈。通过线上线下等方式，400 余名中外嘉宾深入对话碰撞，共商金融创新发展与交流合作。

26. 2021 年 10 月 29 日，北京市政府举办第 15 届"长城友谊奖"颁奖暨座谈交流会，15 位为北京发展作出突出贡献的外籍人士获此殊荣。北京市委副书记、市长陈吉宁以视频方式为获奖者颁奖并座谈交流。

27. 2021 年 11 月 8 日，软银亚洲风险投资公司（简称软银亚洲）全资子公司——北京软亚信创私募基金管理有限公司（简称软亚信创）正式获批参与北京市合格境外有限合伙人（QFLP）试点，获批额度 1 亿美元。软亚信创是北京市 QFLP 政策优化提升后的第二家试点落地机构，是北京"两区"建设又一重大成果。

28. 2021 年 11 月 18 日，由波黑首都萨拉热窝市主办的第五届中国—中东欧国家首都市长论坛以视频方式举行。北京市委副书记、市长陈吉宁在北京会场出席并作主题发言。本届论坛以"携手抗击疫情，推动韧性合作"为主题，旨在提升北京与中东欧国家首都城市在经贸、城市治理等领域的合作水平，增强合作韧性。论坛通过并发布《共同宣言》。

29. 2021 年 11 月 26 日，北京市第十五届人民代表大会常务委员会第三十五次会议通过《北京市国际交往语言环境建设条例》，自 2022 年 1 月 1 日施行。这是我国首部关于语言环境建设的地方性法规。《条例》的适用范围为北京市外语设施建设、管理以及外语服务等，条例明确规定了多项外语公共服务内容，要求民用机场、火车站、城市公共交通站点等五大类公共场所在规范使用汉语标识的同时，应同步设置、使用外语标识，但不可单独设置外语标识。

30. 2021 年 11 月 28 日，"青年·奥林匹克"北京友好城市国际青年云对话暨"共迎未来"国际青年交流营开幕式 28 日在北京雁栖湖国际会展中心举行。来自 59 个国家的青年线上或线下参与。本届交流营为期三天，举办青年对话、冰雪体验、文化鉴赏、青年联欢等活动，积极搭建沟通对话的平台，促进友城青年携手共进、共同发展。

31. 2021 年 12 月 20 日，北京推进国际交往中心功能建设的重点项目——北京大兴国际机场综合保税区（一期）正式通过国家验收。这是全国首个也是目前唯一一个跨省级行政区划的综合保税区，标志着大兴机场综保区（一期）进入封关运营新阶段，朝着建设开放型经济创新平台迈出重要一步。

资料来源（按汉语拼音首字母排序）：

北京电视台、北京日报、北京市地方金融监督管理局、北京市人民代表大会常务委员会、北京市人民政府门户网站、北京市人民政府外事办公室、北京新闻、光明日报、人民日报、识政、新华社、央广网、中国新闻网、中华人民共和国中央人民政府网站。

（执笔人：外交学院 2020 级博士研究生　许志渝）

图书在版编目（CIP）数据

北京对外交流与外事管理研究报告 . 2020—2021 / 王帆主编 . --北京：世界知识出版社，2023. 1
ISBN 978-7-5012-6616-6

Ⅰ.①北… Ⅱ.①王… Ⅲ.①外事管理—研究报告—北京—2021 Ⅳ.①D821

中国国家版本馆 CIP 数据核字（2023）第 035696 号

责任编辑	车胜春
责任出版	赵 玥
责任校对	陈可望

书　名	北京对外交流与外事管理研究报告 2020—2021
	——新时期的北京国际交往中心建设
	Beijing Duiwaijiaoliu yu Waishiguanli Yanjiubaogao 2020-2021
	—Xinshiqi de Beijing Guoji Jiaowang Zhongxin Jianshe
主　编	王　帆
副主编	夏莉萍　欧　亚
出版发行	世界知识出版社
地址邮编	北京市东城区干面胡同 51 号 （100010）
经　销	新华书店
网　址	www. ishizhi. cn
电　话	010-65233645（市场部）
印　刷	北京虎彩文化传播有限公司
开本印张	720 毫米×1020 毫米　1/16　17¾印张
字　数	246 千字
版次印次	2023 年 9 月第一版　2023 年 9 月第一次印刷
标准书号	ISBN 978-7-5012-6616-6
定　价	79. 00 元